법률가의
글쓰기

김 범 진

변호사(법무법인 광장), 법학박사

박영사

머리말

　막연하게나마 이런 글을 구상한 것은 7~8년 전 일이다. 며칠간 공을 들인 서면작업을 마치고, 동료들과 한 잔 걸치고 집에 가는 버스 안에서였다. 술기운 때문이었는지, 엉뚱한 생각이 들었다. 서면완성을 위해 며칠 동안 진이 빠지도록 생각한 것, 긴 고민의 과정을 기록해 보는 것은 어떨까? 하나의 글이, 초고에서 완성에 이를 때까지의 과정, 그 치열하고 복잡한 사고의 과정을 체계적으로 설명해 보는 것은 어떨까? 이후 틈틈이 글쓰기 수정 전후를 비교하는 메모를 작성하였다. 글쓰기 관련 서적들도 하나 둘씩 구입하였다. 그러던 중 우연한 기회에 한양대 로스쿨에서 법문서 작성 강의를 맡았다. 2020년에는 고려사이버대학에서 글쓰기 특강을 하였다. 이 책은 필자가 수년간 작성한 메모들을 토대로 만든 강의안을 보완, 정리한 것이다.

　필자는 별 글재주가 없다. 역설적이게도, 바로 그것이 이와 같은 글쓰기 책을 내게 된 결정적 이유다. 시중에는 글쓰기 책들이 넘쳐난다. 글쓰기 고수들이 자신의 글쓰기 비법을 알려주는 책들이다. 필자에게는 그런 능력이 없다. 대신 필자는 글쓰기 고수들의 가르침을 하나 둘씩 정리하고 법률문장에 적용해 보았다. 글쓰기 수정내용을 유형별로 정리하는 작업도 하였다. 이러한 작업을 위해 글쓰기 책 외에 논증이론, 논리학 이론서들도 조금씩 보았다. 그렇게 하나 둘씩 구입한 책이 어느새 4~50권 가량 되었다.

　쉽게 말해 이 책은 글쓰기 연구서다. 일반 글쓰기 책들, 논증과 수사의 이론들을 실무 법률 글쓰기에 적용해본 시론적 연구서다. 이러한 연구는 단순히 글쓰기만의 문제는 아니다. 법률문장을 완성하는 과정은 매우 복합적이고, 입체적이다. 그것은 법률 지식만으로 해결되는 것도 아니다. 법학에 더하여 언어, 논리, 수사는 물론 다양한 인문학적, 사회과학적 사고가 복잡하게 얽혀 있다. 실무에는 법학교재에 등장하는 사례처럼 도식적 법적용의 결과로 해결되지 않는 사안들이 많다. 그러한 사안의 경우 재판은 훨씬 복합적이고, 입체적인 사고와 그 결과물 사이의 치열한 대립 내지 논쟁의 산물이다. 이는 법학 교육과정에서 다루어지지 않는, 완전히 새로운 영역이다. 필자는 그 거대하고, 복잡한 미로를 조금이라도 풀어보고 싶었다.

출간을 허락해주신 박영사와 어려운 편집을 훌륭하게 마무리해 주신 이승현 팀장님, 부족한 저자에게 많은 가르침을 준 법무법인 광장의 선후배 변호사님들, 교수님들, 사랑하는 가족에게 고마움을 전한다.

2021. 7. 20.

김 범 진

제5장　더 좋은 법률문장 쓰기 — 법률문장과 우리말다운 글쓰기

제6장 글을 마치며 297

제1장

서론

제1장
서 론

1. 글쓰기의 어려움, 글을 잘 쓴다는 말의 의미

글쓰기는 어렵다. 무에서 유를 창조하는 작업이기 때문이다. 어떤 얘기를 어떻게 풀어내야 할지 늘 막막하다. 글을 잘 쓰는 것은 더 어렵다. 쓰는 것도 어려운데, 잘 쓴다는 말을 듣는 것은 얼마나 어렵겠는가? 법률가의 글쓰기도 마찬가지다.

그런데 글을 잘 쓴다는 것은 어떤 의미일까? 일반적으로 글을 잘 쓴다는 것과 법률가로서 법률문장을 잘 쓴다는 것은 다른 것일까? 다르다면 구체적으로 어떻게 다른가? 잘 생각해보면 이 문제 역시 그리 쉽게 답할 수 있는 문제가 아니다. 글쓰기 전문가들은 문학적 글쓰기, 예술적 글쓰기는 아무나 할 수 없지만, 실용적 글쓰기에서는 조금만 노력하면 좋은 글을 쓸 수 있다고도 한다.[1] 그런 관점에서 보면, 법률가의 글쓰기는 당연히 후자에 속한다. "법률가는 글을 잘 써야 한다"는 명제는, 법률가는 아름다운 문학적 문장을 쓸 수 있어야 한다는 의미가 아니라, 논리적이고 조리에 닿는 문장을 쓸 수 있어야 한다는 정도의 의미다.

그러나 곰곰이 생각해보면 실용적 글쓰기라고 하더라도 글을 잘 쓴다는 말의 의미는 여전히 모호하다. 그 의미를 조금 더 정치하게 세분하여 생각해 볼 수 있다. 특히 실용적 글쓰기의 관점에서 보면 법률가의 글쓰기에도 다음과 같이 다섯 가지 영역으로 세분화가 가능하다.

---

[1] 가령 유시민, 유시민의 글쓰기 특강, 생각의 길, 2015, 50면.

〈법률 글쓰기의 5가지 측면〉

	내용	비고
①	맞춤법, 어법에 맞는 글쓰기	국어학, 문법의 측면
②	간결, 명료한 글쓰기	협의의 글쓰기 요건
③	논리적 글쓰기	논증 내지 논리학의 측면
④	설득력 있는 글쓰기	수사학, 표현력의 측면
⑤	우리말다운 글쓰기	외국어 수용 문제 : 현실주의, 순결주의 논쟁

이 책에서는 위와 같은 글쓰기의 여러 측면을 조금 더 구별해서 살펴보고, 나아가 각 영역별로 문제되는 세부적 쟁점들을 정리하고자 한다.

2. 이 책의 구성

이 책은 크게 다음의 네 부분으로 구성되어 있다(제2장~제5장). 위에서 살펴본 5가지 측면 중에서 문법, 어법을 제외한 나머지 측면들을 차례로 살펴보고자 하는 것이다.

① 법률문장 쓰기 기초
② 법률문장의 논리학
③ 법률문장의 수사학
④ 더 좋은 법률문장 쓰기(우리말다운 글쓰기)

제2장에서는 간결·명료한 글쓰기에 대해 본다. 이는 글쓰기의 기본기에 해당한다. 간결·명료한 글쓰기 기법을 다루는 책은 많다. 주로 편집자, 기자, 작가들이 제시하는 글쓰기 기본원칙에 관한 책들이다. 그러한 글쓰기 기본원칙들은 법률가의 글쓰기에도 그대로 적용되어야 한다. 그런데 현실은 그렇지 않다. 법률가들의 글이 악문으로 평가받는 이유다. 깊이 반성해 볼 대목이다. 그런 의미에서 워밍업 차원에서 글쓰기의 기본 원칙들을 정리하고, 이를 법률가의 글쓰기에 적용해 보았다.

제3장에서는 법적 논증의 기본구조와 논리적 글쓰기를 다룬다. 이 부분은 법률가의 글쓰기의 본령이라고 할 수 있다. 그런 점에서 가장 많은 지면을 할애하였다. 학술논문, 신문사설, 칼럼 등 논리적 글쓰기가 중요한 영역은 많다. 하지만 법률가의 글쓰기는 그 어느 경우보다도 논리가 강조된다. 필자는 예비 법조인인 로스쿨 학생들에게 어떻게 하면 논리적 글쓰기를 체계적으로 가르칠 수 있을지 오래 고민하였다. 논리학의 기본개념을 법률문장에 적용하여 이를 공식화하는 시도도 해보았다. 이론적 관점에서 법적 논증 이론을 실무와 연결하는 작업도 하였다.[2] 이 장에서 필자는 우리 실무에서 사용되는 기본적인 법적 논증의 구조를 밝히고, 이를 토대로 논리적인 글쓰기가 무엇인지, 초보자들이 빈번하게 범하는 비논리적 글쓰기의 원인과 해결책 등을 정리해 보았다.

　　법적 논증 형식으로 삼단논법(syllogism)에 대해서는 법이론 차원에서는 많은 비판이 있지만, 어떻든 실무에서 가장 기본적인 논증 형태다. 다만 순수한 삼단논법이 아닌 여러 변형들이 사용된다. 가령 소전제와 대전제를 바꾸는 '역전된 삼단논법'이나 대전제를 생략하는 생략삼단논법이 그러하다. 또한 법적 논증에는 소전제 내에 자연적 사실을 법률요건으로 전환하는 '포섭(subsumption)'이라는 특유한 논증 단계가 있다. 그밖에 인과논증, 다단계논증, 복합논거 논증 등 다양한 변형들이 존재한다. 이러한 점들을 포함하여 법률실무에서 실제로 사용되는 논증의 형식을 공식처럼 정리하고, 이를 토대로 논리적 글쓰기를 위한 기본원칙들을 정리해보았다.

　　제4장에서는 설득력 있는 글쓰기에 대해 본다. 법률가의 글쓰기는 논증이 기본이지만, 결코 논증에서 끝나지 않는다. 논리학과 대비되는 수사학, 바로 설득력이 문제된다. 1~3심을 거치면서 그 결론이 뒤바뀌고, 대법원에서 대법관들 사이에서도 치열한 공방이 이루어지는 사건들을 생각해보라. 그런 경우 논증 이상의 어떤 것이 필요하다. 바로 설득력이다. 이 점은 정치, 경제, 사회적 이슈에 대한 논쟁과 다를 바 없다. 논증에 힘을 보태는 설득력 있는 글쓰기, 수사학 내지 수사적 글쓰기는 논리적 글쓰기와 구별되는 또 다른 거대한 세계다.[3]

2　拙稿, "재판실무에서 법적 논증의 기본구조", 저스티스 통권 173권, 2019. 8.
3　논리학과 수사학의 관계는, 고대 그리스, 로마 시대의 논리학, 수사학에서부터 20세기 법적 논

제5장에서는 우리말다운 글쓰기를 다룬다. 이는 주로 외국어 어휘 및 외국어 번역체 문장을 우리말다운 글로 바꾸는 문제다. 이 부분 역시 법률문장이 극심하게 비판받아온 영역이다. 다만 어느 범위까지 우리말다운 글쓰기를 해야 할지에 관해 다양한 견해들이 존재한다. 필자는 어느 한 입장을 지지하기보다는 중립적 관점에서 어떠한 문제가 있는지를 소개하고, 법률가의 글쓰기에 적용해 보았다.

이 책에서 필자는 법률가의 글쓰기와 관련하여 생각해볼 수 있는 가능한 모든 쟁점들을 정리해보고자 하였다. 하지만 이 책을 읽는다고 글솜씨가 곧바로 배가될 것이라고 생각하면 착각이다. 글쓰기 능력을 키우기 위해서는 무엇보다 좋은 글을 많이 읽고, 끊임없는 훈련이 필요하다. 그럼에도 이 책의 의의를 찾는다면, 좋은 글을 쓰기 위해 생각해보아야 할 점들을 체계적으로 정리해 보았다는 점에 있다고 감히 말씀드리고 싶다. 이 책을 가볍게 일독하고, 좋은 판결들, 좋은 논문, 좋은 책들을 꾸준히 읽는다면 자기도 모르는 새 꽤 괜찮은 글을 쓰는 능력을 가지게 될 수 있을 것이다.

일러두기

* 이 책에서 다른 저자의 글을 인용한 부분은 모두 출처를 밝혔다.
　(→ 참고문헌 목록은 글 뒷부분 참조)
* 이 책에서 특별히 출처를 밝히지 않은 예시문은 모두 필자가 구성한 것이다.
* 본문에서 참고문헌 표시는 첫 인용시를 제외하고는 "저자, 출판연도, 면수"로 약칭하였다.
　(예: 이수열, 2017, 126면)

증이론(legal argumentation theory)에 이르기까지 법이론의 핵심 주제 중 하나였다(최근 논쟁의 경우 수사적 논증이론, 신수사학(new rhetoric) 등을 둘러싼 논쟁이 대표적이다). 하지만 이는 단순히 철학적, 이론적 문제에만 그치는 것이 아니다. 우리 재판실무에서 원, 피고 대리인이 벌이는 치열한 공방 속에는 논리학과 수사학이 끊임없이 대립, 공존, 교차한다. 제4장에서 이러한 점에 대해 간략히 살펴본다.

법률문장 쓰기 기초
― 법률문장과 간결·명료한 글쓰기

법률문장 쓰기 기초_법률문장과 간결·명료한 글쓰기

제1절 서설

　　이 장에서는 간결·명료한 글쓰기에 대해 살펴본다. 실용적 글쓰기의 목적은 자신의 생각, 경험, 감정을 타인에게 효과적으로 전달하는 것이다. 간결·명료한 글은 독자가 쉽고, 빠르고, 정확하게 이해할 수 있는 글이다. 장황하고, 알기 어렵고, 모호한 글이 좋은 글일 리 없다.

　　글쓰기 고수들이 제시하는 글쓰기 요령에는 일관된 특징이 있다. 이하에서는 그와 같은 글쓰기 기법을 소개하고, 그러한 기법이 법률가의 글쓰기에 어떻게 적용될 수 있는지 살펴본다. 법률문장에 고유한 특징이 있는 것은 사실이지만, 문필가들이 제시하는 글쓰기 일반원칙은 법률실무의 글쓰기에도 대부분 그대로 적용되어야 한다. 하지만 법조계의 현실은 그렇지 않다. 일반적 글쓰기 원칙에 반하는 글쓰기가 정통인 것처럼 되어 있다. 다행히 최근에는 그에 대한 반성적 흐름도 생기기 시작했다. 대법원 판결을 보더라도, 판결문의 문체는 조금씩 바뀌고 있다. 20~30년 전과는 완전히 다르고, 10년 전과 비교해도 상당히 다르다. 특히 최근에는 현대형의 간결, 명료한 문체로 쓰인 판결문이 많아졌다. 매우 바람직한 현상이다. 하지만 그 점에 대해 법조계 전체의 공감대가 형성된 단계는 아닌 듯하다.[1] 무엇이 문제이고 어떻게 바꿔야 할까? 차례로 살펴보자.

1　뒤에서 계속 보겠지만 대법원 판결문은 언제 판결문인지에 따라 문체나 사용되는 어휘가 조금씩 다르다. 반면 학생들은 법공부를 하면서 그런 점을 인식하지 않고 20~30년 전의 판결문도 읽을 수밖에 없다. 그 결과 옛 판결문의 문제를 무의식적으로 배우게 된다. 오래전 판결문에는 그러한 문제가 있다는 점을 고려하면서 공부할 필요가 있다.

제 2 절   간결·명료한 글쓰기 5가지 원칙

Ⅰ. 간결·명료한 글쓰기 제1원칙: 문장 끊어 쓰기
- 단문주의, 1문1사주의

1. 서설

많은 글쓰기 책들은 좋은 글쓰기 제1원칙으로 문장 끊어 쓰기를 제시한다.[2] 단문(短文)주의,[3] 일문일사주의(一文一思主義, one sentence one idea)다. 윤태영, 2019, 14면은 다음 예로 좋은 글쓰기에 대한 설명을 시작한다(밑줄은 필자가 추가함).

⟵ 윤태영, 2019, 14면 예시

베란다 및 계단에서 담배 피우는 일이 <u>빈번히 발생하여</u> 다른 세대에서 담배 연기로 인하여 많은 피해를 보고 <u>있사오니</u> 베란다 및 계단에서는 금연 및 담배꽁초를 밖에다 버리지 마시기 바랍니다.

어느 아파트 관리소장이 작성하였을 위 글에 문법적으로 잘못된 부분은 없다. 하지만 다음과 같이 고치면 간결하고, 의미가 분명해진다(윤태영, 2019, 19면).

---

2 윤태영, 윤태영의 좋은 문장론, 위즈덤하우스, 2019, 14~15면, 94~100면; 박종인, 기자의 글쓰기, 북라이프, 2016, 88-92면; 유시민, 2015, 199~203면; 장하늘, 문장표현의 공식, 문장연구사, 2003, 123면; 고종석, 고종석의 문장(1), 알마, 2014, 375면; Bryan Garner, Legal Writing in Plain English, A Text with Exercises, 2nd Edition, University of Chicago Press, 2001, 24~29면, 야마구치 다쿠로, 조윤희 역, 결국 글은 쓰는 것이 아니라 다듬는 것입니다. 사이, 2017, 21~24면 참조.
3 단문(短文)주의, 즉 문장을 짧게 쓰라는 의미다. 단문(單文, 홑문장)과 구별해야 한다. 이 절의 제4원칙에서 단문(單文, 홑문장)과 대비되는 포유문(안은 문장) 쓰기에 관해 간략히 언급한다.

베란다 및 계단에서 담배 피우는 <u>분들이 많습니다</u>. 연기 때문에 다른 세대가 피해를 <u>봅니다</u>. 베란다와 계단에서는 금연해 주시고, 꽁초는 바깥에 버리지 마시기 바랍니다.

두 글의 차이는 무엇인가? 수정 전 글은 문장이 1개인 반면 윤태영이 고친 글은 문장이 3개다. 모두 4개의 정보를 포함하고 있다.

① 베란다 및 계단에서 담배 피우는 분들이 많다.
② 그래서 다른 세대들이 피해를 본다.
③ 베란다 및 계단에서는 담배를 피우지 말아야 한다.
④ 담배꽁초를 밖에다 버리지 말아야 한다.

수정 전 예시는 4개의 정보가 하나의 문장 안에 있다면, 윤태영이 고친 글은 1-1-2의 구조다. 마지막 문장을 「베란다와 계단에서는 금연해 주시기 바랍니다.」 「꽁초는 바깥에 버리지 마시기 바랍니다」라고 고치면, 1-1-1-1의 구조가 된다. 또 다른 예를 본다(야마구치 다쿠로, 조윤희 역, 2017, 22면).[4]

운동 습관의 중요성에 관해서 주목해야 하는데 특히 유산소 운동은 혈액 속에 불필요한 중성지방과 나쁜 콜레스테롤을 줄이는 효과 말고도 혈액 순환을 촉진하여 신진대사를 활발하게 하고 다이어트와 피부 관리 효과도 기대할 수 있으며 생활습관병 예방에도 한몫한다.

---

4   이 책은 일본서적의 번역본이다. 단문주의를 강조하는 것은 일본이나, 뒤에서 보는 미국도 마찬가지다. 즉 전 세계 공통이라고 해도 틀린 말이 아닐 것이다.

앞서 본 예시에 비해 더 난삽하다. 문장이 길어 논리도 꼬였다. 다음과 같이 고쳐야 한다는 것이다(같은 책, 22면).

📗 ←—— 고친 글

운동 습관의 중요성에 관해서 <u>주목해야 한다</u>. 특히 유산소 운동은 혈액 속에 불필요한 중성지방과 나쁜 콜레스테롤을 <u>줄여준다.</u> 또한 혈액 순환을 촉진하여 신진대사가 <u>활발해진다</u>. 게다가 다이어트와 피부 관리 효과도 <u>기대할 수 있다</u>. 생활습관병 예방에도 <u>한몫한다.</u>

문장을 끊고 보니 5개 정보가 쉽게 파악된다. 논리구조도 잘 드러난다. 저자의 주장은 "운동 습관의 중요성"이다. 그에 대한 근거로 ① 혈액의 중성지방 등 제거, ② 신진대사 촉진, ③ 다이어트, 피부관리 효과, ④ 생활습관병 예방을 들고 있다. 문장구조로는 두괄식이고, 논증방식은 **귀납논증**이다.[5] 좋은 구조임에도 수정 전 문장은 그저 장황하게 느껴질 뿐이다.

2. 단문을 권장하는 이유

글쓰기 전문가들은 왜 단문 쓰기를 권장하는가? 그 이유는 다음과 같다.[6]

첫째, 짧은 문장으로 이루어진 글은 읽기 쉽다. 문장이 길어지면 글이 어렵고, 모호해진다. 주어와 서술어가 멀어져 그 관계를 파악하기 어렵다. 수식어와 피수식어가 얽히면서 난해한 문장이 된다. 영어와 달리 우리말은 주어와 서술어의 거리가 멀다. 주어가 먼저 나오고 서술어는 문장 끝에 나온다. 거기에 문장까지 길어지면 글이 난해하게 꼬일 가능성이 더욱 높아진다.

---

5 논증은 크게 연역논증과 귀납논증으로 분류된다. 연역논증은 삼단논법과 같이 논리필연적 결론을 도출하는 논증방식이고, 귀납논증은 경험적 지식들을 토대로 개연적 가능성 내지 확률적 가능성을 도출하는 논증방식이다. 제3장에서 살펴본다.
6 각주 2.에서 인용한 글들 참조.

둘째, 단문 위주로 글을 쓰면 논리구조가 선명해진다. 문장이 길어지면 논리가 꼬일 가능성이 높다. 뒤에서 다시 보겠지만 문장의 길이 자체보다 논리구조가 중요하다. 아무리 길어도 논리구조가 단순하면 끊어 쓰지 않아도 큰 문제없다. 반면 그리 길지 않더라도 논리구조가 복잡하면 반드시 끊어 써야 한다.

셋째, 단문을 사용하면 글에 리듬감이 생긴다. 박종인은 단문 위주로 이루어진 글을 블록게임 혹은 레고에 비유한다.[7] 레고는 단위가 작다. 그래서 레고를 쌓아서 공룡도 만들고 집도 만들 수 있다. 단문으로 이루어진 문장은 각 문장이 살아서 전체적으로 리듬감을 형성한다(박종인, 앞의 글).

반드시 그런 것은 아니지만 소설, 에세이 가운데 단문 중심의 글쓰기는 쉽게 찾을 수 있다. 우리 시대 최고의 문장가인 소설가 김훈의 「칼의 노래」(생각과 나무, 2001)의 한 부분을 보자. 유명한 명량해전의 전투 직전 장면을 묘사하는 부분이다.

◼ ⟵ 김훈, 칼의 노래, 104~105면

… 적들은 더욱 다가왔다. 일자진은 움직이지 않았다. 나는 기다렸다. 적선들에서 함성이 일었다. 적의 제1열과 제2열이 합쳐지면서 양쪽으로 날개를 벌리기 시작했다. 적은 선두가 전투대형으로 바뀌었다. 물은 적의 편이었다. 적은 휩쓸듯이 달려들었다. 감당할 수 없는 적의 힘이 내 몸에 느껴졌다. 나는 뼈마디가 으스러지듯이 아팠다.

「칼의 노래」의 모든 문장이 다 그런 것은 아니지만, 사실을 묘사하는 부분 등에는 짧은 문장이 많다. 이번에는 김훈 선생의 수필을 보자.

---

7 박종인, 2016, 90~91면

◀── 김훈 에세이집, 밥벌이의 지겨움, 170면

… 가을 자작나무의 냄새는 향기롭다. 이 향기에는 습기가 섞여 있지 않다. 끈적거리지 않는 향기다. 잘 말라서 가지런한 냄새다. 자작나무 잎은 바람이 불지 않아도 나부낀다. 나무의 모든 잎들이 제가끔 햇빛에 흔들린다. 이 세상의 모든 나무들 중 자작나무는 가장 빛나는 나무다. 자작나무는 늘 빛 속에 서 있다. 흔들리면서, 떨면서, 자작나무는 빛과 더불어 놀고 빛과 더불어 잠든다.

대체로 하나의 문장에 하나의 생각을 담고 있다. 모든 소설가들이 이런 식으로 글을 쓰는 것은 물론 아니다. 하지만 소설, 기사, 산문 등에서 이런 식의 단문 선호는 쉽게 발견된다. 다음 예시는 2020년 초 코로나 바이러스가 시작할 무렵 네티즌 사이에서 유명세를 탄 블로그 글의 일부다.[8]

◀── 남궁인의 블로그 글 중 일부 – 문장 끝부분 강조표시는 필자가 표시함

… 보통 바이러스는 몸에 들어가면 잠복기를 거친다. 짧을 수도, 길 수도 있지만, 대체로 잠복해서 조용하게 머문다. 2~3일에서 최장 2주 정도다. 이때는 대체로 전염 능력이 떨어진다. 그러다가 증식기가 찾아온다. 바이러스는 개체 수를 늘리면서 숙주의 몸을 공격한다. 이때 바이러스 역가가 높아져 인체의 분비물은 감염성을 띠고 증상이 발현한다. 이 증상이 발열, 인후통, 무기력이다. 특히 발열은 이번에도 거의 모든 환자에게서 관찰되었다. 그래서 전염성을 발열로 체크하는 방법은 완벽하지 않지만 가장 효율적일 수밖에 없다. (이하 생략)

필자는 우연히 위 글을 읽고 글솜씨가 범상치 않다는 것을 직감했다. 필자는 직업상 다양한 종류의 직업군을 만난다. 그들이 써온 초안을 토대로 법률문서를 작성하는 경우가 종종 있다. 그런데 의사나 회계사 같은 전문직 종사자들의 글이 읽기 어려운 경우가 많다. 위 글을 읽고 저자가 누구인지 궁금

---

8 https://blog.naver.com/ksh75944/221787229399.

하였는데, 아니나 다를까 몇 권의 에세이집을 낸 의사 겸 작가였다. 간결·명료할 뿐만 아니라 군더더기도 없고, 문장구조, 표현 방법, 어휘 등 꼬인 곳이 거의 없다. 평범한 글 같지만, 전문적으로 글쓰기 훈련을 받지 않은 사람이 이렇게 쓰는 경우는 많지 않다. 많은 법률가들을 포함하여 대부분 앞서 본 경비원의 게시글처럼 쓰는 것이 보통이다.

　　미국의 법률 글쓰기(Legal Writing) 교재도 단문 쓰기를 강조한다.[9] 하나의 문장을 구성하는 단어수를 평균 20개 이하로 줄일 것을 권한다. 평균 20단어가 넘어가면 글이 장황하고, 읽기가 어렵다는 것이다. 단문주의는 동서양에 공통된다.

3. 견줄 자 없는 장문의 대표주자: 법률문장

　　문장을 길게 쓰기로, 누구도 도전장을 내밀지 못할 상대가 법률문장이다. 10~20면이 통째로 한 문장인 무지막지한 경우도 있지만, 지면관계상 간단한 예를 하나 들어 본다. 2011년 판결, 즉 11년 전 판결이다.

■ ←—— 대법원 2011. 1. 20. 선고 2008도10479 전원합의체 판결 중 발췌

반대의견은 동산 이외에 부동산, 채권, 면허·허가권 등의 다른 유형의 재산에 대한 이중매매 혹은 양도담보로 제공된 동산의 처분행위를 배임죄로 처벌하는 기존 판례의 취지를 동산 이중매매 사안에서도 그대로 원용할 수 있다고 하나, 부동산 이외의 재산의 이중매매 등의 사안은 모두 계약의 목적이 된 권리가 계약의 상대방에게 이전·귀속된 이후의 문제를 다루고 있어 계약의 일방 당사자가 계약의 상대방에게 귀속된 재산권을 보호·관리할 의무를 타인의 사무로 상정하는 데 어려움이 없는 반면, 동산 이중매매의 경우는 아직 계약의 목적이 된 권리가 계약의 상대방에게 이전되기 전인 계약의 이행 과정에서 계약의 일방 당사자의 상대방에 대한 계약상의 권리이전의무의 이행에 관한 사항을 타인의 사무로 취급할 수 있

───

9　Bryan Garner, 2001, 24~29면.

는지의 문제를 다루는 것이어서, '타인의 사무를 처리하는 자'의 인정에 관하여 그 본질적인 구조를 달리하며, 판례가 애초 부동산 이중매매를 우리 형법상 배임죄로 의율하게 된 배경이나 이에 대한 비판적 고려의 여지가 있는 사정 등에 비추어 보면, 배임죄의 성립 여부와 관련하여 부동산과 동산의 이중매매를 단순히 평면적으로 대비하는 것은 법리적으로 적절하지 않다.

다음과 같이만 고쳐도 훨씬 읽기가 좋다(각 문장의 ①, ②, ③ 표시 및 밑줄은 필자가 추가하고 수정함).

◼ ⟵ 고친 글

① 반대의견은 동산 이외에 부동산, 채권, 면허·허가권 등의 다른 유형의 재산에 대한 이중매매 혹은 양도담보로 제공된 동산의 처분행위를 배임죄로 처벌하는 기존 판례의 취지를 동산 이중매매 사안에서도 그대로 원용할 수 있다고 한다.
② 그러나, 부동산 이외의 재산의 이중매매 등의 사안은 모두 계약의 목적이 된 권리가 계약의 상대방에게 이전·귀속된 이후의 문제를 다루고 있어 계약의 일방 당사자가 계약의 상대방에게 귀속된 재산권을 보호·관리할 의무를 타인의 사무로 상정하는 데 어려움이 없다.
반면, 동산 이중매매의 경우는 아직 계약의 목적이 된 권리가 계약의 상대방에게 이전되기 전인 계약의 이행 과정에서 계약의 일방 당사자의 상대방에 대한 계약상의 권리이전의무의 이행에 관한 사항을 타인의 사무로 취급할 수 있는지의 문제를 다루는 것이다. 따라서, 그 경우는 '타인의 사무를 처리하는 자'의 인정에 관하여 그 본질적인 구조를 달리한다.
여기에 판례가 애초 부동산 이중매매를 우리 형법상 배임죄로 의율하게 된 배경이나 이에 대한 비판적 고려의 여지가 있는 사정 등도 고려할 필요가 있다.
③ 이러한 여러 점에 비추어 보면, 배임죄의 성립 여부와 관련하여 부동산과 동산의 이중매매를 단순히 평면적으로 대비하는 것은 법리적으로 적절하지 않다.

문장을 끊어 쓸 경우 문장의 논리구조가 쉽게 파악된다. 논리구조는 다음과 같다.

①항	반대의견 요약
②항	그에 대한 반박주장 근거 제시(네 문장)
③항	다수의견 주장 제시

수정 전 글은 논리구조를 이해하기 위해 인내심 있는 독해가 필요하다. 반면 고친 글은 논리구조가 쉽게 파악된다.

다행히, 최근 대법원 판결은 과거에 비해 문장 길이가 짧아졌다. 앞서 2011년 동산 이중매매 판결을 보았는데, 2018년 비슷한 주제를 다룬 판결은 다르다.[10]

◄──── 대법원 2018. 5. 17. 선고 2017도4027 전원합의체 판결 중 발췌

부동산 매매계약에서 계약금만 지급된 단계에서는 어느 당사자나 계약금을 포기하거나 그 배액을 상환함으로써 자유롭게 계약의 구속력에서 벗어날 수 있다. 그러나 중도금이 지급되는 등 계약이 본격적으로 이행되는 단계에 이른 때에는 계약이 취소되거나 해제되지 않는 한 매도인은 매수인에게 부동산의 소유권을 이전해 줄 의무에서 벗어날 수 없다. 따라서 이러한 단계에 이른 때에 매도인은 매수인에 대하여 매수인의 재산보전에 협력하여 재산적 이익을 보호·관리할 신임관계에 있게 된다. 그때부터 매도인은 배임죄에서 말하는 '타인의 사무를 처리하는 자'에 해당한다고 보아야 한다. 그러한 지위에 있는 매도인이 매수인에게 계약 내용에 따라 부동산의 소유권을 이전해 주기 전에 그 부동산을 제3자에게 처분하고 제3자 앞으로 그 처분에 따른 등기를 마쳐 준 행위는 매수인의 부동산 취득 또는 보전에 지장을 초래하는 행위이다. 이는 매수인과의 신임관계를 저버리는 행위로서 배임죄가 성립한다.

---

10 부동산 이중매매 판결이다(이중매매란 목적물을 A에게 팔고 이행이 끝나지 않은 상태에서, 다시 B에게 소유권을 이전하는 것을 의미한다. 이러한 행위가 A에 대한 배임죄가 되는지가 문제되는데, 대법원은 동산과 부동산을 달리 보고 있다).

앞서 본 2011년 판결에 비해 쉽게 읽힌다. 대략 2015, 2016년을 전후로 대법원 판결문의 글쓰기 스타일이 상당히 바뀌었다. 국어학자들의 많은 비판이 있었고, 그래서인지 대법원도 더 좋은 글쓰기를 위해 노력하는 것 같다. 특히 대법원 판결은 과거와 같이 한 문단을 한 문장으로 쓰는 관행은 완전히 사라졌다고 말해도 될 것 같다. 매우 바람직한 현상인데, 아직도 하급심 판결이나 검사, 변호사의 글들은 여전히 옛 문체에 의하는 경우가 많다.

최근 대법원 판결 가운데에는 '새로운 문체', 즉 단문주의를 비롯한 쉬운 우리말 쓰기를 모범적으로 보여주는 사례들이 많다. 일례로 유명한 양심적 병역거부 대법원 판결 중 한 부분을 보자.

━━━ 대법원 2018. 11. 1. 선고 2016도10912 전원합의체 판결 중
    - 서술어에 색상과 밑줄 강조

… 정당한 사유로 인정할 수 있는 양심적 병역거부를 심리하여 판단하는 것은 중요한 문제이다. 여기에서 말하는 양심은 그 신념이 깊고, 확고하며, 진실하여야 한다. 신념이 깊다는 것은 그것이 사람의 내면 깊이 자리잡은 것으로서 그의 모든 생각과 행동에 영향을 미친다는 것을 뜻한다. 삶의 일부가 아닌 전부가 그 신념의 영향력 아래 있어야 한다. 신념이 확고하다는 것은 그것이 유동적이거나 가변적이지 않다는 것을 뜻한다. 반드시 고정불변이어야 하는 것은 아니지만, 그 신념은 분명한 실체를 가진 것으로서 좀처럼 쉽게 바뀌지 않는 것이어야 한다. 신념이 진실하다는 것은 거짓이 없고, 상황에 따라 타협적이거나 전략적이지 않다는 것을 뜻한다.

아래 판결문도 비슷하다.

━━━ 대법원 2018. 5. 17. 선고 2016다35833 전원합의체 판결 중

… 사적 자치와 계약자유의 원칙은 사법(私法)의 기본원리로서 사법적인 법률관계를 규율하는 기초를 형성하고 있다. 그러나 이러한 원칙이 아무런 제한 없이 절대적으로 인정되는 것은 아니다. 우리 민법은 통칙에서 신의성실과 권리남용의 금

지를 민법의 중요한 원칙으로 <u>선언하고 있다</u>. 신의성실의 원칙은 법질서 전체를 관통하는 일반 원칙으로서 실정법이나 계약을 형식적이고 엄격하게 적용할 때 생길 수 있는 부당한 결과를 막고 구체적 타당성을 실현하는 <u>작용을 한다</u>. 사적 자치나 계약자유도 신의칙에 따라 제한될 수 있고, 구체적 사안에서 그 적용 범위가 <u>문제 될 뿐이다</u>. (중략) 소송위임사무 등 법률서비스의 제공은 고도의 전문지식이 필요한 것으로 원칙적으로 <u>변호사만이 할 수 있다</u>. 법률전문가인 변호사와 의뢰인 사이에는 소송의 쟁점, 법리, 절차, 난이도 등에 관한 정보의 불균형이 존재할 <u>수밖에 없다</u>. 변호사 보수가 반드시 일반적인 수요와 공급의 법칙에 따라 적정 수준으로 결정되고 있다고 <u>볼 수는 없다</u>. 변호사 보수에 대한 예측가능성을 확보할 수 있는 장치도 충분히 마련되어 <u>있지 않다</u>. 이는 과거뿐만 아니라 변호사 시험제도의 실시 등으로 다수의 변호사가 배출되고 있는 현 상황에서도 여전히 <u>마찬가지이다</u>.

2011년 그리고 뒤에서 보는 지난 세기 판결문과는 완전히 다른 문체다. 단문주의에 충실할 뿐만 아니라 쉬운 우리말을 썼다. 다른 판결문 같으면 '의미한다', '존재한다', '허위가 아닌' '영향력 하에' 등 한자어를 사용하였을 것을 '뜻한다', '있어야 한다', '거짓이 없고', '영향력 아래'와 같은 순우리말을 썼다.[11] 글의 리듬감도 좋고, 군더더기도 거의 없다. 하급심 판결문이나 변호사, 검사들도 이러한 새로운 문체를 사용하였으면 한다.[12]

---

11 이러한 점들에 대해서는 제5장에서 자세히 다룬다.

12 각주 1에서 대법원 판결문 문체는 지속적으로 변화, 발전해왔다는 점을 언급하였다. 위 2011년 판결문도 그 이전 시기 판결문과 비교해보면 상당히 발전한 것이다. 일례로 아래 1979년 판결문을 보자. 한문투의 어휘, 난해한 문장구조는 차치하고, 주술관계가 맞지 않는 부분도 있다(주어에 해당하는 단어에 밑줄 표시함).

> **대법원 1979. 10. 10. 선고 79다1291 판결**
> "<u>원판결이</u> 변론의 전취지로서 <u>원고가</u> 피고에게 하는 <u>청구는</u> 소외 1을 대위하여 하는 것으로 <u>본 취지 판단은</u> 위법시 할 수 없으며, <u>부동산을 산 자가</u> 목적물을 인도받은 경우에는 산 사람의 <u>등기청구권은</u> 소멸시효에 걸리지 않는다고 하는 <u>당원이</u> 지키는 판례('76.11.6 선고 76다148 판결)의 견해에 따른 <u>원심이</u> 이 사건 땅을 1935년에 사서 1974년에 원고에게 팔아 넘겨 그에게 인도하여 주기까지 계속 인도받아 점유 경작한 소외 1의 피고에 대한 <u>그 등기청구권이</u> 소멸시효에 걸리지 않고 <u>그가</u> 지니고 있었다고 판단한 점에 소론 법리오해가 있다고 하기 어렵고, 따라서 소외 1에게 그의 채권자인 <u>원고가</u> 채무자 소외 1의 채무자인 피고에 대하여 <u>채권이</u> 없다."

4. 끊어 쓰기, 단문주의의 예외 등

단문주의는 실용적 글쓰기의 제1원칙이라고 할 수 있지만, 만고불변의 진리는 물론 아니다. 끊어 쓴다고 다 좋은 글이 되는 것도 아니고, 긴 문장이라고 모두 악문인 것도 아니다. 다음과 같은 점을 지적할 수 있겠다.

첫째, 글쓰기는 결국 스타일이다. 화려체, 만연체 역시 매력적인 문체다. 진정한 글쓰기 고수는 만연체를 제대로 구사하는 사람이라는 말도 있다. 그러나 실용적 글쓰기는 단문쓰기, 문체로 말하자면 간결체가 좋다. 글쓰기 초보자라면 더욱 그렇다. 유려한 만연체는 문필가들에게 맡겨두기로 하고, 실용적인 글을 쓰는 직업인들은 특별한 사정이 없는 한 단문쓰기, 간결체를 원칙으로 하는 것이 좋다.

둘째, 글쓰기에서 중요한 요소 중 하나는 **리듬감**이다. 앞서 본 1−1−1−1−1의 구조가 리듬감을 가질 수도 있지만, 경우에 따라서는 1−2−1−2−1−2의 구조나 1−2−1−3의 구조가 리듬감을 가질 수도 있다. 문장 내의 정보 수만이 아니라 문장의 길이로도 리듬감을 구사할 수 있다. 윤태영은 다음 문장을 "원투리쓰리 리듬"이라고 한다(윤태영, 2017, 128면, ①~③ 표시는 필자가 추가함).

▶ ──── 글의 리듬감 예시

① 눈을 떴다. ② 햇살이 창을 뚫고 들어왔다. ③ 방안 구석구석이 아침햇살을 받아 밝게 빛났다. ① 눈을 감았다. ② 오늘 뭘 해야 할까 생각했다. ③ 일어나서는 둔탁한 소음을 내는 냉장고를 열었다. (이하 생략)

짧은 문장, 긴 문장이 번갈아 나오면서 변주곡 같은 리듬감을 이룬다. 무조건 단문만을 고집하기보다는 상황에 따라 적절한 구조, 적절한 리듬이 무엇인지 고민해 보아야 한다.

5. 법률문장이 길어지는 이유, 법률문장에서 적당한 길이

법률문장이 지나치게 길어지는 이유는 무엇일까? 일본 판결문의 영향이라는 지적도 있지만,13 법률문장 자체에 내재한 원인이 있는 것으로 보는 것이 맞을 것 같다. 사견으로는 다음과 같은 점이 원인이라고 생각된다.

우선 법률문장은 그 자체로 여러 복잡한 논리를 포함하고 있다는 점이다. 전통적인 삼단논법뿐만 아니라 「A→B→C→D」 식의 연쇄논증, 「A + B + C→D」 식의 병렬논증 등 복잡한 논리가 동원되는 경우가 많다. 글에 그러한 복잡한 구조를 담다 보니 자연스레 문장이 길어진다.

하지만 그렇다고 문장을 적당하게 끊어 쓰는 것이 불가능한 것은 아니다. 따라서 더 근본적인 원인은 위와 같은 논증구조 자체가 아니라, 그러한 논증구조를 하나의 문장에 담으려는 법률가들의 강박관념 같은 것이 아닐까 생각한다. 간단한 예를 하나 들어보면 다음과 같다.

▌──── 한 문장에 모든 주장을 담으려는 글

이러한 원고 주장의 부당성은, 애초의 정부 사업계획에 의하면 이 사건 사업은 2016년에는 종결되었어야 하는데, 아직까지도 몇 차례의 사업계획 변경을 통해 여전히 사업이 지속되고 있고, 원고는 또한 새로운 사업 아이템을 추가할 계획을 세우고 있는 점 등에 비추어도 쉽게 알 수 있습니다.

▌──── 단문으로 분해한 글

애초의 사업계획에 의하면, 이 사건 사업은 2016년에 종결되었어야 합니다. 그러나 몇 차례의 사업계획 변경을 거쳐 여전히 사업은 지속되고 있습니다. 또한 원고는 새로운 사업 아이템을 추가할 계획을 세우고 있습니다. 이러한 사정들에 비추어보면 원고 주장은 타당하지 않습니다.

---

13 김상태, 글쓰기 오류 분석, 학고방, 2008, 157면.

그렇다면 법률문장에서 적당한 길이는 어느 정도일까? 법률문장은 다양한 논증을 포함하므로, 앞서 본 소설가, 문필가들의 글처럼 짧은 문장으로 일관하는 것은 가능하지 않다. 소설이나 수필 등은 특히 사실이나 심리를 묘사하는 부분에서 단문(單文, 홑문장) 위주의 글쓰기가 가능하다. 하지만 복잡한 논증이 많은 법률문장은 그 성격상 복문(複文), 중문(重文)의 비중이 클 수밖에 없다. 기본적으로 호흡이 긴 문장이 많을 수밖에 없다. <u>그럼에도, 더 정확히 말하면 그렇기 때문에,</u> 적정한 단위로 끊어 쓸 필요가 있다.

그리고 끊어 쓰기 필요성 판단의 기준은 문장의 길이 자체라기보다는 논리구조다. 아래와 같은 두 가지 예시를 비교해 보자(지면관계상 단순화하였다).

■ ←── 예시 1: 단순 나열형 문장

철수는 아침에 일어나서 밥을 먹고, 이를 닦고, 옷을 입고, 집을 나와 버스를 타고, 학교에 가서 공부를 하고, 수업을 마치고 집으로 돌아왔다.

■ ←── 예시 2: 복잡한 논리구조를 포함하는 문장

철수는 B와 같은 예외적 상황이 아닌 한 C 선택을 할 것으로 예상되지만, B의 경우라도 D, E가 문제되면 다를 수 있고, 특히 D의 경우 F, G와 같은 사정을 고려해야 하는 반면 E의 경우는 다른 차원의 문제들도 많다.

예시 1과 같이 단순 나열형 문장은 글이 길어도 그리 어렵지 않다(물론 이 경우도 적절히 끊어 쓰는 것이 간결하기는 하다). 반면 예시 2와 같은 논리구조라면 반드시 풀어서 정리해야 한다. 이 문제는 제3장에서 자세히 살펴본다.[14]

---

14   제3장 제3절 제3원칙(논리구조를 드러내는 글쓰기) 참조.

6. 결론

간결·명료한 글쓰기 제1원칙은 다음과 같다.

> 실용적 글쓰기의 제1원칙은 문장을 짧게 쓰는 것이다. 중언부언 장문으로 연결하지 말고, 가급적 하나의 생각은 하나의 문장으로 표현하는 것을 원칙으로 한다.

단문쓰기, 끊어 쓰기는 매우 중요한 원칙이지만, 간결·명료한 글쓰기의 첫걸음에 불과하다. 다른 원칙들과 결합될 때 비로소 빛을 발한다. 이하에서 계속 살펴보자.

II. 간결·명료한 글쓰기 제2원칙: 군더더기 없애기
– 문장 다이어트

1. 서설

간결·명료한 글쓰기 두 번째 원칙은 군더더기 없애기다. 글쓰기의 목적은 자신의 생각, 경험, 감정을 최대한 효율적으로 전달하는 것이다. 필요 없는 어휘들은 독자의 독해 에너지만 소모한다. 군더더기만 잘 제거해도 좋은 글이 된다. 우리가 쓰는 글에는 생각보다 훨씬 많은 군더더기가 있다. 법률가들의 글은 더 심하다. 글의 군더더기를 제거하자! 글에서 군더더기를 없애는 것은 마치 뱃살, 지방기를 제거하여 날렵한 근육질 몸매를 만드는 작업과 같다. 구체적으로 살펴보자.

2. 군더더기 없애기의 여러 유형

(1) 의미 전달에 필요하지 않은 표현 없애기

우선 글을 쓸 때는 필요한 것처럼 느껴지지만 삭제해도 무방한 표현에 대해 살펴본다. 윤태영은 다음과 같이 다소 극단적인 예를 든다(윤태영, 2019, 17면).

←—— 예시문

나는 내가 다니는 학교에 갔다. 그곳에서 우리 선생님이 가르치는 것을 배웠다. 그리고는 집에 돌아온 후 복습을 하면서 선생님의 가르침을 다시 공부했다.

다음과 같이 수정해도 의미 전달에 아무런 문제가 없다는 것이다.

←—— 고친 글

나는 학교에 갔다. 선생님한테 배웠다. 집에 와서 복습했다.

수정전 예시문은 단지 세 문장이어서 크게 문제없다고 생각할 수 있다. 그러나 긴 문장을 위와 같이 쓴다면 A4 용지 10장 분량을 5장으로 줄일 수 있다.

또 다른 예를 본다. 아래 예시는 유시민 작가가 20대에 써서 베스트셀러가 되었던 「거꾸로 읽는 세계사」의 한 부분이다. 베스트셀러였지만, 50대의 유시민이 다시 보니 고칠 부분이 너무 많았나 보다(유시민, 2015, 238~240면).

←—— 거꾸로 읽는 세계사 중 일부

인류에게 불의 저주를 퍼부은 첫 번째 제국주의 세계전쟁이 끝난 후 세계는 다시 영원한 번영의 새로운 시대로 접어든 것 같았다. 패전국 독일과 오스트리아가 전쟁배상금 때문에 어려움에 처했고 아시아와 아프리카의 식민지 종속국 민중들은 변함없는 제국주의의 억압과 수탈로부터 벗어나기 위해 몸부림치고 있었지만 선진자본주의 나라들은 눈부신 경제적 부흥을 이루었다.

유시민은 다음과 같이 고친 글을 제안한다(고치기 과정은 필자가 구성함).

▶ ── 고치기 과정

[인류에게 불의 저주를 퍼부은] 첫 번째 제국주의 세계전쟁이 끝났다. 세계는 [타
서] 영원한 번영의 새로운 시대로 접어들었다. [든 것 같았다.] [패전국] 독일과 오
스트리아가 전쟁배상금 때문에 어려움을 겪었다.에 처했고 아시아와 아프리카[의
식민지 종속국] 민중들은 [변함없는] 제국주의의 억압과 수탈로부터 벗어나기 위
해 몸부림쳤다.[치고 있었지만] 하지만, 선진자본주의 나라들은 눈부신 경제적 부
흥을 이루었다.

유시민이 수정한 문장은 다음과 같다(밑줄은 필자가 추가함). 찬찬히 읽어
보자.

▶ ── 고친 글

첫 번째 제국주의 세계전쟁이 끝났다. 세계는 영원한 번영의 새로운 시대로 접어들었
다. 독일과 오스트리아가 전쟁배상금 때문에 어려움을 겪었다. 아시아와 아프리카 민
중들은 제국주의의 억압과 수탈로부터 벗어나기 위해 몸부림쳤다. 하지만, 선진자본
주의 나라들은 눈부신 경제적 부흥을 이루었다.

"인류에게 불의 저주를 퍼부은", "패전국", "식민지 종속국", "변함 없는"
과 같은 문구는 쓸 때는 꼭 필요한 것 같지만, 실은 그렇지 않다는 것이다. 삭
제하는 것이 깔끔하다. 의미전달도 더 잘 된다. 고친 글은 앞서 본 김훈이나
남궁인의 글과 비슷하지 않은가? 간결·명료한 글은 말 그대로 쉽고, 단순하
다. 수식어 등을 제거하고 단도직입적으로 꼭 필요한 주어와 서술어를 나열하
면 된다. 미국 글쓰기의 고전으로 알려진 "On Writing Well" 19면은 다음과
같이 얘기한다.[15]

15　William Zinsser, 이한중 역, 글쓰기 생각쓰기, 돌베개, 2007.

좋은 글쓰기의 비결은 모든 문장에서 가장 분명한 요소만 남기고 군더더기를 걷어내는 데 있다. 아무 역할도 못하는 단어, 짧은 단어로도 표현할 수 있는 단어, 이미 있는 동사와 뜻이 같은 부사 ⋯ 이런 것들은 모두 문장의 힘을 약하게 하는 불순물이다.

이수열, 우리말 바로 쓰기, 현암사, 2017, 112~113면은 다음과 같이 우리말다운 간결·명료한 표현과 그렇지 않는 표현을 대비한다.

군더더기 있는 글	고친 글
오늘은 구름을 많이 낀 상태를 보이고 있습니다.	오늘은 구름이 많이 끼었습니다.
중부지방은 비가 내리고 있는 상태입니다.	중부지방은 비가 내리고 있습니다.
시민들은 생필품이 부족한 상황 속에서도⋯	시민들은 생필품이 부족한데도⋯
비구름이 아직도 머물러 있는 모습을 보이고 있습니다.	비구름이 아직도 머물러 있습니다.
고성이 오가는 상황이 빚어졌으나⋯	고성이 오고갔으나⋯
이상 마치도록 하겠습니다.	이상 마치겠습니다.
다음 작품을 감상하도록 하겠습니다.	다음 작품을 감상하겠습니다.
축하를 드립니다.	축하합니다.

얼마나 쉬운가? 그런데도 많은 사람들은 별생각 없이 수정 전과 같은 표현을 사용한다. 우리말답지도 않고, 간결·명료하지도 않은데도 말이다. 이 책에서 계속 강조하겠지만, 우리말다운 글쓰기, 간결·명료한 글쓰기는 결코 어렵지 않다. 최소한 필요한 주어와 서술어만을 써주면 된다.

(2) 불필요한 수식어, 불필요한 접속사 없애기

"좋은 글은 관형사, 부사보다 명사, 서술어 위주의 글"이라는 말이 있다. 고종석, 유시민은 다음과 같이 말한다.

고종석, 고종석의 문장 2, 알마, 2014, 169면

"강조를 하기 위한 부사들은 되도록 피하는 게 좋습니다. 정말 꼭 써야 할 자리에만 쓰기를 권합니다."

유시민, 2015, 239~240면

"부사와 형용사도 적게 쓸수록 좋다. 이미 완성된 문장이라도 반드시 있어야 할 이유가 없는 문장요소가 있으면 과감하게 빼야 한다"

구체적 사례들을 보자. 박종인은 다음과 같은 예를 든다(박종인, 2016, 84면).

◀—— 예시 1

눈이 딱 떠졌다. 발치께, 벽걸이 TV 밑에 놓인 전자시계가 어김없이 04시 45분을 가리키며 깜박거리고 있었다. 나는 침대에서 벌떡 일어나 발끝으로 더듬어 슬리퍼를 꿰고 화장실을 다녀와 거실로 나왔다.

◀—— 고친 글

눈이 떠졌다. 발치께, 벽걸이 TV 밑에 놓인 전자시계가 04시 45분을 가리키며 깜박거리고 있었다. 나는 침대에서 일어나 발끝으로 더듬어 슬리퍼를 꿰고 화장실을 다녀와 거실로 나왔다.

위 수식어들은 쓸 때는 꼭 필요한 것 같지만 사실은 없어도 무방하다는 것이다. 앞서 언급한 "On Writing Well"은 "그의 개인적 느낌(his personal feeling)"과 같은 예를 든다.[16] 느낌은 대부분 개인적 느낌이므로, 굳이 'personal'과 같은

---

16 William Zinsser, 이한중 역, 글쓰기 생각쓰기, 돌베개, 2007, 19면.

표현은 필요가 없다는 것이다. "그의 느낌(his feeling)"으로 충분하다는 것이다.

이 점은 접속사(접속부사)[17]도 마찬가지다. 윤태영, 2019, 132~133면이 제시하는 다음 예가 그 점을 잘 보여준다.

◼ ←─── 예시 2

낱말을 검색하기 위해 포털사이트에 접속했다. 그런데 메인 화면에 눈에 띄는 기사가 있었다. 기사를 클릭했다. 그러나 내용은 하나도 없는 낚시성 기사였다. 순간 화가 치밀었다. 그리고 헛웃음이 나왔다. 그런데 문제가 생겼다. 내가 무엇을 검색하려고 포털사이트에 접속했는지 도통 생각나지 않았다. 그러나 머릿속은 점점 하얘질 뿐이었다.

◼ ←─── 고친 글 – 접속사를 제거한 첫 문장에 밑줄 강조 표시

낱말을 검색하기 위해 포털사이트에 접속했다. 메인 화면에 눈에 띄는 기사가 있었다. 기사를 클릭했다. 내용은 하나도 없는 낚시성 기사였다. 순간 화가 치밀었다. 헛웃음이 나왔다. 문제가 생겼다. 내가 무엇을 검색하려고 포털사이트에 접속했는지 도통 생각나지 않았다. 머릿속은 점점 하얘질 뿐이었다.

고종석은 "글에서 접속부사는 없으면 없을수록 좋습니다. (중략) 그러면 글이 간결해 보이고, 문장과 문장 사이에 어떤 긴장감이 생깁니다"라고 한다.[18] 물론 반드시 필요한 접속사도 있다. 접속사가 없으면 문맥이 자연스럽지 않은 경우다. 대체로 역접 접속사가 그렇다. 반면 '그리고', '그래서', '그런데'와 같은 순접 접속사는 불필요한 경우가 많다.

---

17 우리 문법의 품사론에서 **접속사를 별개의 품사로 인정할 것인지**에 대해서는 견해대립이 있다. 최근에는 부사의 일종으로 보는 입장이 우세한 것으로 보인다(고영근, 구본관, 우리말 문법론, 집문당, 2019, 142면 참조). 다만 이하에서는 편의상 **'접속사'**로 통일해서 표현한다.
18 고종석, 고종석의 문장, 1, 알마, 2014, 117~118면.

제1원칙에서 본 김훈 소설 인용 부분을 단문이 아니라, 부사, 접속사의 관점에서 다시 보자. 이 글이 간결·명료한 이유는 단문에만 있는 것이 아니다. 잘 보면 접속사, 관형사, 부사가 거의 없다.

▶ ─── 김훈, 칼의 노래, 104~105면

… 적들은 더욱 다가왔다. 일자진은 움직이지 않았다. 나는 기다렸다. 적선들에서 함성이 일었다. 적의 제1열과 제2열이 합쳐지면서 양쪽으로 날개를 벌리기 시작했다. 적은 선두가 전투대형으로 바뀌었다. 물은 적의 편이었다. 적은 휩쓸듯이 달려들었다. 감당할 수 없는 적의 힘이 내 몸에 느껴졌다. 나는 뼈마디가 으스러지듯이 아팠다.

아마도 필자였다면 같은 내용을 아래와 같이 썼을 것 같다(강조 부분은 원문에 없는 것으로 필자가 추가하였다).

▶ ─── 김훈, 칼의 노래, 104~105면 – 필자가 썼을 경우

… 적들은 더욱 다가왔다. <u>그럼에도 불구하고</u> 일자진은 <u>조금도</u> 움직이지 않았다. <u>그러나</u> 나는 <u>조금 더</u> 기다렸다. <u>그러자</u> 적선들에서 <u>엄청난</u> 함성이 일었다. <u>그리고</u> 적의 제1열과 제2열이 <u>갑자기</u> 합쳐지면서 양쪽으로 날개를 <u>활짝</u> 벌리기 시작했다. <u>그러자</u> 적은 <u>급속히</u> 선두가 전투대형으로 바뀌었다. <u>그런데,</u> 물은 적의 편이었다. 적은 <u>마치</u> 휩쓸듯이 <u>지나갔다. 그러자</u> 감당할 수 없는 적의 <u>엄청난</u> 힘이 내 몸에 느껴졌다. 나는 뼈마디가 으스러지듯이 <u>몹시도</u> 아팠다.

글쓰기 고수들은 절대 위와 같이 쓰지 않는다. 필자가 임의로 추가한 접속사, 관형사 등이 바로 군더더기다. 몸무게 수치를 높이고 수명을 줄이는 지방질, 콜레스테롤과 같다.

김훈의 원문은, 절제된 문장, 그러면서도 정확한 어휘[19]와 리듬감 … 좋

─────────────────────

19 정확한 어휘에 대해서는 이 절 제4원칙(명료한 표현 사용하기)에서 살펴본다.

은 글이란 바로 이런 것이라는 점을 보여준다. 쉽게 오를 수 있는 경지는 아니지만, 결코 불가능한 일도 아니다. 일반인들은 그 방법을 알지 못하고, 훈련받아 본 일이 없을 뿐이다.

앞서 살펴본 유시민의 고친 글, 남궁인의 글도 다시 보기 바란다. 단문쓰기 외에 불필요한 수식어를 전부 삭제하였다. 감정적 수식어를 배제하고, 절제를 통해 간결미를 선택하였다. 고수들의 글쓰기에는 일관된 공통점이 있다. 이 점은 이 책의 각 장을 거치면서 점점 드러날 것이다.

(3) 불필요한 중언부언 없애기

세 번째는, 단어, 표현 자체에 불필요한 군더더기가 있는 경우다. "역전 앞" 같은 표현이 대표적이지만, 그보다 훨씬 많다. 다음과 같은 몇 가지 예만을 지적한다.

① 한자어 자체에 부사가 포함된 경우

전액 완납하였다.   ⇒ 완납하였다.
권력의 자의적 남용   ⇒ 권력의 남용
                                      (남용에 이미 자의적이라는 의미 포함)

직접 대면하다.   ⇒ 대면하다. (대면은 개념상 직접 하는 것)
지나치게 과다하다   ⇒ 과다하다 혹은 지나치게 많다
다시 재론하다   ⇒ 재론하다 혹은 다시 논의하다.

② 의미상 필요 없는 수식어

일정 기간 <u>동안</u>   ⇒ 일정 기간
대학에 <u>처음</u> 입학하였을 때   ⇒ 대학에 입학하였을 때
* 다만 대학에 두 번 입학하였다면 예외다

③ 불필요한 서술어 반복

시작하도록 하겠습니다.   ⇒ 시작하겠습니다.
옳은 주장이라고 할 것입니다.   ⇒ 옳은 주장입니다.

전체적인 상황을 전반적으로 설명하였다.

  ⇒ 전체적으로 상황을 설명하였다. or 상황을 전반적으로 설명하였다.

④ 기타

사랑한다는 것은 끊임없이 관심을 갖는 것입니다.

  ⇒ 사랑은 끊임없는 관심입니다

글을 잘 쓴다는 것은 어려운 일입니다

  ⇒ 글을 잘 쓰는 것은 어렵습니다.

밀린 일이 많았던 관계로 늦게 출발하였다.

  ⇒ 밀린 일들이 많아서 늦게 출발하였다.

3. 비효율적, 비경제적 글쓰기의 대표주자: 법률문장

법률문장의 두 번째 병폐는 군더더기가 너무 많다는 것이다. 특히 주요 논점이 아닌 배경사실을 설명하는 부분 등에 과도한 정보는 글의 핵심을 파악하는 데에 방해가 된다. 구체적 예를 보자.

(1) 예시 1: 불필요한 정보의 고지식한 나열 없애기
  – 이른바 'over-particularization' 없애기

아래 예시문은 필자가 저년차 변호사일 때 쓴 준비서면의 일부다.

■ ⟵—— 예시

피고는 법원에 원고가 피고에 대해 한 2007. 12. 12.자 징계처분의 무효를 주장하는 소를 제기하였으나, 서울남부지방법원은 2008. 4. 24. 서울남부지방법원 2008가합12345 판결로 피고 청구를 기각하는 판결을 선고하였고, 이에 피고가 항소하였으나, 서울고등법원은 2009. 9. 16. 서울고등법원 2009나23456 판결로 청구인의 항소를 기각하였으며, 대법원에서 상고하지 않아 상고기간 도과로 확정되었습니다.

위 글의 요지는 결국 "피고가 소송을 제기하였지만 패소하였다"는 것이다. 그런데 위와 같이 고지식하게 모든 정보를 적으면, 독자의 독해 에너지 낭비만을 가져온다. 아래와 같이 줄여보자(사건번호가 필요하다면 각주로 적어주면 된다).

■ ←——— 고친 글

피고는 2007. 12. 12.자 징계처분의 무효를 주장하는 소를 제기하였으나, 1, 2심 모두 피고 청구를 기각하였고, 쌍방 상고하지 않아 확정되었습니다.

꼼꼼함을 생명으로 아는 법률가들은 모든 정보를 빠짐없이 기재하지 않으면 안 된다는 강박관념이 있다. 미국의 Legal Writing 교재는 이를 'over-particularization'이라고 한다(Bryan Garner, 2001, 78~81면). 'particularization'의 사전적 의미는 상술(詳述), 즉 "상세한 기술"이다. 'over-particularization'은 "과도하게 상세하게 적은 것"을 의미한다. 판결문, 준비서면 등 법률문장이 읽기 어려운 데에 여러 이유가 있지만 이러한 'over-particularization'은 결정적 이유 중 하나다. 이 점은 미국이나 한국이나 마찬가지인 것 같다. 핵심 메시지 전달 위주의 유연한 사고가 필요하다.

(2) 예시 2: 불필요한 중복, 삭제해도 의미 전달에 문제 없는 표현

다음으로 쓸 때는 꼭 필요한 것 같지만, 삭제해도 의미 전달에 문제가 없는 중복표현들을 없애는 것이다. 이는 'over-particularization'과 비슷한 맥락이지만 조금 다른 문제다. 아래 판결은 일용노동자의 가동연한을 60세가 아닌 65세로 보아야 한다는 대법원 전원합의체 판결[20]의 항소심 판결문 중 일부다.

---

20 대법원 2019. 2. 21. 선고 2018다248909 전원합의체 판결.

살피건대, 망아가 이 사건 수영장을 방문한 2015. 8. 9.에는 많은 사람들이 이 사건 수영장을 <u>이용하고 있었으므로,</u> 이 사건 수영장을 운영하는 피고 D와 안전관리를 책임지고 있던 피고 E는 망아와 같이 신장 등이 이 사건 풀장의 이용기준에 미치지 못하는 이용객들이 이 사건 풀장에 출입하지 못하도록 입구에 출입금지 등의 표시를 하거나 안내를 하고 실제로 위와 같은 이용상의 제한을 인식할 수 있도록 이용자 개개인에게 <u>수시로 고지</u>해야 하며, 위와 같은 이용상의 제한을 의도적 또는 부주의로 위반하거나 그 제한의 의미를 이해하기 어려운 이용자들(일정 연령 이하의 아이, 일정 연령 이상의 고령자 또는 일정한 장애인 등)이 위와 같은 이용상의 제한을 위반하는 경우 이를 제지하거나 구제할 수 있도록 이 사건 풀장 및 이 사건 사다리 인근에 <u>안전요원을 배치</u>하여 이용객들의 이 사건 풀장 출입상황과 이 사건 풀장에서의 이용상황을 주의깊게 살펴 <u>익사 사고 등이 발생하지 않도록 할 업무상의 주의의무가 있었다.</u>

　수영장에 빠져 죽은 아이에 대한 수영장 운영자, 관리자의 법적 책임을 논한 것이다. 위 문장에서 군더더기와 그 삭제 이유를 먼저 살펴본다.

- ▸ 많은 사람들이 이 사건 수영장을 이용하고 있었으므로 ⇒ 많은 사람들이 있었으므로,
    - − 수영장에 있는 사람들이 수영장을 이용하는 것은 당연하다. 삭제한다.

- ▸ 이 사건 수영장을 운영하는 피고 D와 안전관리를 책임지고 있던 피고 E
    ⇒ 수영장 운영자 피고 D와 안전관리 책임자 피고 E
    − 관형절을 관형구로 바꾸면 깔끔하다.

- ▸ 주의의무를 부담한다고 보아야 한다. ⇒ 주의의무를 부담한다.
    − 판결문에 자주 사용되는 이 표현도 단정적 표현으로 쓰는 것이 좋다.[21]

21 　제4원칙 부분 참조.

‣ 이 사건 풀장에 출입하지 못하도록 ⇒ 출입하지 못하도록

   – 이용객들은 당연히 이 사건 풀장에 출입하는 것이므로, 앞부분은 삭제한다.

‣ 일정 연령 이하의 아이, 일정 연령 이상의 고령자 ⇒ 아이, 고령자

   – 고령자 중에도 일정 연령 이상, 아이 중에서 일령 연령 이하라는 점을 정확히 표현하고자 한 의도는 충분히 이해가 간다. 하지만 이 맥락에서 그것이 중요할까? 전형적으로 법률가다운 over-particularization 이다. 과감히 생략한다.

‣ 이 사건 풀장의 출입상황과 이 사건 풀장에서의 이용상황 ⇒ 출입상황과 이용상황

   – 출입상황과 이용상황도 당연히 풀장에 관한 것이므로 삭제한다.

   – 마지막으로 위 예시문에 "위와 같은 이용제한"이라는 표현이 3번이나 등장한다. "위와 같은"이라는 표현도 전부 삭제하는 것이 좋겠다.

끊어 쓰기를 포함한 수정 과정은 다음과 같고, 정리된 문장을 이어서 본다.

■ ←── 고치는 과정

① 망아가 이 사건 수영장을 방문한 2015. 8. 9.에는 많은 사람들이 이 사건 수영장을 이용하고 있었다.

② 따라서, 이 사건 수영장을 운영~~자인~~하는 피고 D와 안전관리를 책임~~자인~~지고 있던 피고 E는 다음과 같은 주의의무를 부담~~한다.~~ 하고 있었다고 보아야 한다.

③ 우선 망아와 같이 신장 등이 이 사건 풀장의 이용기준에 미치지 못하는 이용객들이 이 사건 풀장에 출입하지 못하도록 입구에 출입금지 등의 표시를 하거나 안

내를 하고 실제로 위와 같은 이용상의 제한을 인식할 수 있도록 이용자 개개인에게 수시로 고지해야 한다.

④ 또한 위와 같은 이용상의 제한을 의도적으로 또는 부주의로 위반하거나 그 제한의 의미를 이해하기 어려운 이용자들(일정 연령 이하의 아이, 일정 연령 이상의 고령자 또는 일정한 장애인 등)이 위와 같은 이용상의 제한을 위반하는 경우가 있을 수 있다. 그러한 경우 이를 제지하거나 구제할 수 있도록 이 사건 풀장 및 이 사건 사다리 인근에 안전요원을 배치하여 이용객들의 이 사건 풀장 출입상황과 이 사건 풀장에서의 이용상황을 주의깊게 살펴 익사 사고 등이 발생하지 않도록 하여야 한다.

위와 같이 정리, 삭제할 때 의미전달에 문제가 있는지, 아래 고친 글을 보고 살펴보기 바란다.

■ ⟵ 고친 글

망아가 이 사건 수영장을 방문한 2015. 8. 9.에는 많은 이용객들이 있었다. 따라서 수영장 운영자 피고 D와 안전관리 책임자 피고 E는 다음과 같은 주의의무를 부담한다. 망아와 같이 이용기준에 미치지 못하는 이용객들이 수영장에 출입하지 못하도록 입구에 출입금지 표시를 하거나 안내를 하고, 이용상 제한을 인식하도록 이용자에게 수시로 고지해야 한다. 이용상 제한을 의도적으로 또는 부주의로 위반하거나 그 의미를 이해하기 어려운 이용자들(아이, 고령자 또는 장애인 등)이 그 제한을 위반하는 경우가 있을 수 있다. 그 경우 이를 제지하거나 구제할 수 있도록 이 사건 풀장 및 이 사건 사다리 인근에 안전요원을 배치해야 한다. 이용객들의 출입상황과 이용상황을 주의깊게 살펴 익사 사고 등이 발생하지 않도록 하여야 한다.

(3) 예시 3: 어려운 법리를 알기 쉽게 설명하기

마지막으로 어려운 법리를 설시하는 대법원 판결문을 보자. 어려운 법리를 일반인도 알기 쉽게 쓰는 것은 물론 쉽지 않다. 그러나 적어도 대법원 판결문이라면, 최대한 가독성을 높이는 글쓰기가 필요하다.[22] 다음은 공동불법행위와 과실상계라는 매우 어려운 법리를 설시한 대법원 판결문 일부다. 15년 전 판결문이라 '옛 문체'로 되어 있다. 너무 길어서, 끊어 쓰기를 할 부분을 파란색으로 표시하였다.

> ←——— 대법원 2007. 6. 14. 선고 2005다32999 판결:
> 공동불법행위와 과실상계
>
> 공동불법행위로 인한 손해배상책임의 범위는 피해자에 대한 관계에서 가해자들 전원의 행위를 전체적으로 함께 평가하여 정하여야 하고, 그 손해배상액에 대하여는 가해자 각자가 그 금액의 전부에 대한 책임을 부담하는 것이며, 가해자의 1인이 다른 가해자에 비하여 불법행위에 가공한 정도가 경미하다고 하더라도 피해자에 대한 관계에서 그 가해자의 책임 범위를 위와 같이 정하여진 손해배상액의 일부로 제한하여 인정할 수는 없는 것이고, 한편 공동불법행위의 경우 법원이 피해자의 과실을 들어 과실상계를 함에 있어서는 피해자의 공동불법행위자 각인에 대한 과실비율이 서로 다르더라도 피해자의 과실을 공동불법행위자 각인에 대한 과실로 개별적으로 평가할 것이 아니고 그들 전원에 대한 과실로 전체적으로 평가하여야 할 것이며, 이 경우 피해자의 부주의를 이용하여 고의로 불법행위를 저지른 자가 바로 그 피해자의 부주의를 이유로 자신의 책임을 감하여 달라고 주장하는 것은 허용될 수 없는 것이나, 이는 그러한 사유가 있는 자에게 과실상계의 주장을 허용하는 것이 신의칙에 반하기 때문이므로, 불법행위자 중의 일부에게 그러한 사유가 있다고 하여 그러한 사유가 없는 다른 불법행위자까지도 과실상계의 주장을 할 수 없다고 해석할 것은 아니다.

---

22 권영준, "대법원 판결서 개선의 당위성과 방향성", 사법, 통권 44호, 2018, 45면은 다음과 같이 말한다.

> "… 물론 판결서는 전문적이고 어려운 내용을 다루는 경우가 많다. 따라서 판결서를 이해하는 것이 동화나 신문 기사를 이해하듯 쉬울 수는 없다. 하지만 평균적 수준의 지적 소양을 갖춘 국민이 합리적 범위까지 이해할 수 있는 판결서를 작성하는 것은 가능하다. 판결서는 법원이 국민과 소통하는 공식 수단이다. 그렇다면 이러한 합리적 이해 가능성을 획득하려는 지속적 노력을 마다할 이유가 없다."

참으로 난해하다. 내용도 어려운데, 문장까지 구중궁궐이다. 하지만 군더더기를 제거하고, 잘 정리하면 쉬운 글로 만들 수 없는 것은 아니다. 대규모 수술이 필요하다. 메스 대신 빨간펜으로 작업을 시작해보자. 일단 끊어 쓴다.

📋 ◀── 고치기: 끊어 쓰기

공동불법행위로 인한 손해배상책임의 범위는 피해자에 대한 관계에서 가해자들 전원의 행위를 전체적으로 함께 평가하여 정하여야 하고, 그 손해배상액에 대하여는 가해자 각자가 그 금액의 전부에 대한 책임을 부담하는 것이다.
따라서, 가해자의 1인이 다른 가해자에 비하여 불법행위에 가공한 정도가 경미하다고 하더라도 피해자에 대한 관계에서 그 가해자의 책임 범위를 위와 같이 정하여진 손해배상액의 일부로 제한하여 인정할 수는 없는 것이다.
한편 공동불법행위의 경우 법원이 피해자의 과실을 들어 과실상계를 함에 있어서는 피해자의 공동불법행위자 각인에 대한 과실비율이 서로 다르더라도 피해자의 과실을 공동불법행위자 각인에 대한 과실로 개별적으로 평가할 것이 아니고 그들 전원에 대한 과실로 전체적으로 평가하여야 할 것이다.
이 경우 피해자의 부주의를 이용하여 고의로 불법행위를 저지른 자가 바로 그 피해자의 부주의를 이유로 자신의 책임을 감하여 달라고 주장하는 것은 허용될 수 없는 것이나, 이는 그러한 사유가 있는 자에게 과실상계의 주장을 허용하는 것이 신의칙에 반하기 때문이다.
따라서, 불법행위자 중의 일부에게 그러한 사유가 있다고 하여 그러한 사유가 없는 다른 불법행위자까지도 과실상계의 주장을 할 수 없다고 해석할 것은 아니다.

다음으로 군더더기를 없애고, 일본식 표현 및 어려운 한자표현을 쉬운 우리말로 바꾼다. 몇 가지만 살펴보자.

▸ 우선 "가공한", "각인"은 일본말이다.[23] "가담한", "각자"로 바꾼다.
"과실상계를 함에 있어서"도 일본말이다(~おいて).[24] "과실상계를 할 때"

---

23 제5장 제2절 제1원칙(일본어 번역체 없애기) 참조.
24 제5장 제2절 제1원칙(일본어 번역체 없애기) 참조

로 바꾼다.

▸ 가해자들 <u>전원의</u> 행위를 <u>전체적으로</u> <u>함께</u> 평가 ⇒ 가해자들의 행위를 함께 평가
  - "전원의", "전체적으로", "함께"는 세 가지 중 하나만 있어도 된다.
  - 과도한 꼼꼼함이 가져온 군더더기의 전형이다.

▸ <u>그 손해배상액에 대하여는</u> 가해자 각자가 <u>그 금액 전부에 대한</u> 책임을
  ⇒ 가해자 각자가 손해배상액 전부에 대해
  - 밑줄 친 부분 두 가지 중 하나만 있어도 된다.

▸ 따라서, 가해자의 1인이 <u>다른 가해자에 비하여</u> 불법행위에 가공한 정도가 경미하다고 하더라도 피해자에 대한 관계에서 <u>그 가해자의</u> 책임 범위를 <u>위와 같이 정하여진</u> 손해배상액의 일부로 제한하여 인정할 수는 <u>없는 것</u>이다.
  - 밑줄 부분은 전부 필요 없다. 아래와 같이 정리하자.
  ⇒ 따라서, 가해자 1인이 불법행위에 가담한 정도가 적다고 하더라도 피해자에 대한 책임 범위를 손해배상액 일부로 제한할 수는 없다.

  - '경미하다'도 굳이 한자어를 쓸 것이 아니고, '적다'로 바꾸는 것이 좋다.
  - "없는 것이다"도 일본식 표현이다.[25] 그냥 '없다'라고 쓰면 된다.
  - '~의'나 '~적'도 일본어 번역체(~の)로 필요 이상으로 남용된다.[26] 없애도 무방한 경우에는 최대한 없앤다.
  - 나머지도 비슷한 방법으로 고친다. 수정과정을 표시하면 다음과 같다.

---

25 제5장 제2절 제1원칙(일본어 번역체 없애기) 참조.
26 제5장 제2절 제1원칙(일본어 번역체 없애기) 참조.

▐ ←── 고치기 과정

공동불법행위로 인한 손해배상책임의 범위는 피해자에 대한 관계에서 가해자들 전원의 행위를 전체적으로 함께 평가하여 정하여야 하고, 그 손해배상액에 대하여는 가해자 각자가 그 금액의손해배상액 전부에 대한 책임을 부담하는 것이다.한다. 따라서, 가해자의 1인이 다른 가해자에 비하여 불법행위에 가공가담한 정도가 경미하다고 적다고 하더라도 피해자에 대한 관계에서 그 가해자의 그 책임 범위를 위와 같이 정하여진 손해배상액의 일부로 제한하여 인정할 수는 없는 것이다.

한편 공동불법행위의 경우에서 법원이 피해자의 과실을 들어 과실상계를 함에 있어서는할 때 피해자의 공동불법행위자 각인각자에 대한 과실비율이 서로 다르더라도 피해자의 과실을 공동불법행위자 각인에 대한 과실로 이를 개별적으로 평가할 것이 아니고 그들 전원에 대한 과실로 전체적으로 평가하여야 할 것이다.한다.

이 경우 피해자의 부주의를 이용하여 고의로 불법행위를 저지른 자가 바로 그 피해자의 부주의를 이유로 자신의 책임을 감하여 달라고 주장하는 것은 허용될 수 없는 것이나, 이는 그러한 사유가 있는 자에게 과실상계의 주장을 허용하는 것이 신의칙에 반하기 때문이다.

따라서, [불법행위자 중의 일부에게 그러한 사유가 있다고 하여] 그러한 사유가 없는 다른 불법행위자까지도 과실상계의 주장을 할 수 없다고 해석할 것은 아니다.

마지막 문장은 이중부정을 단순 긍정으로 고친다.[27] 끊어 쓰기 이후 문장 기준으로 16행에서 10행으로 줄었다. 의미전달에 문제가 있는지 찬찬히 읽어보기 바란다.

▐ ←── 고친 글 – 최종

공동불법행위로 인한 손해배상책임의 범위는 피해자에 대한 가해자들의 행위를 전체적으로 평가하여야 하고, 가해자 각자가 손해배상액 전부에 대한 책임을 부담한다. 그러므로, 가해자 1인이 불법행위에 가담한 정도가 적다고 하더라도 피해자

---

[27] 이 절 제4원칙(명료한 표현 사용하기) 참조.

에 대한 책임 범위를 손해배상액 일부로 제한할 수는 없다.

한편 공동불법행위에서 법원이 피해자의 과실을 들어 과실상계를 할 때 피해자의 공동불법행위자 각자에 대한 과실비율이 서로 다르더라도 이를 개별적으로 평가할 것이 아니다. 즉 전체적으로 평가하여야 한다.

이 경우 피해자의 부주의를 이용하여 고의로 불법행위를 저지른 자가 그 피해자의 부주의를 이유로 과실상계 주장을 하는 것은 허용될 수 없다. 이는 신의칙에 반하기 때문이다. 따라서 고의의 불법행위를 저지르지 않은 사람은 과실상계를 주장할 수 있다.

논리구조는 다음과 같다. 세 가지 주제를 다루고 있고, ①, ②는 전체적 평가원칙, ③은 개별 평가원칙을 논한다. 도표로 정리하면 다음과 같다.

주제	내용
공동불법행위자 책임	공동불법행위자의 피해자에 대한 책임은 전체적 평가, 각 불법행위자 모두 피해자에 대해 전액 책임
과실상계 방법	과실상계도 전체적 평가
예외	다만, 고의로 피해자의 부주의 이용한 자는 과실상계 주장 불가

원문과 비교해보면, 얼마나 읽기 쉬워졌는지 확인할 수 있다. 단언하건대, 지금 이 순간에도 법률가들이 쓰는 옛 문체의 서면, 판결문, 공소장 등을 새로운 문체로 바꾸면 그 양은 70~80% 정도로 줄어든다. 양만 줄어드는 것이 아니라 글의 논지가 선명해서 읽기 쉽게 된다.

4. 주의할 점:
군더더기 제거 vs 과도한 생략은 명료성을 해한다.

군더더기 제거는 간결·명료한 글쓰기의 제2원칙이다. 하지만 주의할 점이 있다. 군더더기 제거에 지나치게 경도되면 간혹 꼭 필요한 표현까지 삭제하여 의미 전달에 지장을 초래할 수 있다. 이는 지나친 다이어트로 필수 영양분을 섭취하지 못하여 건강을 해치는 것과 같다. 과도한 생략이 명료한 표현에 장애가 된다는 점에 대해서는 제4원칙 3. (2) "과도한 생략은 명료성을 해한다" 부분에서 살펴본다. 매사 과유불급이요, 적정한 균형이 필요하다.

문제는 두 가지를 어떻게 구별할 것인지다. 대체로 주어, 목적어, 보어, 서술어와 같은 필수 문장성분은 함부로 생략해서는 안 된다. 반면 관형사, 부사, 접속사 등은 생략해도 문제 없는 경우가 많다. 이 구별은 조금만 훈련하면 어렵지 않게 요령을 체득할 수 있다.

5. 소결론

간결·명료한 글쓰기 제2원칙은 다음과 같다.

쓸 때는 필요한 것 같지만, 의미전달에 큰 기여를 하지 못하는 군더더기는 과감히 삭제한다. 주로 접속사, 부사, 형용사, 중복된 한자표현, 반복되는 어휘 등이 그러하다.

Ⅲ. 간결·명료한 글쓰기 제3원칙: 논지를 선명하게 드러내기
- 두괄식과 그 응용

1. 서설

간결·명료한 글쓰기 제3원칙은 두괄식 글쓰기다. 바야흐로 두괄식의 시대다. 요즘 같이 급변하는 시대에, 기사든 광고든 1분 안에 메시지를 전달하지 못하면 실패다. 실용적 글쓰기에서 미괄식은 더 이상 설 자리가 없다.

- ✓ "결재권자는 결론을 원한다"
- ✓ "현대인은 정보의 홍수 시대에 살고 있다. 늘 바쁘다. 필요한 정보를 최대한 짧은 시간에 전달해야 한다"

시중에서 판매되는 설득력에 관한 대중서들은 설득력 있는 글쓰기, 말하기의 기본 구조로 PREP 공식을 제시한다.[28]

---

① Point ·· (주장 요지)
② Reason ·· (이유)
③ Example ··· (예시)
④ Point ·· (주장 다시 한 번 강조)

이는 결국 주장을 먼저 제시하고(두괄식), 그 근거를 제시하되(논증), 예를 들어 쉽게 설명한 후(예증) 다시 주장으로 결론을 맺는 것이다.

주의할 점은, 두괄식은 결론을 먼저 쓰는 문장구성법에 그치는 것이 아니라는 점이다. 더 넓은 의미에서 자신의 주장을 명료하게 밝히는 방식을 아우른다. 이하에서 다양한 두괄식 기법을 살펴본다.

---

28 김은성, 인류 최고의 설득술 PREP, 쌤앤파커스, 2017; 임재춘, 쓰기의 공식 PREP, 반니, 2019.

2. 두괄식의 여러 유형

(1) 기본형: 결론의 우선 제시형

가장 기본적 유형은 결론을 먼저 제시하는 것이다. 이에 대해서는 길게 설명할 필요 없다. 실용적 글에는 그냥 결론부터 말하는 것이 좋다.

> 결론부터 말한다면 문제되는 거래는 법 위반의 소지는 없을 것으로 판단됩니다.
> 그 이유는 다음과 같습니다.
> 대법원 판례의 법리는 —— 라는 것입니다. 이 사건의 경우 ——입니다.
> 그러므로, 법 위반은 문제되지 않을 것으로 판단됩니다.

(2) 개별 문장 단위의 두괄식

두괄식은 개별 문장 단위에서도 활용가능하다. 윤태영이 들고 있는 다음 예를 보자(윤태영, 2019, 62~63면).

> ■ ←—— 예시 1
>
> 올해는 주택 등 부동산가격이 불안정하고 생활필수품 등 물가의 불안도 심화되고 있으며, 소득 상위계층과 하위계층의 양극화현상도 더욱 가속화되고 있어 우리 서민들의 생계가 더욱 나빠질 것으로 전망되고 있다.

별문제 없어 보이지만, 다음과 같이 고치면 훨씬 전달력이 높다.

올해는 우리 서민들의 생계가 더욱 나빠질 것으로 전망되고 있다. 주택 등 부동산 가격이 불안정하고 생활필수품 등 물가의 불안도 심화되고 있다. 소득 상위계층과 하위계층의 양극화현상도 더욱 가속화되고 있다.

장하늘, 2003(1), 144~145면이 제시하는 다음 예도 비슷하다.

이번 인수 발표를 보고 외국의 경제 전문가들이 한국 측의 교섭력이 약화한 점을 고려하더라도 협상 결과가 GM 측에 너무 유리하게 나와 놀랐다는 표현을 하고 있다는 점은 우리들의 마음을 씁쓸하게 한다.

대우차 인수에는 마음이 씁쓸하다. 외국의 경제 전문가들마저도, 한국 측의 교섭력이 아무리 약하다지만 GM 측에 너무 유리하게 넘어갔다는 것이다.

두괄식으로 글을 쓰라는 것은 **결론을 먼저, 명확하게 밝히라**는 것이다. 글 전체 뿐 아니라 하나의 문장에서도 그렇다. 다 읽고 나서야 무슨 말인지 이해할 수 있다면 좋은 글이 아니다.

(3) 주어와 보어를 교체하는 방식

주어가 긴 경우 주어를 보어로 바꾸는 방식도 두괄식의 변형이다. 다음 예시를 보자.

▌ ←──── 예시

학문의 기반을 이루는 기초학문들을 튼튼히 하고 우리나라의 미래를 이끌고 나갈 훌륭한 인재들을 양성하는 것이 대학의 목적이다.

머리가 너무 큰 문장은 다 읽을 때까지 필자가 무슨 말을 하고자 하는지 알 수 없다. 좋은 글이 아니다. 다음과 같이 고쳐보자.

▌ ←──── 고친 글

대학의 목적은 학문의 기반을 이루는 기초학문들을 튼튼히 하고 우리나라의 미래를 이끌고 나갈 훌륭한 인재들을 양성하는 것이다.

판결문에도 이러한 문제가 있는 경우가 많다. 다음 판결문을 보자.

▌ ←──── 대법원 2016. 10. 19. 선고 2016다208389 전원합의체 판결

학교안전사고를 예방하고, 학생·교직원 및 교육활동참여자가 학교안전사고로 인하여 입은 피해를 신속·적정하게 보상하기 위한 학교안전사고보상공제 사업의 실시에 관하여 필요한 사항을 규정함을 목적으로 하는 학교안전사고 예방 및 보상에 관한 법률(이하 '학교안전법'이라고 한다)은 교육감, 학교장 등에게 학교안전사고의 예방에 관한 책무를 부과하고, 학교안전사고가 발생한 경우 교육감, 학교장 등이 그 사고 발생에 책임이 있는지를 묻지 않고 피해를 입은 학생·교직원 등의 피공제자에 대하여 공제급여를 지급함으로써 학교안전사고로부터 학생·교직원 등의 생명과 신체를 보호하며, 부득이 피해를 입은 경우 피해를 신속하고 적정하게 보상하여 실질적인 학교 안전망을 구축하는 것을 입법 취지로 한다.

법조인들은 항상 복잡한 논리구조를 한 문장에 모두 담으려는 경향이 있다. 다음과 같이 한 번 끊어 쓰고, 서술 순서를 바꾼다. 주어 앞에 길게 나오는 관형절을 뒤로 빼준다.

◼ ←——— 고친 글 1

학교안전사고 예방 및 보상에 관한 법률(이하 '학교안전법'이라고 한다)은 학교안전사고를 예방하고, 학생·교직원 및 교육활동참여자가 학교안전사고로 인하여 입은 피해를 신속·적정하게 보상하기 위한 학교안전사고보상공제 사업의 실시에 관하여 필요한 사항을 규정함을 목적으로 한다.
이 법의 입법취지는 교육감, 학교장 등에게 학교안전사고의 예방에 관한 책무를 부과하고, 학교 안전사고가 발생한 경우 교육감, 학교장 등이 그 사고 발생에 책임이 있는지를 묻지 않고 피해를 입은 학생·교직원 등의 피공제자에 대하여 공제급여를 지급함으로써 학교 안전사고로부터 학생·교직원 등의 생명과 신체를 보호하며, 부득이 피해를 입은 경우 피해를 신속하고 적정하게 보상하여 실질적인 학교안전망을 구축하는 것이다.

여전히 길고, 이해하기 어렵다. 뒤 문장을 한 번 더 끊어서 정리한다.

◼ ←——— 고친 글 2

학교안전사고 예방 및 보상에 관한 법률은 학교안전사고를 예방하고, 학생·교직원 및 교육활동 참여자가 학교 안전사고로 인하여 입은 피해를 신속·적정하게 보상하기 위한 학교안전사고보상공제 사업의 실시를 위해 필요한 사항을 규정한다.
이 법은 교육감, 학교장 등에게 학교안전사고의 예방에 관한 책무를 부과하고, 학교안전사고가 발생한 경우 교육감, 학교장 등이 그 사고 발생에 책임이 있는지를 묻지 않고 피해를 입은 학생·교직원 등의 피공제자에 대하여 공제급여를 지급할 것을 규정한다.
이를 통하여 학교안전사고로부터 학생·교직원 등의 생명과 신체를 보호하고,

피해를 입은 경우 피해를 신속하고 적정하게 보상하여 <u>실질적인 학교 안전망을 구축할 수 있도록 한다.</u>

(4) 두괄식의 특수유형: 개조식

'개조식'도 두괄식의 일종이다. 법률문장에서 계약조항, 결론의 근거들을 끝없이 나열하는 경우가 많다. 그러한 글은 읽어도 무슨 말인지 이해하기 어렵다.

■ ⟵ 서울고등법원 2015. 8. 18. 선고 2014나27731 판결 중

피고는 A주식회사 및 B주식회사와 공동수급체를 구성하여 2011. 4. 13. C주식회사와 사이에 육군 파주·고양 병영시설 민간투자시설사업에 대하여 공사대금 39,703,400,000원, 공사기간 2010. 12. 21.부터 577일간(공사기간은 기 시행한 기존시설의 철거공사기간 70일 및 향후 재개되는 공사기간 507일을 포함하여 총 577일이며, 지자체 건축협의 일정에 따라 변경될 수 있음)으로 정하여 도급받는 내용의 공사도급계약(이하 '원도급계약'이라고 한다)을 체결하였는데, 위 원도급계약의 주요내용은 육군파주·고양병영시설 5개소를 건축하는 공사이다.

불친절한 글쓰기다. 다음과 같이 개조식으로 수정한다.

■ ⟵ 고친 글

피고는 A주식회사 및 B주식회사와 공동수급체를 구성하여 2011. 4. 13. 발주처인 C주식회사와 <u>다음과 같은 도급계약을 체결하였다.</u>

① 공사내용: 육군파주·고양병영시설 5개소를 건축하는 공사도급계약
② 공사대금: 39,703,400,000원

③ 공사기간: 2010. 12. 21.부터 577일간
　－ 공사기간은 <u>이미</u> 시행한 기존시설 철거공사기간 70일 및 향후 재개되는 507
　　일을 포함하여 총 577일<u>임, 다만</u> 지자체 건축협의에 따라 변경될 수 있음

비슷한 예를 하나 더 보자.

■ ──── 예시

이 사건 계약 제26조는 계약 종료에 따른 조치에 관하여, 원고는 ① 즉시 피고에게 계약업무를 인계하고, 이 사건 대리점 계약을 근거로 예탁·지급된 금전이나 지원물품을 즉시 반환하여야 하고, ② 기 사용중인 피고의 상호, 사업자식별번호, 상표 기타 간판류 등의 사용을 중지하여야 하며, ③ 미정산된 채무를 지체없이 변제하여야 하고, ④ 가입자 개인정보 및 관련 DB, 관련 자료 일체를 피고에게 반환하여야 하며, 피고는 ① 원고에게 계약 종료 시점까지 수수료 및 인센티브를 지급하고, ② 더 이상 추가비용은 지급하지 않는다고 규정하고 있다.

원, 피고의 의무가 무엇인지 이해하기 어렵다. 다음과 같이 쓰면 쉽게 읽힌다.

■ ──── 고친 글

이 사건 계약 제26조는 계약 종료에 따른 조치에 관하여, 다음과 같이 규정하고 있다.

(1) 원고측 조치
　　① 계약업무를 인계하고, 예탁·지급된 금전, 지원물품을 즉시 반환
　　② 기 사용중인 피고의 상호, 사업자식별번호, 상표 기타 간판류 등의 사용 중지
　　③ 미정산된 채무를 지체없이 변제
　　④ 가입자 개인정보 및 관련 DB, 관련 자료 일체를 반환

(2) 피고측 조치
　　① 계약 종료 시점까지 수수료 및 인센티브 지급
　　② 더 이상 추가비용은 지급하지 않음

(5) 두괄식의 특수유형: 소목차

소목차 만들기도 두괄식의 일종이다. 아래 예시를 보자.

■ ──── 예시

원고는 피고를 상대로 "피고가 원고에게 이익 실현 가능성이 전혀 없음에도 그 사실을 숨기고 마치 이 사건 펀드에 투자하면 거액의 투자이익을 실현할 수 있을 것처럼 하였다"고 주장하면서 손해배상청구소송을 제기하였습니다. 1심(서울중앙지방법원 2012다45365)은 2013. 1. 12. 피고가 원고에게 금 2억 원을 지급하라는 원고 승소 판결을 선고하였고, 이에 대해 피고가 항소하였습니다. 항소심에서 피고는, 원고가 이 사건 펀드의 내용과 이익 실현 가능성 등을 스스로 확인한 뒤 투자를 결정하였으므로 불법행위가 성립하지 않는다고 주장하였습니다. 서울고등법원 2014. 5. 4. 선고 2013나123 판결은 이 사건 투자는 원고의 자기책임 하에 이루어진 것이라는 취지로 판시하면서 제1심 판결을 취소하고 원고 청구를 기각하였습니다. 원고가 상고를 제기하였으나 대법원은 원고의 주장을 배척하고 제2심 판결을 확정하였습니다.

■ ──── 고친 글

1. 원고의 소제기
원고는 피고를 상대로 피고가 원고에게 사실상 이익 실현 가능성이 전혀 없음에도 그 사실을 숨기고 마치 이 사건 펀드에 투자하면 거액의 투자이익을 실현할 수 있을 것처럼 하였다고 주장하면서 손해배상청구소송을 제기하였습니다.

2. 제1심의 원고 승소 판결과 피고의 항소

1심(서울중앙지방법원 2012다45365)은 2013. 1. 12. 피고가 원고에게 금 2억 원을 지급하라는 원고 승소 판결을 선고하였고, 이에 대해 피고가 항소하였습니다. 항소심에서 피고는, 원고가 이 사건 펀드의 내용과 이익 실현 가능성 등을 스스로 확인한 뒤 투자를 결정하였으므로 불법행위가 성립하지 않는다는 취지로 주장하였습니다.

3. 항소심 및 대법원의 판단(= 원고 청구 기각)

서울고등법원 2014. 5. 4. 선고 2013나123 판결은 이 사건 투자는 원고의 자기책임 하에 이루어진 것이라는 취지로 판시하면서 제1심 판결을 취소하고 원고 청구를 기각하였다. 이에 대해 원고가 상고를 제기하였으나 대법원은 원고의 주장을 배척하고 제2심 판결을 확정하였습니다.

(6) 반론도 두괄식으로

반론도 두괄식이 좋다. 다음 예를 보자.

■ ─── 예시

원고는 피고 공장에서 나오는 소음으로 자신의 생활이익이 침해되고 정신적 고통을 겪었다는 취지로 주장합니다.

대법원 판례에 의하면, 소음에 대한 이웃의 참을 한도 초과 여부는 소음으로 인한 피해의 성질과 정도, 피해이익의 공공성, 가해행위의 종류와 태양, 가해행위의 공공성, 가해자의 방지조치 또는 손해 회피의 가능성, 공법상 규제기준의 위반 여부, 지역성, 토지이용의 선후관계 등 모든 사정을 종합적으로 고려하여 판단하여야 합니다. 그런데, 이 사건의 경우 최대 40데시벨 정도로 소음의 정도가 크지 않고, 원고의 가옥과 피고 공장 사이의 거리도 무려 1km에 가깝습니다. 피고 공장에서 가까운 인근 주민들도 아무런 문제제기를 하지 않는데, 오직 원고만 이러한 소송을 제기하는 점에 비추어도 원고의 주장은 과장된 것입니다.

위 반론은 전형적인 삼단논법 구조다. 대전제인 법리를 제시하고, 소전제인 사실관계를 포섭하여 결론을 낸다. 하지만 일반론을 길게 서술하기보다는 결론을 먼저 써주는 것이 좋다.

◀ —— 고친 글

원고는 피고 공장에서 나오는 소음으로 자신의 생활이익이 침해되고 정신적 고통을 겪었다는 취지로 주장합니다.
그러나, 이 사건의 경우 소음의 정도, 원고의 가옥과 피고 공장 사이의 거리 등 제반사정에 비추어 불법행위가 성립하는 것으로 볼 수 없습니다.
대법원 판례에 의하면, 소음으로 말미암아 생활에 고통을 받는 경우에 이웃 거주자에게 인용의무가 있는지는 소음으로 인한 피해의 성질과 정도, 피해이익의 공공성, 가해행위의 종류와 태양, 가해행위의 공공성, 가해자의 방지조치 또는 손해 회피의 가능성, 공법상 규제기준의 위반 여부, 지역성, 토지이용의 선후관계 등 모든 사정을 종합적으로 고려하여 판단하여야 합니다. 이 사건의 경우 소음의 정도는 최대 40데시벨 정도로 크지 않고, 원고의 가옥과 피고 공장 사이의 거리도 무려 1km에 이르는 점 등에 비추어 참을 한도를 넘는 것으로 보기는 어렵습니다.

상대방 주장을 반박하거나 항소이유, 상고이유 등을 개진하면서, 서론으로 관련법리를 길게 쓰는 경우가 많다. 그 경우 독자는 "도대체 무슨 말을 하려고 하는 걸까"라는 의문을 가지며 끝까지 읽어야 한다. 좋은 글이 아니다. 일단 서두에 자신의 논지를 요약하여 밝히는 것이 좋다.

3. 두괄식과 기승전결, 양괄식

(1) 두괄식과 기승전결

두괄식으로 써라 …. 그렇다면 초등학교 시절부터 귀가 닳도록 들은 '기승전결'은 무엇인지? 라는 의문이 들 수 있다. 답은 이러하다. 기승전결은 주로 문학적 글쓰기의 구조, 두괄식과 양괄식은 실용적 글쓰기 구조다. 기승전결은 원래 당시(唐詩)의 작법(作法)에서 유래하였다. 사건의 모티브를 던지고, 이를 토대로 주제를 전개하는 방식이다. 주로 예술 글쓰기, 영화 시나리오 등에 활용된다. 시나 영화에서 처음부터 주제를 노골적으로 드러낸다면 감동이 느껴지겠는가? 실용적 글쓰기와 다른 차원의 얘기다.

글쓰기 구조는 기승전결과 두괄식만 있는 것도 아니다. 수십 가지가 있다. 2단식~7단식까지 각 유형에도 세부유형이 있다.[29] 글의 내용과 목적에 따라 다양한 방식을 시도할 수 있다. 법률가의 글쓰기도 마찬가지다. 법학논문이나 긴 호흡의 상고이유서 등은 기승전결과 유사한 3~4단 구조를 취할 수도 있다. 두괄식은 어디까지나 일상적, 실용적 글쓰기의 원칙적 형태다.

(2) 두괄식과 양괄식

양괄식도 결론을 미리 밝히므로 두괄식의 일종이다. 두괄식과 양괄식의 차이는 결론을 한 번 더 강조할 것인지 여부다. 결론(혹은 주장)과 그 근거가 비교적 간단한 경우에는 두괄식으로 족하다. 반면 결론을 뒷받침하는 근거들이 많을 경우에는 양괄식이 좋다. 근거가 많을 경우 마지막에 결론을 다시 한 번 제시해줄 필요가 있다.

4. 법률문장과 두괄식

법률문장의 세 번째 문제는 미괄식이 원칙이라는 강박관념에 사로잡혀 있다는 점이다. 다행히, 최근 들어 두괄식이 더 많이 활용되기는 하지만, 여전히 "법적 논증은 삼단논법"이라는 고전적 사고는 미괄식 문장을 양산하고 있다 (이 점은 제3장에서 자세히 살펴본다).

법률문장에서도 두괄식의 효용은 크다. 준비서면이나 법률의견서는 물론이고, 판결문에서도 두괄식은 빛을 발한다. 법률의견서는 다양한 용도가 있지만 가장 중요한 것은 CEO 보고용이다. 결재권자가 원하는 것은 결론이다. 일단 결론을 알고, 추론과정은 그 다음에 파악하면 족하다. 준비서면도 마찬가지

---

29 이에 대한 자세한 내용으로는 장하늘, 글쓰기 표현사전, 다산초당, 2009, 80~127면 참조.

다. 일단 핵심주장을 먼저 기재하는 것이 좋다. 이러저러한 법리가 장황하게 설명된 이후 비로소 핵심주장이 나오는 문장은 읽기 불편하다. 판결문도 마찬가지다. 최근에는 두괄식의 판결문이 많아졌다. 특히 대법원 판결은 일단 결론을 먼저 적어주고 근거를 차례로 설시하는 경우가 많다. 바람직한 현상이다.

◀───── 대법원 2017. 5. 18. 선고 2012다86895, 86901 전원합의체 판결 중 발췌

법경제학적 관점에서 보더라도, 임대차계약의 목적물이 아닌 임차 외 건물 부분에 발생한 손해에 관하여는 계약책임이 아니라 불법행위 제도에 의하여 해결하는 것이 타당하다. 그 이유는 아래와 같다.
① (이하 논거 부분은 생략함)

5. 결론

간결·명료한 글쓰기 제3원칙은 다음과 같다.

결론을 먼저 써라. 글쓰기의 전체적 구조뿐만 아니라 개별문장, 단락 단위에서도 나의 논지가 서두에 선명하게 드러나도록 하라. 단순 서술식보다는 개조식, 소목차를 활용하라.

Ⅳ. 간결·명료한 글쓰기 제4원칙: 명료한 표현 사용하기
- 글쓰기의 영점조정

1. 명료한 글쓰기의 중요성

간결·명료한 글쓰기 제4원칙은 더 정확하고, 더 명료한 표현 사용하기다. 글쓰기는 사진이나 노래에 비유할 수 있다. 명징한 사진, 깨끗한 사진과 초점이 맞지 않아서 흐릿한 사진을 비교해보자. 처음부터 끝까지 음정과 박자가 맞는 노래와 음정, 박자가 맞지 않는 노래를 생각해 보자. 어느 쪽이 좋은가? 당연히 전자다. 글도 마찬가지다. 무슨 얘기인지 선명하게 드러나는 글이 좋은 글이다.

문필가들은 가장 정확한 표현을 찾기 위해 필사의 노력을 기울인다. 잘 알려진 '퇴고'라는 말은, 당나라 시인 가도(賈島)의 일화에서 비롯되었다. 그는 시를 다 완성하고도 마지막 한 어휘를 '두드릴 고(敲)'와 '밀 퇴(推)' 가운데 어느 표현을 사용할지 하루 종일 고민하였다. 생각에 너무 빠져 어느 고위 관료의 행차를 막았다. 요즘 말로 공무집행방해죄로 기소될 뻔 했지만, 자초지종을 말하고 풀려났다. 프랑스의 문호 플로베르(G. Flaubert)는 '일물일어설(一物一語說)'을 주장하였다. 특정한 상황을 표현하는 가장 적합한 단어는 오직 하나라는 의미다. 문필가들은 정확한 표현, 정확한 어휘를 찾기 위해 뼈를 깎는 노력을 한다. 일반인의 글, 법률가의 글은 어떠한가?

2. 극단적으로 잘못 쓴 모호한 글

다음 예들은 두 가지로 해석될 수 있는 전형적인 경우다.

> **잘생긴 그 친구의 아빠는 뭐 하시는 분이니?**
> ⇒ 잘생긴 사람이 친구인지 아빠인지?

위 예들은 명료성 관점에서 F학점이다. 이런 식으로 쓰지 말아야 한다는 점에 대해 긴 설명이 필요 없다. 문제는, 이해되지 않는 것은 아니지만, 좀 더 선명하게, 좀 더 명료하게 쓸 수 있는 경우다. 일반인의 글, 법률가들의 글 가운데 그런 경우는 생각보다 훨씬 많다. 명료성의 관점에서 B, C학점의 글을 A학점으로 바꿔야 하고, A(−)도 A(+)로 바꿔야 한다.

3. 모호하고 어려운 글을 이해하기 쉬운 글로 바꾸기

좋은 글, 명료한 글은 "잘 보아야 이해할 수 있는 글"이 아니라 "생각할 겨를 없이 곧바로 이해되는 글"이다. 유형별로 살펴보자.

(1) 안은 문장(포유문)은 항상 세심하게 신경써야 한다

안은 문장(포유문)[30]은 이해하기 어려운 악문이 될 가능성이 높다. 장하늘, 2009, 153면은 다음과 같은 극단적인 예를 든다.

나는 그가 광철이가 성철이가 죽었다는 말을 들었다고 증언한 것을 지금도 기억한다.

---

30 단문(單文)과 대비되는 복문(複文)에는 포유문(안은 문장)과 접속문(이어진 문장)이 있다.

주술의 호응을 분석하면 다음과 같다.

주어	서술어	핵심내용
나는	기억한다.	나는 기억한다.
그가	증언한다.	그가 증언한 것을,
광철이가	들었다	광철이가 ~를 들었다고, (증언함)
성철이는	죽었다.	성철이가 죽었다는 사실 (을 광철이가 들었음)

자세히 뜯어보면 이해하지 못할 문장은 아니다. 하지만 무지막지한 악문이다. 다양한 방식으로 정리할 수 있겠지만, 다음과 같이 시간 순으로 풀어주는 것도 한 방법이다.

광철이는 성철이가 죽었다고 들었다. 그는 법정에서 광철이가 들은 그 말에 대해 증언하였다. 나는 그러한 그의 증언을 기억한다.

안은 문장을 정말로 즐겨쓰는 사람은 법률가들이다. 간단한 예부터 보자.

■ ─── 예시 1

피고는 법원에 원고가 피고에 대해 한 2008. 12. 12.자 징계처분의 무효를 주장하는 소를 제기하였으나, 서울남부지방법원은 2009. 4. 24. 피고의 청구를 기각하는 판결을 선고하였습니다.

그리 어려운 문장은 아니다. 하지만 잠시 "법원에"가 어디에 걸리는지 생각해야 한다. "피고에 대해 한" 역시 누가 무엇을 하였다는 것인지, 바로 이해되지 않는다. 필자는 사태를 이해하고 썼겠지만 독자를 고려하지 않은 글쓰기다. 다음과 같이 문장을 끊어주면 훨씬 이해하기 쉽다(소제기는 법원에 하는 것이므로 "법원에"는 군더더기다).

■ ◀── 고친 글

<u>원고는 2012. 12. 12. 피고에 대해 징계처분을 하였습니다. 피고는 징계처분의 무</u><u>효를 주장하는 소를 제기하였습니다.</u> 서울남부지방법원은 2015. 4. 24. 피고의 청구를 기각하였습니다.

안은 문장에는 항상 이런 문제가 있다. 조금 더 복잡한 예를 보자.

■ ◀── 예시 2

원고는 2018. 1.경 피고가 원고에게 원고가 피고에게 판매한 물품에 대한 대금으로 교부한 수표는 교부 당시 부도상태였고 피고는 그 사실을 이미 알고 있었으므로 이는 사기행위라고 주장합니다.

위 문장도 잘 보면 이해할 수 없는 글은 아니다. 하지만 첫 문장에 주어가 3개나 등장하고, 원고와 피고의 관계도 명확하지 않다. "2018. 1.경"이 판매시인지, 수표 교부시인지도 잘 모르겠다. 중간의 "피고가 원고에게 원고가 피고에게"라는 문구는 그 자체로 악문임을 드러낸다. 다음과 같이 따옴표와 끊어쓰기를 활용하고, 안은 문장을 풀어쓰면 이해하기 쉽다.

■ ◀── 고친 글

원고는 다음과 같이 주장합니다. "원고는 2018. 1.경 피고에게 물품을 판매하였고, 피고는 물품대금으로 수표를 교부하였다. 그런데 그 수표는 당시 이미 부도상태였고, 피고는 그 사실을 알고 있었다. 따라서 이는 사기다."

안은 문장도 세부적으로 많은 종류가 있다.[31] 각 종류별로 정리할 수도

---

31 안은 문장에는, ① 명사절을 안은 문장, ② 관형사절을 안은 문장, ③ 부사절을 안은 문장, ④ 인

있지만, 지면 관계상 이러한 문제가 있다는 점, 그리고 안은 문장은 풀어주는 것이 좋다는 점을 지적하는 것으로 마무리한다.

(2) 반드시 필요한 문장성분의 생략, 압축은 명료성을 해친다.

꼭 필요한 문장성분이 생략된 글은 명료하지 않다. 명료하지 않을 정도의 간결성은 간결한 글이 아니라 잘못된 글이다. 의미 전달을 방해할 정도의 생략은 피해야 한다. 간단한 예부터 시작한다.

■ ←—— 예시

우리말에는 극히 드문 대명사의 사용이 영어에 자주 나타나는 것은 반드시 주어가 있어야 하기 때문이다.

무슨 말인지 알 것도 같은데 약간 헷갈린다. 반드시 들어가야 할 문장성분이 생략되었기 때문이다. 다음과 같이 주어를 써주면 의미가 선명해진다.

■ ←—— 고친 글 1

우리말에는 극히 드문 대명사의 사용이 영어에 자주 나타나는 것은 영어 문장에는 반드시 주어가 있어야 하기 때문이다.

그러나 여전히 좋은 글이 아니다. 머리가 너무 크다. 끊어 쓰기와 두괄식을 활용하여 다음과 같이 고친다.

용절을 안은 문장, ⑤ 서술절을 안은 문장이 있다. 고영근, 구본관, 2018, 327~358면 참조.

■ ←── 고친 글 2

우리말에 비해 영어 문장에는 대명사가 빈번하게 사용된다. 그 이유는 우리말과
달리 영어 문장에는 주어가 반드시 필요하기 때문이다.

  다음 대법원 판결문도 비슷하다.

■ ←── 대법원 1997. 3. 28. 선고 96다10638 판결

부동산의 소유명의자는 그 부동산에 대해 점유취득시효가 완성된 자에게 소유권이전
등기를 하여 줄 의무를 부담하지만 그 시효가 완성된 자가 시효완성 후에 어떤 사정
에 의하여 그 점유를 잃었다고 해서 그 점유자로부터 점유를 회수하여 다시 이를 위
시효가 완성된 자에게 돌려 줄 의무까지 부담한다고 할 수 없다.

  누가 누구에게 어떤 의무를 부담한다는 것인지, 잘 읽어보면 알 수 있지
만, 분명하지 않다. 무언가 생략된 부분이 있기 때문이다. 다음과 같이 두 군
데 추가하면 명료해진다. 문장도 한 번 끊어준다.

■ ←── 고친 글

부동산의 소유명의자는 그 부동산에 대해 점유취득시효가 완성된 자에게 소유권
이전등기를 하여 줄 의무를 부담한다. 하지만 그 시효가 완성된 자가 시효완성 후
에 어떤 사정에 의하여 그 점유를 잃었다고 해서 부동산 소유자가 그 점유 침탈자
로부터 점유를 회수하여 다시 이를 시효 완성자에게 돌려 줄 의무까지 부담한다
고 할 수 없다.

  기존 문장에는 두 가지 문제가 있다. 첫째, 주어 '부동산 소유자'가 마지
막 서술어의 주어이기도 하다. 그런데 문장이 너무 길어서 마지막 서술어의

주어가 무엇인지 불분명하다. 둘째, 3행의 '그 점유자'는 누구를 말하는지 분명하지 않다. 위 사안에서 대상 토지를 점유하는 사람은 둘이다. 시효취득 완성자와 점유 침탈자다. 필자의 의도에 따라 점유자를 '점유 침탈자'로 바꾸면 의미가 명확해진다.

과도한 생략은 명료성을 해친다. 다소 길어지더라도 명확하게 쓸 부분은 명확하게 써야 한다. 문장의 주성분에 해당하는 단어는 함부로 생략하면 안 된다. 제2원칙에서 군더더기를 깎아내는 연습을 하였는데, 적절한 균형을 찾는 연습이 필요하다.

(3) 꾸미는 말과 그 대상을 명확하게 한다.

서론에서 언급한 F학점의 애매한 표현 예시들은 모두 이중 수식에서 비롯된 것이다. 그 정도는 아니더라도, 다음 예들도 꾸미는 대상이 모호해서 글이 명료하지 않은 경우다(이병갑, 고급문장수업, 학민사, 2018, 175면).

■ ⟵ 예시 1

날로 증가하는 화재 예방을 위해 노력하자.

문맥상 날로 증가하는 것은 화재이지, 화재 예방은 아닐 것이다. 그러나 오해의 소지가 없지 않다. 다음과 같이 수정하는 것이 좋다는 것이다.

■ ⟵ 고친 글

날로 증가하는 화재를 예방하기 위해 노력하자.

이병갑, 2018, 173면이 들고 있는 다음 예도 비슷하다.

일본에서 발생한 규모가 큰 지진들에 대해 알아보자.

의미가 안 통하는 것은 아니지만, 다음과 같이 표현하는 것이 선명하다.

← 고친 글

일본에서 발생한 <u>지진 중</u> 규모가 큰 것들에 대해 알아보자.

이해하는 데에 큰 어려움이 있는 것은 아니지만, 더 쉽고 선명하게 이해할 수 있는 글이 좋은 글이다.

(4) 주어와 서술어의 거리를 생각한다.

서구 언어와 달리 우리말은 서술어가 뒤에 나온다. 주어와 서술어의 거리가 멀다. 그래서 글의 마지막까지 읽어야 비로소 논지가 이해되는 경우가 많다. 장하늘, 법률문장 이렇게 쓰라, 2003,[32] 22~23면은 헌법 제122조를 예로 들고 있다.

← 헌법 제122조

<u>국가는</u> 국민 모두의 생산 및 생활의 기반이 되는 국토의 효율적이고 균형있는 이용·개발과 보전을 위하여 법률이 정하는 바에 의하여 그에 관한 필요한 제한과 의무를 <u>과할 수 있다.</u>

---

32 이하에서 장하늘, 2003(2)로 표기한다.

장하늘은 위 문장을 "달찬 꼬마가 뱃속에서 엄마의 생명을 위협하는 형국"이라고 한다(장하늘, 2003(2), 24면). 주어와 서술어의 거리가 너무 먼 것을 두고 한 말이다. 물론 위 문장을 읽고 이해하지 못할 사람은 없을 것이다. 그러나 다 읽고 나서야 이해되는 글은 좋은 글이 아니다. 다음과 같이 수정할 것을 제안한다.[33]

> ◀── 고친 글
>
> **국토는** 국민 모두의 생산 및 생활의 기반이 되므로 효율적이고 균형있는 이용·개발·보전을 <u>꾀해야 한다</u>. 이를 위하여 <u>국가는</u> 법률이 정하는 바에 의하여 그에 관한 필요한 제한과 <u>의무를 과할 수 있다</u>.

역시나 해법은 끊어 쓰기다. 비슷한 예를 보자.

> ◀── 예시
>
> <u>원고 회사는</u> 최근 정부 주관 하에 벤처기업들 중 혁신적인 아이디어와 도전적인 사업 진출에 의하여 새로운 아이템을 개발하거나 새로운 사업 영역을 개척하는 성과를 낸 기업을 선별하여 이들 기업들에게 추가 세제혜택 및 자금지원을 부여하는 프로그램에 의해 <u>사업자금을 지원받았습니다</u>.

주어는 가장 앞에, 서술어는 가장 뒤에 나오고, 그 사이에 많은 내용이 있다. 독자들이 글을 읽는 내내 "도대체 무슨 결론이 나올 것인지?" 생각해야 한다. 좋은 글이 아니다. 다음과 같이 수정하자.

---

33 장하늘 선생이 지적하지는 않았지만 수정 전 문장은 또 다른 문제가 있다. 대명사 "그에 관한"이다. 그 의미가 "국토에 관한"인지, 아니면 "효율적이고 균형 있는 이용, 개발, 보전에 관한"인지, 아니면 "국토의 이용에 관한"인지 명확하지 않다. "국토의 이용 등에 관한"이라고 해석하는 것이 자연스럽지 않을까 생각되는데, 대명사를 사용하여 글의 명료성을 떨어뜨린 예다.

<u>원고 회사는 최근 정부로부터 우수 벤쳐기업에게 추가적인 자금을 지원하는 프로그램에 의해 사업자금을 지원받았습니다.</u> 이 프로그램은 벤쳐기업들 중 혁신적인 아이디어와 도전적인 사업 진출에 의하여 새로운 아이템을 개발하거나 새로운 사업 영역을 개척하는 성과를 낸 기업을 선별하여 추가 세제혜택 및 자금지원을 부여하는 제도입니다.

이는 제3원칙 '문장 단위의 두괄식'에서 본 내용이기도 하다. 핵심 내용을 앞으로 빼주고, 보충하는 내용은 뒤에 별도 문장으로 배치하는 방식이다. 미련스럽게 한 문장에 모든 정보를 담으려고 하지 말자.

(5) 지시어를 남용하지 않는다.

본래 용어로 표현이 가능하면 굳이 지시어를 사용하지 않는다. 다음 예를 보자.

■ ──── 예시 1

당시 피고 회사가 취할 수 있는 방안은 두 가지였습니다. 하나는 계획 중이던 투자 건들을 전부 취소하는 방안이고 다른 하나는 제2금융권에서 추가 대출을 받는 방안이었습니다. 이사들은 며칠 밤낮을 토론하면서 두 방안의 장단점을 비교하였습니다. 그런데 <u>전자의 경우</u> 다른 거래처들과의 관계가 문제되었고, <u>후자의 경우</u> 자금부담이 문제되었습니다.

위 문장도 그 자체로 큰 문제는 없다. 하지만 다음과 같이 기재하는 것이 더 명료하다. 전자와 후자가 무엇인지 잠시라도 생각하게 할 아무런 이유가 없다.

당시 피고 회사가 취할 수 있는 방안은 두 가지였습니다. 하나는 계획 중이던 투자 건들을 전부 취소하는 방안이고 다른 하나는 제2금융권에서 추가 대출을 받는 방안이었습니다. 이사들은 며칠 밤낮을 토론하면서 두 방안의 장단점을 비교하였습니다. 그런데 투자 취소 방안은 다른 거래처들과의 관계가 문제되었고, 추가 대출 방안은 자금부담이 문제되었습니다.

위 예시문은 문장이 짧아서 큰 차이가 없다고 생각할 수 있다. 하지만 문장이 길어지면 지시어가 무엇을 지칭하는지 다시 읽어야 할 수도 있다. 아래 예시는 '자신'이라는 지시어를 잘못 사용하여 D학점 문장이 된 경우다.

원고는 피고가 자신과 참가인의 분쟁에 직접적인 이해관계가 있는 것은 아니라고 주장하지만, 피고로서는 두 사람의 분쟁의 결론에 따라 향후 사업의 향방이 뒤바뀔 수도 있는 위치에 있습니다.

잘 읽어보면 '자신'은 원고라는 사실을 알 수 있다. 피고가 "피고와 참가인 사이의 분쟁"에 이해관계가 없을 수는 없기 때문이다. 하지만 독자는 '자신'이 원고인지 피고인지 잠시나마 생각해야 한다.

원고는, 피고가 원고와 참가인의 분쟁에 직접적인 이해관계가 있는 것은 아니라고 주장합니다. 그러나 피고로서는 두 사람의 분쟁의 결론에 따라 향후 사업의 향방이 뒤바뀔 수도 있는 위치에 있습니다.

(6) 완곡어법, 이중부정보다는 단정법, 긍정법을 사용한다

장하늘, 2003(2), 36면은 단정법으로 써도 될 것을 굳이 완곡어법으로 쓰는 것도 잘못된 글쓰기라고 한다. 헌법 제51조를 예로 든다.

◾ ⎯⎯ 헌법 제51조

국회에 제출된 법률안 기타의 의안은 회기중에 의결되지 못한 이유로 폐기되지 아니한다. 다만, 국회의원의 임기가 만료된 때에는 그러하지 아니하다.

위 문장도 이해하지 못할 사람은 없을 것이다. 그러나 다음과 같이 수정하는 것이 더 선명하다.

◾ ⎯⎯ 고친 글

국회에 제출된 법률안 기타의 의안은 회기중에 의결되지 못한 이유로 폐기되지 아니한다. 다만, 국회의원의 임기가 만료된 때에는 자동폐기된다.

좋은 글은 읽어서 이해될 수 있는 글이 아니라 읽어서 <u>곧바로 이해될 수 있는 글</u>이다. 읽고 나서 무슨 의미인지 조금이라고 생각해야 한다면 좋은 글이 아니다. 생각해보지 않아도 이해되는 글, <u>생각할 겨를 없이 이해되는 글</u>이 좋은 글이다.

이중부정도 마찬가지다. 이중부정은 종종 강조를 위한 수사법으로 사용된다. 그런데 그러한 경우가 아니라면 긍정법을 사용하는 것이 명료하다. 법제처, 알기쉬운 법령 정비기준, 2020, 134면도 그런 예를 들고 있다.[34]

---

34 이 자료는 법제처 홈페이지(https://www.moleg.go.kr)에서 다운받을 수 있다.

■ ←── 예시 1

보상금 지급청구권은 해당 배치설계가 <u>설정등록된 후가 아니면 행사할 수 없다.</u>
⇒ <u>설정등록된 후에 행사할 수 있다.</u>

■ ←── 예시 2

장애인등록증(주민등록증 및 주소의 <u>기재가 되어 있지 아니한 것은 제외한다</u>)
⇒ 장애인등록증(<u>주민등록증 및 주소의 기재가 되어 있어야 한다</u>)

4. 추상적 대체물을 제거하고, 더 선명하고 구체적인 표현을 사용한다.
─ 이른바 '특효약'의 유혹에서 벗어날 것

(1) 글쓰기 '특효약'이란 무엇인가?

글을 쓰다보면 거의 모든 경우에 활용할 수 있는 '특효약' 같은 어휘가 있다. 적절한 어휘가 떠오르지 않을 때 그 어휘를 사용하면 대략 의미가 통하는 고마운 존재다. 하지만 그런 고마운 존재에 의존할수록 글의 수준은 떨어진다. 선명도가 낮아지기 때문이다. 유시민이 들고 있는 다음 예는 특효약 글쓰기의 좋은 예다. '부분'이라는 특효약이 5번 사용되었는데, 모두 다른 선명한 단어로 대체 가능하다. 유시민은 그 외의 군더더기, 우리말답지 않은 표현도 수정한다.

■ ←── 유시민, 2015, 207~208면 예시문

자동텐트를 이 가격에 구매하기는 어렵지요. 해당 가격에 만족스런 제품입니다. 일부 마무리 <u>부분</u>이 아쉽지만요. 일단 방에서 텐트를 쳐본 모습입니다. 텐트 안에서 보면 불빛이 새는 부분이 있어요. 박음질한 부분들인데, 이런 부분들 때문에 비 올 때 방수가 될는지 의심스럽습니다. 이런저런 부분들이 아쉬운 점이 있지만 조금만 더 다듬어주면 좋은 제품이 될 것 같아요.

어느 상인이 썼을 것으로 보이는 위 글에는 '부분' 외에도 모호한 어휘들이 많이 나온다. 유시민은 다음과 같이 수정한다(일부 필자가 추가수정하였다).

■ ⟵── 고친 글

자동텐트를 이 가격에 사기는 어렵지요. 가격에 비해 만족스런 제품입니다. 마무리가 부실한 점이 아쉽지만요. 일단 방에서 텐트를 쳐보았습니다. 텐트 안에서 보면 불빛이 새는 곳이 있어요. 박음질한 실이 지나간 틈인데, 이것 때문에 비 올 때 방수가 될는지 의심스럽습니다. 이렇게 마무리가 허술해서 아쉬운 점이 있지만 조금만 더 다듬어주면 좋은 제품이 될 것 같아요.

'부분'을 전부 적절한 어휘로 바꾸었다. 위 예시에서 '부분'이 특효약이었던 셈이다.[35]

(2) 대하여, 관하여

김정선, 내 문장이 그렇게 이상한가요, 유유, 2016, 69~71면은 다음 예를 든다(일부 저자가 수정하였다).

① 종말에 대한 동경이 구원에 대한 희망을 능가했다.
② 과대망상에 대한 증거를 찾았다.
③ 미래에 대한 투자라고 생각하고 대학원 진학을 결심했다.

---

35 그밖에 "해당가격에"(⇒ "가격에 비해"), "쳐 본 모습입니다"(⇒ "쳐보았습니다") 등도 수정하였다.

④ 정부가 고문과 강제 연행에 <u>대한</u> 언론보도를 사전 검열했다.

⑤ 부모에 <u>대한</u> 반항이 점점 심해진다.

의미 전달에 별 문제가 없어 보이지만 모두 정확한 표현이 아니라는 것이다. 저자는 다음과 같이 수정할 것을 제안한다.

① 종말을 <u>향한</u> 동경이 구원을 <u>바라는</u> 희망을 능가했다.

② 과대망상을 <u>입증할</u> 증거를 찾았다. (혹은 <u>과대망상의</u> 증거를 찾았다)

③ 미래<u>를 위한</u> 투자라고 생각하고 대학원 진학을 결심했다.

④ 정부가 고문과 강제 연행<u>을 다룬</u> 언론보도를 사전 검열했다.

⑤ 부모<u>에게</u> 반항하는 정도가 점점 심해진다.

법률 글쓰기에서도 '대한' 혹은 '관한'은 남용되는 표현이다. 이는 "조선 시대 가족구조에 <u>대한</u> 책" 혹은 "한국 경제에 <u>관한</u> 논문"과 같이 영어의 'about' 혹은 "with regard to"의 의미로 사용하는 것이 올바른 용법이다. 그런데 위 예들은 그런 의미가 아닌 다른 용례로 확대된 것이다. 이 점은 법률가들도 흔히 범하는 오류다. 법제처, 2020, 31면은 다음과 같은 민법 제145조도 잘못된 표현이라고 한다.

민법 제145조(법정추인) 취소할 수 있는 법률행위에 관하여 전조의 규정에 의하여 추인할 수 있는 후에 다음 각호의 사유가 있으면 추인한 것으로 본다.

■ ←── 고친 글

민법 제145조(법정추인) 취소할 수 있는 법률행위<u>를</u> 전조의 규정에 의하여 추인할 수 있는 후에 다음 각호의 사유가 있으면 추인한 것으로 본다.

다음 예시를 보자.

피고는 답변서에서 자신이 이 사건 아파트를 점유할 적법한 권한이 있다는 점에 관하여 다음과 같이 주장하고 있습니다. 첫째, …

잘못된 글쓰기다. 피고의 주장은 적법한 권한이 있다는 점 그 자체이지 그에 관한 것이 아니다. 다음과 같이 고쳐야 한다.

피고는 다음의 점들을 근거로 자신이 이 사건 아파트를 점유할 적법한 권한이 있다고 주장합니다. 첫째, …

대법원 판결문의 예를 본다.

전소의 소송물이 채권적 청구권의 성질을 가지는 소유권이전등기청구권인 경우에는 전소의 변론종결 후에 그 목적물에 관하여 소유권등기를 이전받은 사람은 전소의 기판력이 미치는 '변론종결 후의 승계인'에 해당하지 아니한다. 이러한 법리는 화해권고결정이 확정된 후 그 목적물에 관하여 소유권등기를 이전받은 사람에 관하여도 다를 바 없다고 할 것이다.

3번 나오는 '관하여'는 모두 잘못된 표현이다. 다음과 같이 고쳐야 한다.

■ ⟵ 고친 글

전소의 소송물이 채권적 청구권의 성질을 가지는 소유권이전등기청구권인 경우
에는 전소의 변론종결 후에 그 목적물의 소유권등기를 이전받은 사람은 전소의
기판력이 미치는 '변론종결 후의 승계인'에 해당하지 아니한다. 이러한 법리는
화해권고결정이 확정된 후 그 목적물의 소유권등기를 이전받은 사람도 다를 바
없다.

(3) ~하는바, 하였는바

법률문장의 악습으로 알려진 '~~바' 역시 '특효약'의 대표주자다. 일본
어 번역체라는 문제 외에36 명확하지 않은 표현이라는 점도 문제다. '~~바'의
놀라운 점은 역접, 순접, 인과관계, 전제사실 등 모든 연결어미로 다 사용가능
하다는 점이다. 그만큼 모호한 표현이라는 얘기다. 정확한 표현으로 바꾸어야
한다. 예를 들어본다.

> ▶ 원고 주장은 피고의 행위가 불법행위를 구성한다는 것인바, 이는 다음
> 과 같은 점에서 타당하지 않습니다. (역접으로 수정)
> ⇒ 원고 주장은 피고의 행위가 불법행위를 구성한다는 것이나, 이는
> 다음과 같은 점에서 타당하지 않습니다.

> ▶ 피고 회사 직원들이 작성한 보고서에는 아무런 문제가 없다고 할 것인
> 바, 이러한 점은 당시 거래처 직원들의 증언에서도 확인이 가능합니다.
> (순접 표현)
> ⇒ 피고 회사 직원들이 작성한 보고서에는 아무런 문제가 없습니다.
> 이러한 점은 당시 거래처 직원들의 증언에서도 확인이 가능합니다.

---

36 이 표현은 일본어 "~ところ"의 직역체이다.

▸ 사용자책임 성립에는 업무집행관련성을 요한다는 것이 판례의 <u>입장인</u> <u>바</u>, 원고 주장은 타당하지 않습니다. (논증의 근거)

⇒ 사용자책임 성립에는 업무집행관련성을 요한다는 것이 판례의 <u>입장입니다. 따라서</u> 원고 주장은 타당하지 않습니다. (논증의 근거)

▸ 배임죄에 있어서 배임의 범의는 … 이러한 인식은 미필적 인식으로도 <u>족한 것인바</u>, 피고인이 범의를 부인하는 경우에는 … 치밀한 관찰력이나 분석력에 의하여 사실의 연결상태를 합리적으로 판단하는 방법에 의하여야 한다(대법원 2004. 7. 9. 선고 2004도810 판결). (전제의 표현)

⇒ 배임죄에 있어서 배임의 범의는 … 이러한 인식은 미필적 인식으로도 <u>족하다</u>. 피고인이 범의를 부인하는 경우에는 … 치밀한 관찰력이나 분석력에 의하여 사실의 연결상태를 합리적으로 판단하는 방법에 의하여야 한다.

법률가들이 '바'를 즐겨쓰는 이유는 분명하다. 편하기 때문이다. 그러나 좋은 습관이 아니다.

(4) "이유 없다" 혹은 "타당하지 않다"

상대방 주장을 반박하는 표현으로 흔히 사용하는 "이유 없다" 혹은 "타당하지 않다"는 표현도 적절한 표현을 대체해버리는 특효약 중 하나다.

◼ ⎯⎯ 예시 1

따라서 검사는 신법인 형법 제258조의2 제1항을 적용했어야 함에도 구법을 적용하여 공소제기 하였으므로, 검사의 공소제기는 <u>타당하지 않습니다</u>.

의미는 통하지만, 지적으로 매우 게으른 글쓰기다. '타당하다'의 사전적 의미는 "일의 이치로 보아 옳다"이다. 문장의 맥락에 맞게 다음과 같이 고치는 것이 좋다.

⟵ 고친 글

따라서 검사는 신법인 형법 제258조의2 제1항을 적용했어야 함에도 구법을 적용하여 공소제기 하였으므로, 검사의 공소제기에는 적용법조를 오해한/그르친 위법이 있습니다.

다음 예도 마찬가지다.

⟵ 예시 2

피고가 주장하는 주식은 법리상 책임재산에 포함되지 않으므로, 그 액수를 확정하기 위한 감정신청은 이유 없습니다/타당하지 않습니다.

의미는 통하지만 역시 부정확하다. 다음과 같이 고치는 것이 좋다.

⟵ 고친 글

피고가 주장하는 주식은 법리상 책임재산에 포함되지 않으므로, 그 액수를 확정하기 위한 감정신청은 그 필요성이 인정될 수 없습니다/이 사건의 심리에 필요하지 않습니다.

5. 어휘사용의 영점조정(零點調整): 가장 정확한 어휘 선택하기

글쓰기 전문가들은 글을 쓸 때 국어사전을 옆에 둘 것을 권한다. 어휘를 정확하게 사용하라는 얘기다. 아마추어의 글에는 단어를 본래 의미와 어긋나게 사용하는 경우가 생각보다 많다. 군사용어로 '영점조정(零點調整)'이 필요하다. 김은경, 내 문장은 어디서부터 고쳐야 할까, 호우, 2019, 161면은 다음 예를 든다.

■ ←——— 예시 1

우리 사무실에는 <u>직접</u> 공원으로 나갈 수 있는 통로가 있다.

　　문제없는 문장처럼 보이지만, '직접'이라는 단어가 문제다. 직접은 "중간
에 거치는 것 없이"라는 의미여서, 이 경우에 맞지 않다. "직접 전달하다",
"간접적으로 전달하다"의 쌍에서 알 수 있듯이, "간접적으로 공원에 간다"는
말은 성립하지 않는다. 다음과 같이 고쳐야 한다.

■ ←——— 고친 글

우리 사무실에는 <u>곧장</u> 공원으로 나갈 수 있는 통로가 있다.

　　의미가 통하지 않는 것은 아니지만 더 정확한 어휘 선택이 가능한 사례
들을 본다.

■ ←——— 예시 2

제1금융권은 물론 제2금융권에서도 대출에 <u>동의하는</u> 금융기관을 찾을 수 없었습
니다. (⇒ <u>대출을 승인하는</u>)

　　의미전달에 문제 없어 보이지만 금융권에서 대출에 동의한다는 표현은
용례에 맞지 않다. "대출을 승인하는"이라는 표현이 정확하다. 아래 예시들도
마찬가지다.

■ ←——— 예시 3

노사간의 깨어진 신뢰는 <u>해결될</u> 기미를 보이지 않았습니다. (⇒ <u>회복될</u>)

깨진 신뢰는 해결하는 것이 아니라 회복하는 것이다.

◼ ⟵ ─── 예시 4

게임기 시장은 매우 역동적이어서, 게임기 제조업체들은 수시로 그들의 계획을 변화시키고 있습니다.

의미는 통하지만 '변화'보다는 '변경'이 맞고, '조정한다'는 표현이 더 정확하다.

(국어사전)
변화: 사물의 성질, 모양, 상태 따위가 바뀌어 달라짐
변경: 다르게 바꾸어 새롭게 고침

덧붙여, 제5장에서 보겠지만 [변화 + 시키다]는 조합도 우리말다운 표현이 아니다. 다음과 같이 고친다.

◼ ⟵ ─── 고친 글

게임기 시장은 매우 역동적이어서, 게임기 제조업체들은 수시로 그들의 계획을 조정하고 있습니다.

◼ ⟵ ─── 예시 5

이러한 원고의 주장은 전혀 사실이 아닌 임의적인 주장에 불과합니다.

임의적이란 "일정한 기준이나 원칙 없이 하고 싶은 대로 하는"이다. "합격자의 선정기준이 임의적이다" 혹은 "임의적 보석" 등이 올바른 용례다. 따라서

주장이 임의적이라는 표현은 정확하지 않다. 다음과 같은 의도였을 것이다.

■ ◀── 고친 글

이러한 원고의 주장은 전혀 사실이 아닌 <u>원고 개인의 독자적인 견해</u>에 불과합니다.

■ ◀── 예시 6

가급적 건강수칙에 따르는 생활 패턴을 <u>추천한다</u>.

추천은 "어떤 조건에 적합한 대상을 책임지고 소개하다"라는 의미다. 주로 사람이 대상이고 간혹 책이나 논문, 음악 등에도 쓰인다. 다음 표현이 더 정확하다.

■ ◀── 고친 글

가급적 건강수칙에 따르는 생활 패턴을 <u>권고한다</u>.

대법원 판결이나 법령에도 어휘 선택을 잘못하는 경우가 있다.

■ ◀── 대법원 2008. 9. 11. 선고 2006다68636 판결 중

고도로 분업화되고 전문화된 대규모의 회사에서 공동대표이사와 업무담당이사들이 내부적인 사무분장에 따라 각자의 전문 분야를 전담하여 처리하는 것이 불가피한 경우라 할지라도 그러한 사정만으로 다른 이사들의 업무집행에 관한 감시의무를 면할 수는 없고, 그러한 경우 무엇보다 합리적인 정보 및 보고시스템과 내부통제시스템을 구축하고 그것이 제대로 작동하도록 배려할 의무가 이사회를 구성하는 개개의 이사들에게 주어진다. … (⇒ <u>관리, 감독할</u>)

배려의 사전적 의미는 "도와주거나 보살펴 주려고 마음을 쓰는 것"이다. 따라서 위 문맥에서 정확한 어휘가 아니다. **"제대로 작동하도록** 관리, 감독할 **의무"** 정도가 적절하다.

> ◀── 대법원 2006. 11. 16. 선고 2003두12899 전원합의체 판결
>
> … 설사 상대평가로 알고서 응시한 수험생들이 시험의 결과 절대평가에 의하면 합격되었을 수 있는 점수를 얻었다고 하더라도 이는 시험에 따른 사실적인 결과일 뿐이지 이로 인해 그러한 수험생들의 기대이익이 침해되었다고 하는 것은 논리적으로 적절치 아니하다고 할 것이다. (⇒ 타당하지 않다고)

'적절하다'는 '논리적으로'라는 표현과 어울리지 않는다. 논리적으로는 타당하거나 그렇지 않다는 표현이 어울린다. 구 독점규제 및 공정거래에 관한 법률 제1조에는 다음과 같이 치명적인 어휘 선택 오류가 있었다.

> ◀── 구 공정거래법 제1조
>
> 공정하고 자유로운 경쟁을 촉진함으로써 창의적인 기업활동을 조장하고 소비자를 보호함과 아울러 국민경제의 균형있는 발전을 도모함을 목적으로 한다.
> (⇒ 장려하고, 북돋고)

'조장하다'의 사전적 의미는 "바람직하지 않은 일을 더 심해지도록 부추기다"이다. 부정적인 행위에 쓰이는 표현이므로, "창의적인 기업활동"과 맞지 않다. '장려하고' 혹은 '북돋고'라고 표현했어야 한다.[37]

---

37 1981년 법 제정 시부터 이 책이 출간되기 전까지 그렇게 기재되어 있었는데, 이 책 출간 직후인 2021. 12. 30. 시행된 법률부터 '조장'을 '조성'으로 수정하였다.

6. 결론

간결·명료한 글쓰기 제4원칙은 다음과 같다.

> 안은 문장, 주어와 서술어가 먼 문장과 같이 바로 이해하기 힘든 문장은 최대한 이해하기 쉬운 문장으로 바꾼다. 이해할 수 있는 것에 만족하지 말고, 더 쉽고, 더 선명하게 이해할 수 있는 표현을 찾는다. 추상적 대체어, 특효약의 유혹에 빠지지 말고 당해 상황을 가장 정확하게 표현할 어휘를 찾는다.

V. 간결·명료한 글쓰기 제5원칙: 글쓰기의 시각화

1. 서설

간결·명료한 글쓰기의 마지막 원칙은 글의 내용을 시각적으로 보여주는 것이다. 글쓰기는 결국 자신의 생각과 감정을 전달하는 것이다. 간결·명료한 글쓰기를 권장하는 이유도 효율적인 전달을 위해서다. 그런데 글보다 그림, 도해, 도표가 전달력이 뛰어난 경우가 있다. 그럴 경우 굳이 문자라는 도구에 얽매일 필요는 없다.

2. 사진, 그림, 도해

범행현장의 모습, 복잡한 기계의 형상, 건물이나 자동차의 훼손 상태 등은 글로 설명하는 데에 한계가 있다. 사진이나 그림 한 장이면 충분하다. 이 점을 길게 설명할 필요는 없을 것이다. 복잡한 거래구조의 설명에도 도해는 필수적이다. 이 점 역시 길게 설명할 필요는 없다.

3. 도표

이와 달리 글쓰기에서 도표의 중요성은 실제 필요한 것에 비해 간과되는 경향이 있다(특히 법률문장에서 그러하다. 기업에서 작성하는 문서는 그렇지 않다). 글을 읽으면서 "무슨 말이지?"라고 의문이 생겨 경우의 수를 그림으로 그려 보고, 비로소 "아 그런 얘기였군"이라고 이해한 경험이 있을 것이다. 이처럼 **독자**가 그림을 그려야 이해가 가능한 내용이라면 **필자**가 그림을 그려주어야 한다. 몇 가지 경우로 나누어 살펴본다.

(1) 설명 대상의 단순화

글로 쓰면 대단히 복잡하지만 도표를 보여주면 간단한 경우가 있다. 다음 예문이 그러하다.

> 원고는 주식거래를 통하여 2007. 4. 11. A 회사 주식 77,500주를, 2012. 12. 26. 같은 회사 주식 20,000주를, 2014. 2. 7. 같은 주식 97,500주를 취득하였습니다. 또한 2014. 4. 11. 무상증자에 따라 40,000주를 취득하였습니다. 이를 누적 주식수의 관점에서 정리하면 2012. 12. 26.에는 97,500주, 2014. 2. 7.에는 195,000주, 2014. 4. 11.에는 235,000주가 됩니다.

위 글을 읽고 그 내용을 곧바로 이해하기는 어렵다. 다음과 같이 도표를 만들어주면 선명하다.

취득시기	취득 주식수	누적주식수	비고
2007. 04. 11.	77,500	77,500	시장거래
2012. 12. 26.	20,000	97,500	〃
2014. 02. 07.	97,500	195,000	〃
2014. 04. 11.	40,000	235,000	무상증자

위와 같은 글을 쓰고 표로 정리하지 않는 것은, 독자를 배려하지 않은 무책임한 글쓰기다.

(2) 두 가지 이상의 비교가 필요한 경우

다음과 같이 뭔가를 비교하는 글에도 도표가 필요하다.

상증법상의 주식가치 평가는 과거 실적을 토대로 하므로 평가자의 주관이 개입될 여지가 적습니다. 그 결과 평가결과의 객관성, 신뢰성이 인정될 수 있습니다. 그에 비해 DCF법은 미래 수익의 추정을 토대로 하므로 기업의 미래가치 평가에 유리하지만 평가자의 주관이 개입될 여지가 많습니다. 즉 신뢰성에 문제가 있습니다. 전자의 경우 실적 추이가 안정적인 기업에 적당한 평가방법인 반면 후자는 미래의 성장 가능성이 큰 기업에게 유리한 평가방법입니다.

다음과 같이 비교표를 만들어서 제시하면 복잡한 논의가 쉽게 정리된다.

	상증법상 평가방법	DCF법
기본적인 방법	과거 3년치 실적	미래의 실적 추정
장점	객관성, 신뢰성	기업의 성장가능성 분석
단점	미래가치 평가 불가	평가자 주관 개입가능성
주요 대상	실적이 안정적인 기업	벤쳐 기업 등

(3) 경우의 수가 입체적인 경우

경우의 수가 입체적인 경우 반드시, 반드시 도표가 필요하다.

미국 명예훼손법상 불법행위 손해배상은 여러 세부항목으로 나뉜다. 우선 크게 보아 명목적(nominal) 손해배상, 보상적(compensatory) 손해배상, 징벌적(punitive) 손해배상으로 분류된다. 이 가운데 보상적(compensatory) 손해배상은 다시 특별 손해(special damages) 일반적 손해(general damages)에 대한 배상으로 나뉘고, 일반적 손해(general damages)에 대한 배상은 다시 실제의 손해(actual damages), 추정적 손해(presumed damages)에 대한 배상으로 나뉜다.

위 글을 읽고 미국 명예훼손법 손해배상 항목이 어떻게 구성되는지를 곧바로 이해할 수 있는 사람은 거의 없을 것이다. 아래와 같이 도표를 그려주어야 한다.

☑ 미국 명예훼손법상 손해배상의 종류

대분류	소분류		
명목적(nominal) 손해배상			
보상적(compensatory) 손해배상	특별 손해(special damages)		
	일반적 손해 (general damages)	실제의 손해(actual damages)	
		추정적 손해(presumed damages)	
징벌적(punitive) 손해배상			

(4) 전체적인 흐름이 중요한 경우

주가추이와 같은 수치의 흐름 등은 그래프를 그려준다.

대상 회사의 주가는 2010. 1.경 4만 원대로 높게 형성되어 있다가 2010. 3. 4.을 거치면서 각 32,450원 31,230원으로 조금 떨어졌으며, 7월 경에 12,100원까지 급락하였습니다. 그러던 중 2010. 9.경 신상품 출시로 인하여 다시 5만 원대로 급격히

상승하였으나 2010. 11.경 글로벌 경제위기 여파로 다시 폭락하였습니다. 이러한 주가추이는 대상 회사의 내부, 외부 요소가 복잡하게 작용한 결과입니다.

다음과 같은 도표를 제시해야 한다.

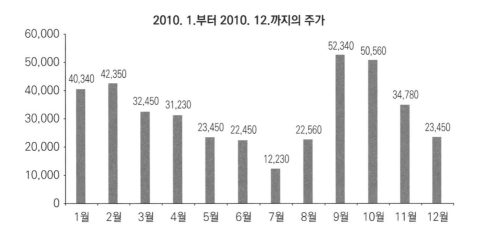

2010. 1.부터 2010. 12.까지의 주가

(5) 결론적 정리가 필요한 부분

마지막으로 도표는 결론을 마무리하는 용도로 사용할 수도 있다.

소극적 자유와 적극적 자유의 구별은 정치철학자 Isaiah Berlin의 "자유의 두 개념 (Two concepts of Freedom)"이라는 논문에서 유래된 것이다. 소극적 자유란 간섭의 부재를, 적극적 자유는 자아실현이나 자신의 사상을 현실화하는 것과 같이 간섭의 부재를 넘어서서 자유의 적극적 실현의 측면을 의미한다. 소극적 자유는 개인주의적 자유주의를 그 철학적 기반으로 하는 반면 적극적 자유는 이른바 후견주의(paternalism)를 기반으로 한다. 이를 법철학자 홉펠트(Hohfeld)의 권리이론에 따라 분류하면 전자는 면책권(immuinity) 후자는 청구권(claim)의 개념에 가깝다고 할 수 있다.

그리 어려운 내용은 아니지만, "도표로 간략히 정리하면 다음과 같다"라면서 글을 마치면 좋은 마무리가 된다.

☑ **논의의 종합**

	소극적 자유	적극적 자유
목적	간섭의 부재	자아실현, 자기의사 표현
철학적 기초	개인주의적 자유주의	후견주의(paternalism)
Hohfeld식 분류	면책권(immuinity)	청구권(claim)

4. 박스의 활용

판례 등을 인용할 경우 박스를 활용하는 것도 시각적으로 선명한 글쓰기 방법이다. 다음 두 경우를 비교해 보자.

> 대법원은 신주발행에 절차적·실체적 하자가 있다고 하여 곧바로 신주발행이 무효가 되는 것은 아니고, "신주발행유지청구권은 위법한 발행에 대한 사전 구제수단임에 반하여 신주발행 무효의 소는 사후에 이를 무효로 함으로써 거래의 안전과 법적 안정성을 해칠 위험이 큰 점을 고려할 때, 그 무효원인은 가급적 엄격하게 해석하여야 하고, 따라서 법령이나 정관의 중대한 위반 또는 현저한 불공정이 있어 그것이 주식회사의 본질이나 회사법의 기본원칙에 반하거나 기존 주주들의 이익과 회사의 경영권 내지 지배권에 **중대한 영향을 미치는 경우**로서 신주와 관련된 거래의 안전, 주주 기타 이해관계인의 이익 등을 고려하더라도 **도저히 묵과할 수 없는 정도**라고 평가되는 경우에 한하여 신주의 발행을 무효로 할 수 있을 것(대법원 2010. 4. 29 선고 2008다65860 판결)"이라고 판시하여 매우 엄격하게 판단하고 있습니다.

위와 같이 기재할 경우 판례의 입장이 무엇이라는 것인지 다 읽어보아야 알 수 있다. 다음과 같이 박스를 활용하면 시각적으로 선명하다.

대법원은 다음과 같이 판시하여 신주발행절차의 위법사유를 <u>매우 엄격하게 판단</u>하고 있습니다.

대법원 2010. 4. 29. 선고 2008다65860 판결
"신주발행유지청구권은 위법한 발행에 대한 사전 구제수단임에 반하여 신주발행 무효의 소는 사후에 이를 무효로 함으로써 거래의 안전과 법적 안정성을 해칠 위험이 큰 점을 고려할 때, 그 <u>무효원인은 가급적 엄격하게 해석</u>하여야 하고, 따라서 법령이나 정관의 중대한 위반 또는 현저한 불공정이 있어 그것이 <u>주식회사의 본질이나 회사법의 기본원칙에 반하거나 기존 주주들의 이익과 회사의 경영권 내지 지배권에 중대한 영향을 미치는 경우</u>로서 신주와 관련된 <u>거래의 안전, 주주 기타 이해관계인의 이익 등을 고려하더라도 도저히 묵과할 수없는 정도라고 평가되는 경우에 한하여</u> 신주의 발행을 무효로 할 수 있을 것이다"

위 예시는 두괄식으로 정리한 예이기도 하다.

5. 언더라인의 활용

글에서 시각적 효과를 강조하는 방법으로 언더라인과 볼드체를 들 수 있다. 언더라인과 볼드체의 기능은 크게 보면 두 가지가 있을 수 있다.

첫째는 **강조**이다. 이 점은 의문의 여지도 없고 길게 설명할 필요도 없다.

둘째는 **구별, 대조**다. 이 점은 생각보다 덜 활용되는데, 독자 친화적인 글쓰기를 위해서는 반드시 활용할 필요가 있다. 다음 예를 보자.

■ ——— 예시

당시 관련 법률 개정에 따라 원고가 제공한 장치는 더 이상 활용이 불가능하였습니다. 원, 피고 사이에 새로운 장치 구입이 불가피하였는데, 그러한 경우에 대해서는 계약서에 아무런 규정도 없었습니다. 이에 원고는 <u>비용분담</u>을 주장하였지만, 피고는 원고의 <u>비용부담</u>을 주장하였습니다.

원고는 비용을 나누어 부담하자고 주장한 반면 피고는 원고가 전액 부담해야 한다고 다투었다는 것이다. 언더라인으로 '비용분담'과 '비용부담'을 구별, 대비하지 않으면 자칫 놓칠 수 있는 내용이다.

6. 소결론

간결·명료한 글쓰기의 제5원칙은 다음과 같다.

> 글쓰기의 최종 목적은 필자의 생각과 감정을 효율적으로 전달하는 것이다. 문자보다는 그림, 사진, 도표가 훨씬 더 간결·명료한 전달 수단이 될 수 있다. 박스, 언더라인을 적절하게 활용하는 것도 필요하다.

Ⅵ. 마무리

이상에서 살펴본 5가지 원칙만 잘 지켜도 글의 수준이 달라진다. 하지만 이는 좋은 법률문장 쓰기의 시작에 불과하다. 법률문장은 무엇보다 논리적 글쓰기가 중요하고, 논리를 넘어서는 설득력도 필요하다. 나아가 우리말다운 글쓰기 문제도 고민할 필요가 있다. 이어서 계속 살펴본다.

제3장

법률문장의 논리학
― 법률문장과 논리적 글쓰기

〔제3장에서 살펴볼 점〕

1. 논증의 개념, 법적 논증의 기본구조 등에 대해 알아본다.
2. 법적 논증의 기본 유형과 논리적 글쓰기 기법을 연습한다.

법률문장의 논리학_법률문장과 논리적 글쓰기

제1절 논증이란 무엇인가?

논리적 글쓰기를 위해 논리학을 공부할 필요는 전혀 없다. 하지만 논증의 기본개념을 알면 논리적 글쓰기와 비논리적 글쓰기의 차이를 이해하기 쉬워진다. 이하에서 논리적 글쓰기에 필요한 논증의 최소한 기본개념만을 살펴본다.

I. 논리적 글쓰기를 위한 기본전제: 논증의 기본구조

논증이란 무엇인가? 논증(argument)은 **"근거를 토대로 주장을 개진하는 것"**이다.[1]

논증 = 근거 + 주장

전혀 어렵지 않다. 예를 들어 다음과 같은 문장이 전형적인 논증이다.

> **"낙태는 생명권을 침해하므로, 금지되어야 한다"**
> (근거)   +   (주장)

---

[1] Irving Copi et al, 박민준 외 1 역, 논리학 입문, 제14판, 경문사, 2017, 6~28면 등.

여기서 "낙태는 금지되어야 한다"는 **주장명제**이고, 생명의 존엄성은 주장(결론)에 대한 **근거명제**다. 모든 논증은 두 명제, 즉 주장명제와 근거명제로 구성된다. 그리고 양자는 "<u>A이므로, B이다</u>"라는 구조를 취한다. 논증은 심각한 주제에만 쓰이는 것이 아니다. 우리의 일상 대화에서도 논증은 쉽게 찾을 수 있다. 다음과 같은 엄마의 꾸지람도 논증이다.

> **너 어제 하루 종일 놀았으니, 오늘은 공부해야 돼!**
> (근거)   +   (주장)

앞 부분이 근거명제, 뒷 부분이 주장명제다. 주장과 근거의 순서는 문제되지 않는다. 다음과 같이 뒤바뀌어도 아무런 문제 없다.

> **철수네는 부자야, 벤츠 타고 다니거든!**
> (주장)   +   (근거)

위 논증은 연역논증으로도 볼 수 있고, 귀납논증으로도 볼 수 있는데, 어느 경우이든 오류논증이다(뒤에서 상세히 살펴본다).

II. 연역논증, 삼단논법, 생략삼단논법

논증의 가장 대표적인 형식은 삼단논법(syllogism)으로 알려진 연역논증이다. 모든 사람이 알고 있듯이, 소크라테스 공식은 연역논증, 삼단논법의 전형이다.

모든 사람은 죽는다.	대전제
소크라테스는 사람이다.	소전제
따라서, 소크라테스는 죽는다.	결론

삼단논법도 논증이므로 주장과 근거로 나눌 수 있다. 결론은 주장이고, 대전제와 소전제의 합이 근거다. 즉 "소크라테스는 죽는다"가 주장이라면, "모든 사람은 죽는데, 소크라테스도 사람이므로"가 근거다. 논증의 기본 형식으로 바꾸면 다음과 같다.

주장	근거
소크라테스는 죽는다	사람은 죽기 마련인데, 소크라테스도 사람이므로

여기서 대전제를 생략하면 '**생략삼단논법**'이 된다. "모든 사람은 죽는다"는 대전제는 너무 당연하므로, 생략해도 된다는 것이다. 다음과 같다.

소크라테스는 사람이다. 따라서 그도 결국에는 죽는다.
(근거)   (주장)

우리가 일상적으로 사용하는 논증들 상당부분은 **생략삼단논법의 구조**로 되어 있다. 위 Ⅰ.에서 본 예시문도 그렇다. 즉, "낙태는 생명권을 침해하므로, 금지되어야 한다"는 논증과 "어제 하루종일 놀았으니, 오늘은 공부해야 한다"라는 논증도 생략삼단논법 구조. 생략된 대전제는 무엇일까? 다음과 같다.

■ ──── 예시 1

생명권은 존엄하므로 생명권을 침해하는 행위는 금지되어야 한다.	숨은 대전제
낙태는 생명권을 침해한다.	소전제
그러므로 낙태는 금지되어야 한다.	결론

■ ←——— 예시 2

학생은 공부를 해야 한다.	숨은 대전제
너는 어제 하루 종일 놀았다.	소전제
그러므로 오늘은 공부해야 한다.	결론

생략삼단논법은 대전제만 생략되는 것이 아니다. 결론이 생략되기도 한다. TV에서 흔히 보는 다음과 같은 광고문구를 보자.

☑ 어느 화장품 광고

백옥 같은 피부, AAA!

논리구조는 다음과 같다.

모든 여성은 백옥 같은 피부를 원한다.	대전제 – 생략
AAA를 쓰면 백옥 같은 피부를 가질 수 있다.	소전제
그러므로 당신은 AAA 제품을 구입해야 한다.	결론 – 생략

위 광고는 대전제와 결론이 생략되었다. 소전제도 절반만 드러내고 있다. 아리스토텔레스는 생략삼단논법이 제대로 된 삼단논법보다 더 설득력이 있다고 하였다.[2] 그러한 아리스토텔레스의 2,300여 년 전 통찰이 오늘날 광고에 그대로 적용된다는 사실이 흥미롭다.

---

2 Irving Copi et al, 박민준 외 1 역, 2017, 342면.

Ⅲ. 오류논증과 생략된 전제

일상적인 논증은 생략삼단논법의 구조를 취하는 경우가 많다. 그런데 그 논증이 오류인지, 오류라면 어떻게 효과적으로 반박할 수 있는지는 결국 **숨겨진 대전제를 찾는 일**에서 시작하면 되는 경우가 많다. 다음 대화를 보자.

> A: 철수네는 부자야. 아버지가 벤츠를 타고 다니더라구!
> B: 벤츠 탄다고 다 부자냐?

A, B의 대화에서 A의 논증을 연역논증으로 보면 다음과 같다.

숨은 대전제	벤츠를 타면 부자이다.
소전제	철수네는 벤츠를 탄다.
결론	따라서 철수네는 부자다.

하지만 숨은 대전제는 보편타당한 명제가 아니다. 집도 없으면서 벤츠를 타는 사람도 있기 때문이다. 결국 A의 논증은 오류논증이다.[3] 위 대화에서 B는 숨은 대전제의 오류를 정확하게 지적하였다. 이처럼 초등학생 수준에서도 똑똑한 아이는 생략삼단논법 대전제의 오류를 지적할 줄 안다.

한편 위 A의 논증은 **귀납논증**으로 볼 수도 있다. 귀납논증은 연역논증과 달리 개별적 사례들을 모아서 (논리필연적이 아닌) 개연적인 결론을 도출하는 것이다. "철수네는 벤츠를 타는 점, 큰 형을 미국 유학 보낸 점, 집도 여러 채 보유하고 있는 점 등에 비추어 부자임에 틀림없다"고 추론하는 것이다. A의 논증은 벤츠를 타고 다닌다는 사실 하나로 결론을 추론하여 개연성이 떨어진다.

---

3 참고로 논리학에서는 논증의 타당성과 건전성을 엄격하게 구별하지만, 이 글에서는 그러한 구별을 하지 않는다. 독자 입장에서 수긍할 수 없는 논증은 모두 오류논증이라고 칭한다.

오류론의 관점에서 보면 **"성급한 일반화의 오류"**를 범한 것이다.

"낙태는 생명권을 침해하므로, 금지되어야 한다"는 논증은 "생명권의 존엄성 내지 절대성"을 숨은 대전제로 한다. 이 논증을 반대하는 사람들은 "생명권을 침해하는 모든 행위는 금지되어야 한다"는 전제 자체가 부당하다고 주장할 것이다. 여성의 선택권과 같은 다른 가치들도 중요하기 때문이다(다만 이 정도는 견해 차이일 뿐 오류 논증까지는 아니다). 이런 식으로 생략삼단논법 형식으로 이루어진 논증의 오류를 공격하는 가장 효과적인 방법은 숨겨진 전제의 문제점을 밝히는 것이다.

제 2 절 법적 논증과 법률문장 쓰기

그렇다면 법적 논증은 일반적인 논증과 어떻게 같고, 또 어떻게 다를까? 이하에서 간략히 살펴보자.

I. 법적 논증의 특성

법적 논증도 「주장 + 근거」의 기본형식은 비슷하다. 일반논증과 비교할 때 다음과 같은 두 가지 차이 내지 특징이 있다.

첫째, 법적 논증의 대전제는 법률 내지 판례법리다.

법적 논증은 삼단논법의 연역논증을 가장 기본적 구조로 한다.[4] 그런데

---

4 법철학, 법이론가들 사이에서 삼단논법에 대해 비판적인 견해가 많고, 필자도 동의한다. 하지만 실무상 삼단논법이 가장 기본적 논증구조라는 점은 부인할 수 없는 사실이다. 삼단논법에 대한 법이론 비판의 대표적인 예로는, 울프리드 노이만(Ulfrid Neumann), 윤재왕 역, 법과 논증이론, 세창출판사, 2009, 24~56면 참조. 다만 법사상사에서 삼단논법을 가장 불신한 경우는 "법의 생명은 이론이 아닌 경험"이라고 말한 홈즈(O. W. Holmes) 대법관과 카르도조(B.

그 대전제는 **법률 또는 판례법리**다. 일반적인 논증에서 대전제는 다양한 인문, 사회과학적 명제, 우리의 상식, 윤리, 경험칙 등 다양하다. 앞서 본 것처럼 "생명권의 존엄성", "학생은 열심히 공부해야 한다" 등이 그러하다. 반면 법적 논증은 항상 법이 무엇인지를 밝히는 것에서 시작한다. 너무 당연한 얘기지만 법률가가 민법, 형법 등 열심히 법을 공부하는 것도 이 때문이다.

따라서 법적 논증은 대전제를 밝히는 것이 원칙이다. 즉 생략삼단논법이 아닌 **정식의 삼단논법이 원칙**이다. 모든 판결문이나 소장 등은 당해 사안의 결론에 이른 대전제, 즉 법리가 무엇인지를 반드시 밝혀야 한다(다만, 실무상으로는 법적 논증에서도 다양한 방식으로 생략삼단논법이 사용되는데, 이 점은 뒤에서 상세히 살펴본다).

둘째, 법적 논증에는 포섭(subsumption)이라는 특수한 논증단계가 존재한다.

다음으로, 법률 실무에서 법적 논증은 삼단논법의 2단계인 소전제 단계에 포섭이라는 특수한 논증단계를 포함한다. **포섭(subsumption)이란 당해 사안의 자연적 사실을 법률이 정한 법률요건에 적용하는 것**을 의미한다. 이러한 포섭논증은 법적 논증의 핵심을 이룬다.

☑ 통상의 삼단논법

대전제	사람을 죽인 자는 사형 또는 무기징역에 처한다.
소전제	A는 B를 살해하였다.
결론	따라서 A를 사형 또는 무기징역에 처한다.

일반인들은 법적 논증이 위와 같이 이루어진다고 생각한다. 틀린 말은 아니지만, 실무상 법적 논증의 정확한 구조는 아래와 같다.

Cardozo), 존 듀이(J. Dewey) 등으로 이어지는 미국의 실용주의 법학자들이라고 할 수 있다. 즉 이들은 연역논증이 법의 본질을 전혀 설명할 수 없다고 보았다.

☑ 포섭 논증이 포함된 삼단논법

대전제 – 법리		사람을 죽인 자는 사형 또는 무기징역에 처한다.
소전제	사실 – natural fact	A는 2018. 1. 1. 9시 경 총으로 B를 쏘았고, 그 총알이 심장을 관통하여 그 즉시 숨을 거두었다.
	규범적 평가 – 법률요건	이로써 A는 "B라는 사람을 죽인 것"이다.
결론 – 법률효과		그러므로 A를 사형 또는 무기징역에 처한다.

소전제의 논증은 '**자연적 사실**(natural fact)'을 규범적으로 평가하여 이른바 '**법률요건**'으로 전환하는 것이다. 법령을 사실관계에 적용하는 것인데, 전문용어로 '포섭(subsumption)'이라고 한다.

☑ 포섭논증

자연적 사실 ──────────────▶ 법률요건

(포섭 = 규범적 평가)

재판실무에서, 가장 많은 다툼이 이루어지는 영역이 바로 포섭이다. 포섭의 유형은 다종다양하지만 몇 가지 간단한 예를 들어보자.

☑ 자연적 사실을 법률요건으로 포섭

자연적 사실(natural facts)	법률요건 – 규범적 평가
피고가 나를 속여 가짜 펀드에 투자하라고 했다.	피고는 나를 기망한 것이다.
그래서 나는 100만 원을 잃었다.	100만 원이 민법 제750조의 손해다.
내가 돈을 잃은 것은 피고가 속인 결과다.	인과관계, 상당인과관계가 있다.
피고가 몽둥이로 나를 때렸다.	폭행, or 상해한 것이다.
돈 달라고 편지 보냈다.	시효 중단 사유인 '최고'에 해당한다.
"그래 내가 곧 갚을게"라고 말했다.	시효 중단 사유인 '승인'에 해당한다.
자기가 빌리지도 않은 돈을 뻔히 알면서 갚았다.	'비채변제'에 해당한다. 따라서 반환청구할 수 없다(민법 제742조).
수많은 사람들 앞에서 내가 횡령하였다는 거짓말을 하였습니다.	불특정 다수인 앞에서 허위사실을 적시하여 명예훼손하였다.

위 예들은 비교적 포섭이 쉬운 사안들이다. 하지만 실제로는 그렇지 않은 사안들도 많다. 1, 2심과 대법원의 결론이 갈리고, 대법원 전원합의체에서 대법관들 사이에서도 견해가 심하게 대립되는 사안들이 그러하다. 가령 제6원칙에서 살펴보는 양심적 병역거부 판결도 결국은 "양심적 병역거부"라는 구체적 사실이 병역법 제88조 제1항이 정한 "정당한 사유"에 포섭될 수 있는지의 문제다(뒤에서 자세히 본다).[5]

II. 법적 논증과 법률문장의 기본형식

이처럼 법적 논증은 (i) 법률을 대전제로 한다는 점, (ii) 소전제 내에서 포섭이라는 단계가 존재한다는 점이 가장 큰 특징이다(즉 일반적 논증과의 차이다). 그런데, 그러한 특징들이 실제로는 어떻게 발현되는가? 이하에서는 법률가의 글쓰기에서 가장 기본적으로 사용되는 3가지 논증구조(즉 법률문장의 구조)를 본다. 초보자들은 이 3가지만 잘 활용해도 법률가의 기본적 글쓰기 형식을 익힐 수 있다. 이는 ① 역전된 삼단논법, ② 일반적 삼단논법, ③ 생략삼단논법의 3가지다. 차례로 살펴본다.

1. 제1유형: 역전된 삼단논법 유형
– 판결문, 소장의 기본구조

법적 논증의 제1유형, 즉 가장 기본이 되는 유형은 '**역전된 삼단논법**'이다 (이는 논리학의 개념이 아니고, <u>설명의 편의를 위해 필자가 만들어낸 용어라는 점</u>을 밝혀둔다).

5　법적 논증을 순수한 연역논증(즉 삼단논법)으로 환원할 수 없는 이유도 바로 포섭에 있다. 포섭을 위해서는 법문의 해석(법해석론), 사실의 확정, 사실에 대한 규범적 평가, 평가된 사실이 법률요건에 포섭되는지에 대한 평가 내지 판단 등이 필요하다. 이러한 복잡하고도 입체적인 사고의 과정에서 다양한 가치판단 등 실로 복잡다단한 논리적, 직관적, 총체적 판단이 개입되므로, 법적 논증은 결코 연역논증의 수학적, 논리적 사고로 환원될 수 없다. 사견으로는, 법이론의 본질적 문제들 거의 대부분은 결국 포섭의 문제로 모아진다.

역전된 삼단논법이란 대전제인 법리에 앞서 소전제인 사실관계(특히 그 중 "구체적, 자연적 사실")를 먼저 적는 것을 의미한다. 왜 정상적인 삼단논법이 아닌 역전된 삼단논법이 가장 기초적인 유형일까? 그 이유는 모든 법률 분쟁의 출발점은 사실관계이기 때문이다. 즉 법적 사고의 기본적 흐름은 추상적 법령에서 시작하는 것이 아니라, 개별구체적 **사실관계에서 시작해서 법령의 적용으로** 나아간다.[6]

☑ 역전된 삼단논법의 구조

기초사실을 적시	소전제 중 자연적 사실
관련 법리를 설시	대전제
당해 사안의 적용 및 그에 따른 법률효과	포섭 및 결론

판결문의 기본적 구조를 보자. 판결문은 크게 (i) 주문을 포함한 1면의 표지 부분과, (ii) 판결이유를 설시한 이유로 나뉜다.[7] 주문은 판결의 결론을 기재하는 부분이다. 원고 패소의 경우 "원고의 청구를 기각한다"라고 기재하고, 원고 승소의 경우 "피고는 원고에게 1억 원을 지급하라"와 같이 패소한 피고의 의무 내용을 기재한다. 판결문의 기본구조는 다음과 같다.

---

6 참고로, 삼단논법에 대한 가장 중요한 비판 중 하나는 대전제가 이미 소전제를 포함하여 지식을 확장하는 논증의 성격을 설명할 수 없다는 점이다("모든 사람이 죽는다"는 명제는 "소크라테스가 죽는다"는 결론을 이미 포함하고 있다). 이러한 삼단논법에 대한 논리적 비판 및 대안적 이론 중 유력한 것으로 "툴민(Toulmin)의 논증도식"이라는 것이 있다. 이는 법적 논증을 구체적 사실(data)에서 시작하여 추론을 위한 규칙(warrants), 지지(backings) 등을 거쳐 결론에 이르는 논증의 과정으로 이해한다. 필자도 이러한 툴민의 공식이 우리 실무를 더 잘 설명하는 이론이라고 생각한다. 스티븐 툴민(Stephen Toulmin), 고현범, 임건태 역, 논변의 사용, 고려대학교출판부, 2009 참조. 툴민의 공식에 관한 좋은 요약, 설명으로는, 울프리드 노이만, 2009, 29~42면 참조.
7 형사판결문은 구조가 조금 다른데, 민사판결문 위주로 살펴본다.

☑ **판결문의 기본구조**

표제부 + 주문 (판결문 1면)	서울중앙지방법원 제22민사부 판결 사건 2020가합1234 대여금 원고 홍길동 피고 연흥부 **주 문** 1. 피고는 원고에게 금 10억 원을 지급하라. 2. 제1항은 가집행할 수 있다. 3. 소송비용은 피고가 부담한다.

이유부분
(2면 이하)
	이 유
	1. 기초사실
	  원고와 피고는 2017. 1. 1. 다음과 같은 계약을 체결하였다. …(중략)
	2. 원, 피고의 주장
	  이에 대해 원고는 -- 라고 주장한다. 반면 피고는 -- 라고 주장한다.
	3. 판단
	  대법원 판례는 -- 라는 입장을 확립하고 있다. 이 사건의 경우-- 이다.
	4. 결론

다만 판결주문을 어떻게 작성하는지 등은 이 글의 고찰 대상이 아니다 (로스쿨의 민사재판실무 등에서 가르친다). 이 글에서는 **논증을 구성하는 이유 부분에 대해서만 살펴본다.**

결국 법적 논증이 드러나는 부분은 판결이유 부분이다.[8] 그런데, 우리 실무 상 100%는 아닐지라도 90% 이상의 하급심 판결문은 다음과 같이 **역전된 삼단 논법** 구조를 취한다.

---

8 왜 판결문에는 이유를 작성하는가? 그것은 민주주의, 법치주의의 요청 때문이다. 선출된 권력 기관이 아닌 법관이 국민의 권리, 의무를 판단, 선언하면서 그것이 법에 의한 판단이라는 점을 명확하게 밝히고, 그 논증과정에 오류가 있다면 상소를 통해 다투도록 하기 위해서다. 과거 원 님재판이나 중세 교회법에서는 오로지 결론만을 밝힌 것과 대비된다. 이를 민주주의, 법치주의 하의 법관의 "논증의무"라고 한다. 판결이유가 논증의 구조를 띠는 이유다.

☑ **판결문 이유 부분의 논리구조**

이유	
1. 기초사실 및 당사자의 주장	
가. 기초사실 원고는 2008. 1. 2. 피고에게 금 10억 원을 대여하였다. 변제기인 2018. 1. 1. 원고는 피고에게 변제를 요구하였지만, 피고는 변제하지 않았다. 원고는 2018. 5. 1. 위 10억 원 지급을 구하는 소송을 제기하였다.	**소전제 중 사실관계** (1) 사실관계를 먼저 기재 (2) 사실관계는 아니지만 기초사실 뒤에 각 당사자의 법률적 주장을 요약
나. 당사자의 주장 원고는 피고가 대여금 반환의무가 있다고 주장한다. 반면 피고는 소멸시효가 완성되었다고 주장한다. (생략)	
2. 관련법리 민법 제174조, 대법원 판례에 의하면 변제를 요구한 것은 시효중단 사유인 최고이지만, 최고는 6개월 이후 청구, 압류, 가압류 등을 하지 않으면 시효중단의 효과가 발생하지 않는다.	**대전제** : 위 사실관계에 적용될 법리를 설시
3. 이 사건의 경우 이러한 법리에 비추어 이 사건의 경우를 보면, … 이므로 소멸시효가 중단되었다.	**적용(포섭논증)** : 이 사건에서 법리가 어떻게 적용되는지 설시
4. 결론 따라서 피고는 원고에게 금 10억 원 및 이자 상당액을 지급할 의무가 있다.	**결론**

오로지 법리문제만을 판단하는 대법원 판결은 조금 다르지만, 대부분의 하급심 판결문은 위와 같은 구조로 되어 있다. 변호사들이 쓰는 소장도 마찬가지다.

☑ **소장의 기본구조**

1. 당사자 관계 및 기초사실 　원고와 피고는 친구 사이로 원고는 2018. 1. 1. 피고에게 10억 원을 대여하면서 근저당권을 설정하여 주었습니다. 그런데 … (생략)	소전제 중 사실관계
2. 관련법리 　대법원 판례에 의하면 ---- 라는 것입니다.	대전제

3. 이 사건의 경우 이 사건의 경우 … 하였으므로, 위 대법원 판례의 법리에 따라 피고는 원고에게 위 근저당권설정등기를 말소하여줄 의무가 있습니다.	포섭논증
4. 결론 따라서 피고는 원고에게 … 하여줄 의무가 있습니다.	결론

검사들이 작성하는 공소장도 마찬가지다. 공소장은 피고인의 인적사항, 죄명, 적용법조 등을 기재한 표지와 범죄사실을 기재한 부분으로 나뉘는데, 공소사실 부분에서는 앞서 본 포섭 논증만 기재한다. 특히 공소장은 민사사건에 비해 '자연적 사실(natural facts)'과 '법률요건(구성요건)'을 더 엄격하게 구별하고, 자연적 사실은 최대한 구체적으로 적는 경향이 있다. 사실관계가 중시되는 형사재판의 특성을 반영한 것이다. 다음과 같은 식이다.

☑ 공소장의 공소사실 부분 – 포섭논증만 기재함

피고인은 2018. 1. 1. 밤 9시 경 서울 중구 명동 A 주점에서 맥주 5병, 소주 반병을 마셔 주취상태에서 동석하던 피해자의 욕설에 화가 나서 맥주병 1개를 들어 피해자의 머리를 수회 가격하였다. 피해자는 병원으로 옮겨졌으나 2일 후 과다출혈로 사망하였다.	자연적 사실 (natural facts)
이로써 피고인은 피해자에 대해 특수상해치사에 이른 것이다.	법률요건

이처럼 판결문, 소장, 공소장에는 사실관계를 먼저 적고, 관련법리를 토대로 당해 사안을 규범적으로 평가하는 순으로 논리를 전개한다.

2. 제2유형: 전통적인 삼단논법 유형
– 개별쟁점 논증 1

제2유형은 전통적인 삼단논법 방식이다. 이는 주로 **개별쟁점에 관한 공방**에서는 사용된다. 차이가 무엇인가? 통상 소송에서 한 가지 쟁점만이 다투어지는 것이 아니다. 여러 개 심지어 수십 개의 쟁점들이 다투어진다. 가령 불법행위 손해배상 청구사건은 ① 고의, 과실, ② 위법행위, ③ 손해의 발생, ④ 가해행위와 손해 사이의 인과관계 등이 요건사실이다. 피고는 소멸시효, 상계, 과실상계, 손익상계 등 다양한 항변성 주장을 한다. 따라서 개별 쟁점별로 다툼이 발생하고, 전선이 형성된다. 그러한 개별 쟁점별 논증에서는 전통적인 삼단논법이 빈번하게 사용된다. 예를 들어보자.

✅ 전통적인 삼단논법에 의한 논증 예시 1

대법원 판례에 의하면 상인간 거래라도 전형적, 반복적 거래가 아닌 경우 5년의 상사시효가 아닌 10년의 민사시효가 적용됩니다.	대전제 – 법리
이 사건의 경우 원, 피고의 임대차는 오직 피고의 사무실 임대를 위한 것으로 전형적, 반복적 거래가 아닙니다.	소전제 – 사실 및 포섭
따라서, 이 사건에서 소멸시효가 완성되었다고 볼 수는 없습니다.	결론

✅ 전통적인 삼단논법에 의한 논증 예시 2

대법원 판례는 소수에게 사실을 적시하였더라도 이른바 '전파가능성'이 있다면 명예훼손을 인정하고 있습니다.	대전제
이 사건의 경우 피고가 게시물을 공개한 3~4인은 원, 피고와 아무런 관련이 없는 A 회사 직원들이므로 제3자들에게 전파할 가능성이 매우 높습니다.	소전제 – 사실 및 포섭
따라서 피고의 행위는 명예훼손 불법행위를 구성합니다.	결론

이러한 논증구조는 전형적인 삼단논법이다. 다만 이와 같은 논증구조의 경우 **결론을 앞으로 빼도 아무런 문제가 없다.** 중요한 것은 대전제, 소전제, 포섭, 결론이 모두 나오기만 하면 된다는 점이다. 특히 현대형의 글쓰기가 **두괄식이라는 점**은 제2장에서 자세히 본 바와 같다. 예시문들을 두괄식으로 바꾸어본다.

☑ 전통적 삼단논법의 두괄식 변형 1

다음과 같은 점에서 이 사건에서 소멸시효가 완성되었다고 볼 수는 없습니다.	결론
대법원 판례에 의하면 상인간 거래라도 전형적, 반복적 거래가 아닌 경우 10년의 민사시효가 적용된다는 것입니다.	대전제 - 법리
이 사건의 경우 원, 피고의 임대차는 오직 피고의 사무실 임대를 위한 것으로 전형적, 반복적 거래가 아니므로, 시효가 완성되었다고 볼 수 없습니다.	소전제 - 사실 및 포섭

☑ 전통적 삼단논법의 두괄식 변형 2

다음과 같은 점에서 피고의 행위는 명예훼손 불법행위를 구성한다고 보아야 합니다.	결론
대법원 판례는 소수에게 사실을 적시하였더라도 이른바 '전파가능성'이 있다면 명예훼손을 인정하고 있습니다.	대전제
이 사건의 경우 피고가 게시물을 공개한 3~4인은 원, 피고와 아무런 관련이 없는 A 회사 직원들이므로 제3자들에게 전파할 가능성을 배제할 수 없습니다. 따라서 명예훼손이 성립합니다.	소전제 - 사실 및 포섭

이처럼 전통적 삼단논법을 두괄식으로 기재하는 것은 실무상 가장 기본적 문장구조 중 하나다.

3. 제3유형: 생략삼단논법 유형
- 개별쟁점 논증 2

마지막으로 생략삼단논법 유형이다. 생략삼단논법 유형은 대전제가 너무 당연하고, 그렇기 때문에 상대방도 대전제를 알고 있다는 것이 전제될 경우 사용된다. 실무에서 생략삼단논법은 다음 두 경우에 사용된다.

첫째, 법리논증에서 법률적 대전제가 너무 당연한 경우

☑ 예시 1

원고는 최근 이 사건 저당권에 의해 담보되는 채무를 모두 변제하였습니다.	소전제
따라서 피고는 이 사건 저당권을 말소해 줄 의무가 있습니다.	결론

위 논증에 생략된 전제는 무엇인가? 담보되는 채무가 소멸하였다면 저당권도 소멸한다는 민법 제369조다.[9] 민법 제369조는 언급하지 않아도 너무나 당연한 전제이기 때문에 생략한 것이다.

☑ 예시 2

원고는 이미 매매대금을 지급하였음에도 피고는 물건을 인도하지 않고 있습니다.	소전제 – 사실관계
따라서 피고는 원고에게 위 목적물을 인도할 의무가 있습니다.	결론

나는 돈을 주었는데, 상대가 목적물을 넘겨주지 않았다는 얘기다. 생략된 대전제는 민법 제568조 제1항[10]인데, 이 역시 당연해서 생략한다.

둘째, 법리논증이 아닌 일반적 논증의 경우

법률가의 글쓰기, 법적 논증이 반드시 법리와 관련된 것에만 국한하는 것은 아니다. 소송에서 법률문제만 다투어지는 것은 아니고, **수많은 사실관계에 대한 쟁점, 도덕과 윤리에 관한 쟁점, 사회, 경제적 쟁점들이 다투어지는 경우도 많다**(아래 예시 3, 4 참조). 예를 들어, 건물의 하자의 원인은 무엇인지(손해배상 소송), 남편이 외도를 한 원인이 무엇인지(이혼 소송), 근로자의 내규위반이 있었

---

9 민법 제369조(부종성) 저당권으로 담보한 채권이 시효의 완성 기타 사유로 인하여 소멸한 때에는 저당권도 소멸한다.

10 민법 제568조(매매의 효력) ① 매도인은 매수인에 대하여 매매의 목적이 된 권리를 이전하여야 하며 매수인은 매도인에게 그 대금을 지급하여야 한다.

는지(해고무효 확인), 피고의 채무불이행에 정당한 사유가 있었는지(계약해제 확인) 등등 수많은 사실적, 규범적 쟁점들과 관련된 논쟁들은 **거의 대부분 생략삼단논법의 구조**로 다툼이 진행된다(이 점은 제3절에서 자연스럽게 볼 것이다).

한편 생략삼단논법의 유형도 두괄식으로 바꿀 수 있다. 앞서 본 예시들을 두괄식으로 바꿔보자.

☑ **생략삼단논법의 두괄식 변형 1**

피고는 이 사건 저당권을 말소해 줄 의무가 있습니다.	결론
원고는 최근 이 사건 저당권에 의해 담보되는 채무를 모두 변제하였기 때문입니다.	소전제 – 사실관계

☑ **생략삼단논법의 두괄식 변형 2**

피고는 원고에게 그랜저 자동차를 인도할 의무가 있습니다.	결론
원고는 이미 매매대금을 지급하였음에도 피고는 물건을 인도하지 않고 있기 때문입니다.	소전제 – 사실관계

법적 논증이 아닌 사실관계에 관한 다툼, 각종 규범적 다툼에서 두괄식 논법의 예를 몇 가지 보자.

☑ **생략삼단논법의 두괄식 변형 3**

원고는 피고를 기망하거나 어떠한 착오를 유발한 사실이 없습니다.	결론(주장)
원고가 피고에게 이 사건 펀드에 권유한 것은 사실이지만, 당시 원고도 이 사건 펀드가 허위라는 사실을 알지 못하였기 때문입니다.	근거 – 소전제

☑ **생략삼단논법의 두괄식 변형 4**

피고의 행위는 사회상규의 관점에서도 정당화될 수 없습니다.	결론(주장)
아무리 직장동료들 일부만이 있던 자리라고 하더라도 사실이 아니라는 것을 뻔히 알면서 원고가 회사 자금을 횡령하였다는 식의 허위사실을 말함으로써 원고의 명예를 훼손하였기 때문입니다.	근거 – 소전제

이처럼 사실관계에 관한 논증, 다양한 규범적 평가에 관한 여러 논증들은 「생략삼단논법 + 두괄식」의 형식으로 기술하는 것이 보통이다.

4. 결론 및 정리

결국 법률문장 논리구조의 기본유형은 다음과 같이 정리될 수 있다.

제1원칙: 역전된 삼단논법 구조 – 법적 논증의 전체적 구조는 사실관계부터!

⇒ 소장, 판결문과 같이 법적 논증의 전체적 틀은 [**사실관계** ⇒ **법리** ⇒ **포섭, 결론**]의 순서로, 사실관계를 먼저 기술하는 것이 원칙이다.

⇒ 모든 법적 논증은 구체적 분쟁에서 시작한다.

제2원칙-1: 개별 쟁점에서는 전통적 삼단논법, 생략삼단논법을 쓴다!
제2원칙-2: 다만 어느 경우이든 원칙적으로 두괄식으로 쓴다!

⇒ 개별쟁점에 관한 판단에서는 (i) 법률적 쟁점에서는 전통적 삼단논법, (ii) ㉠ 대전제가 자명한 법률적 쟁점 ㉡ 기타 쟁점에서는 생략삼단논법이 사용된다.

⇒ 이 경우 [(대전제) ⇒ 소전제 ⇒ 결론]의 순서로 써도 되지만, 두괄식 원칙에 따라 결론을 먼저 써주는 것이 좋다.

⇒ 즉 [결론 + 근거(대전제, 소전제)]

Ⅲ. 기타 논증 유형

삼단논법은 법률가의 논증에서 가장 중요한 논증구조지만, 당연히 전부는 아니다. 다단계논증, 귀납논증, 인과논증 등 다른 유형도 빈번히 사용된다. 간략히 살펴보기로 한다.

1. 인과적 설명 혹은 인과논증(귀납논증)

연역논증과 구별되는 귀납논증의 일종으로 인과논증 내지 인과적 설명이 있다. 이는 주로 사실관계에 대한 다툼에서 사용되는 논법으로, 법률가의 글쓰기에서도 매우 중요한 부분을 차지한다. 예를 들면 다음과 같은 것이다.

■ ←── A의 주장

B가 전방주시를 게을리 해서 추돌한 것이므로, 교통사고의 책임은 B에게 있다.
(근거)   (주장)

■ ←── B의 주장

A가 신호가 바뀌기 전에 급정차를 했으므로, 교통사고의 책임은 A에게 있다.
(근거)   (주장)

A와 B는, 교통사고라는 결론에는 의견이 일치하지만 그 원인 및 책임을 다른 곳에서 찾는다.[11] 이러한 A, B의 주장은 사실관계에 관한 인과관계를 추론하는 인과논증 내지 인과적 설명이다.

다만 법률가들이 이러한 논리학 개념을 알아야 할 필요는 전혀 없다. 이역시 [주장 + 근거]라는 논증의 기본구조는 동일하므로, 그 형식만 지켜주면 된다. 이하에서도 연역논증의 일종인 생략삼단논법과 인과논증을 특별히 구별하지는 않는다(즉, 양자 모두 [주장 + 근거]라는 논증 형식은 똑같다).

2. 다단계논증

다단계논증은 연역논증 혹은 귀납논증 여러 개가 연결되는 구조다(A ⇒

---

11 위 문장의 논증구조를 더 정확하게 분석하면, (i) 객관적 사실관계에 관한 인과논증(교통사고 원인에 대한 주장 + 근거)과, (ii) 그러한 논증을 바탕으로 법적 책임은 상대방에게 있다는 규범적 평가(즉 포섭)가 결합된 것이다.

B⇒C⇒D의 구조). 실무에서는 위에서 본 논증들이 결합된 다단계논증이 폭넓게 사용된다. 이에 대해서는 뒤에서 자연스럽게 보게 될 것이다.

3. 복합논거논증

여러 논거들이 하나의 결론을 지지하는 경우다. (A + B + C + D)⇒E의 구조다. 이러한 논증방식 역시 대단히 자주 사용된다.[12] 이 역시 뒤에서 계속하여 본다.

Ⅳ. 결론 및 정리

실무의 법률문서는 대부분 위에서 지적한 6가지 논증형식(3가지 기본유형 + 인과논증, 다단계논증, 복합논증)으로 이루어진다. 모든 실무가들은 위와 같은 논증형식을 자유자재로 구사한다. 법률가들이 글쓰기를 위해 이러한 논리구조를 이론적으로 이해할 필요는 없다. 하지만 위와 같은 기본유형을 염두에 두면 훨씬 더 쉽게 숙련된 법률문장을 구사할 수 있다. 논증에 대한 기본 지식을 배경으로 이하에서는 논리적 글쓰기에 대해 본격적으로 살펴보자.

제3절 법률문장과 논리적 글쓰기 6가지 원칙

이 절에서는 논리적 글쓰기 방법에 대해 살펴본다. 다음과 같은 순서로 논리적 글쓰기 연습을 해보자.

---

12 이는 연역논증이 병렬적으로 얽힌 것으로 볼 수도 있고, 귀납논증의 일종인 이른바 가추법 (abduction)에 의한 추론방식으로 볼 수도 있다(다만 글쓰기를 위해서 이러한 내용까지 자세히 알 필요는 없다).

① 논증의 기본구조 갖추기: 논증의 기본형식 갖추기 연습
② 핵심논거와 보충논거를 구별하기: 논거가 2개 있을 경우의 글쓰기 연습
③ 논리구조를 쉽게 드러내는 글쓰기: 다단계논증, 복합논거 논증 분석
④ 개별 문장 단위의 논리적 글쓰기
⑤ 포섭논증의 글쓰기 1: 사실(fact, natural fact)의 기술(記述)과 논리적 글쓰기
⑥ 포섭논증의 글쓰기 2: 난해한 사안에서 결론(포섭)을 지지하는 풍부한 논거 제시하기

Ⅰ. 논리적 글쓰기 제1원칙: 논증의 기본형식 갖추기
- 논리적 글쓰기의 기본은 「주장 + 근거」의 기본형식을 갖추는 것이다.

논리적 글쓰기의 제1원칙은 「논증의 기본형식 갖추기」다. 논증은 [주장 + 근거]이므로, (ⅰ) 근거 없이 주장만을 서술하거나, (ⅱ) 주장 없이 근거만을 제시하는 것은 논리적이지 않다. 이하에서 두 가지 불완전한 글쓰기 유형에 대해 살펴본다.

1. 논증의 흠결 1: 근거 없이 주장만 제시하는 유형
- 모든 주장명제는 근거명제로 뒷받침되어야 한다.

논리적이지 않은 글쓰기의 첫째 유형은 근거 없이 주장만을 제시하는 것이다. 논증적 글쓰기를 위해서는 주장 및 적절한 근거(반론일 경우에는 반박 근거)를 정확하게 제시해야 한다.

단 하나의 문장에서 근거나 주장이 누락된 경우를 살피는 것은 의미가 없을 것이다. 따라서, 이하에서는 일응 별 문제 없어 보이지만, 실은 논리적으로 불완전한 글쓰기의 예들을 살펴본다(주로 반박논증 위주로, 초보자들이 빈번하게 실수하는 유형들을 정리하였다).

(1) 사례 1: 간단한 2단계 복합논증과 근거의 누락

가장 기본적 유형부터 살펴본다.

◀── 예시

A는 자신의 주장의 근거로 대법원 99다1234 판결을 들고 있습니다. 그러나 그 판결은 이 사건과 사실관계도 다르고 쟁점도 달라서 이 사건에 적용될 수 없습니다.

예시문을 얼핏 보면 논증의 형식을 갖춘 것 같다. 다음과 같이, 논증의 기본구조로 되어 있기 때문이다.

- 주장: "A가 제시한 판결은 이 사건에서 적용될 수 없다"
- 근거: "사실관계와 쟁점이 다르기 때문"

하지만 이는 2단계 복합논증이다. 주장의 근거에 해당하는 "사실관계와 쟁점이 다르다"는 것은 다시 하나의 **주장명제**다. 따라서 그에 대해서도 근거를 제시해야 하는데, 없다. 따라서 하부논증에서 논증의 기본구조를 갖추지 못하였다. 다음과 같이 수정한다(보충하는 부분은 사안에 따라 다를 수 있다. 무엇이든 근거를 제시해야 한다).

◀── 고친 글

A는 자신의 주장의 근거로 대법원 99다1234 판결을 들고 있습니다. 그러나 그 판결은 채권가압류의 시효중단이 문제된 사안이므로, 담보권 취소사유가 문제되는 이 사건과 사실관계도 다르고 쟁점도 달라서 이 사건에 적용될 수 없습니다.

논리구조를 분석하면 다음과 같다.

	주장명제	근거명제
1단계	A가 주장하는 판례는 이 사건에서 적용될 수 없다.	사실관계도 다르고 쟁점도 다르므로
2단계	사실관계도 다르고, 쟁점도 다르다.	위 판결은 시효중단이 쟁점이고, 이 사건은 담보권 취소사유가 쟁점이므로

이처럼 간단한 문장에서도 논증이 중첩된다(다단계논증). 논리적 글쓰기는 논증의 각 단계를 충실히 기재하는 것이다. 물론 사안과 주장의 중요성에 따라 얼마나 더 자세히 설명할 것인지는 달라질 수 있다. 하지만 법률문장에서 모든 주장명제에는 아주 간단하게라도 근거를 제시하는 것이 원칙이다.

(2) 사례 2: 오류논증에 대한 논리적 반박에서 논증의 흠결
– 너무 당연한 얘기(주장)라도 근거를 제시해야 한다.

이번에는 상대방 주장도 오류논증이고, 그에 대한 반박도 불완전 논증인 예를 본다. A가 B에 대해 빌려준 돈을 갚으라고 소송을 제기하였다. 이에 대해 B가 다음과 같이 반박한다.

■ ⟵ 예시 1

당시 B가 A로부터 금전을 대여하였을 리 없습니다. 왜냐하면 B는 당시 소유 토지가 수용되어 거액의 수용보상금을 받아 자금이 충분한 상태였기 때문입니다.

B의 반론은 "당시 나는 수용보상금을 받아서 돈이 많았다. 따라서 A에게 돈을 빌렸을 리 없다"는 것이다. 이러한 반론이 적절한 반론인가? 당연히 아니다. 이는 법리적으로나 논리적으로나 오류다.

첫째, 법률적 관점에서 보면, 대여금 청구를 배척하기 위해서는 "나는 돈을 빌리지 않았다"거나(부인) 혹은 "빌리기는 했지만 이미 갚았다"는 주장을 해야지(항변), 당시 자신이 수용보상금을 받았다는 것은 대여금 청구를 배척할 수 있는 사유가 아니다.

둘째, 논리적 관점에서 보더라도 이는 오류논증이다. B의 논증은 다음과 같다.

① 주장명제: A로부터 금원을 차용할 이유가 없었고, 실제로 차용하지 않았다.
② 근거명제: 당시 B는 거액의 수용보상금을 받아서 돈이 많았다.

이 역시 생략삼단논법 구조다. 숨은 대전제는 무엇인가? "<u>수용보상금을 받은 사람은 타인에게 금원을 차용하지 않는다</u>"는 것이다. 이 대전제는 참이 아니다. 수용보상금을 받았다고 하더라도 또 다른 이유로 돈을 차용할 수 있기 때문이다.

다만 여기서 살펴볼 것은 재반박이다. A의 입장에서는 이에 대해 어떻게 재반박을 해야 할까? 초보자들은 다음과 같은 정도로 반박한다.

> ◀── 예시 2
>
> B는 당시 자신이 수용보상금을 받았다고 주장하지만, 이는 이 사건의 쟁점과 관련 없는 주장에 불과합니다.

이와 같은 반박은 틀린 말은 아니지만, 충분한 재반박이 아니다. 앞서 본 예시 1과 마찬가지로, "쟁점과 관련이 없다"는 그 자체로 **주장명제**다. 그런데 왜 쟁점과 관련 없는지에 대한 근거를 제시하지 않았다. 다음과 같이 재반박하면 근거를 갖춘 논증이 된다.

> ◀── 고친 글
>
> B는 당시 자신이 수용보상금을 받았다고 주장하지만, 이는 쟁점과 무관한 주장입니다. 즉, 수용보상금을 받았더라도 얼마든지 추가자금이 필요할 수 있으므로, 그러한 사정만으로 금원을 차용하지 않았다고 단정할 수 없습니다.

설득력 있는 재반박은 상대방 주장의 **오류를 논리적으로 드러내는** 것이다. 고친 글이 논리적인 이유는 바로 생략삼단논법의 대전제가 왜 오류인지, 그 근거를 논리적으로 풀어내고 있기 때문이다. 논증적 글쓰기는 주장명제에 대한 근거명제를 제시하는 부분이 나와야 하고, 상대방 주장이 오류논증이라면 왜 오류논증인지를 정확하게 밝혀야 한다.[13]

숨은 대전제를 찾는 것, 이는 모든 논쟁에서 유용한 팁이다. 소송이든 일반 논쟁이든 상대방이 터무니없는 주장을 하면 반박하기가 더 어렵다. 그런 경우 **숨은 전제를 찾아야 한다.** 숨은 전제가 오류임을 밝히면 당해 논증의 문제점이 선명하게 드러난다. 앞서 본 "벤츠 탄다고 다 부자냐?"와 같은 식이다.

(3) 사례 3: 오류논증 재반박과 논증의 흠결 사례 2

하나만 더 연습해 보자. 본사인 B회사는 대리점인 A가 대리점 영업을 하는 중에 일부 자금을 횡령하였다고 주장한다. 반면 A는 횡령한 것이 아니라 B회사의 **지시 하에** 제3자에게 변제하였다고 주장한다. A는 B회사의 횡령행위 주장을 다음과 같이 반박한다.

■ ←——— 대리점 A의 주장

본사인 B회사는 대리점 A가 횡령하였다고 주장하나 A는 횡령한 것이 아니라 B회사의 지시로 C에게 변제한 것이므로 사실과 다릅니다. 그럼에도 대기업인 B사가 횡령을 주장하는 것은 전형적인 대기업 갑질에 불과합니다.

주의할 점: 논리학에서 말하는 주장과 소송에서 쓰이는 주장은 그 의미가 다르다. 소송에서 "그는 ~라는 취지로 주장한다."라고 말할 때 '주장'은 실은 논리학에서 말하는 논증이다. 즉 이 경우 주장은 〈주장 + 근거〉, 즉 논증과 같은 말이다. 판결문에서 "원고 주장의 요지"라고 말할 때의 주장도 논증을 의미한다.

위와 같은 다툼에서 대기업의 갑질 역시 쟁점과 관련이 없다. 핵심 쟁점

---

13 나아가 사실관계에 따라 당시 B가 받은 수용보상금의 규모가 얼마인데, 어떠한 사업들을 추진하였는지(그래서 추가자금 소요가 있었다는 점)까지 확인한다면 더 분명하게 반박할 수 있을 것이다.

은 대리점 A가 B회사의 지시에 의해 C에게 변제한 것이었는지 아니면 횡령한 것인지 여부다. 다음과 같은 정도로 반박하면 충분한가?

▌← 반박

A는 대기업의 갑질에 불과하다고 주장하지만 이 사건의 경우 횡령 여부가 쟁점이 므로 이러한 주장은 이 사건의 쟁점과 관련이 없습니다.

이 역시 주장명제가 근거명제로 뒷받침되지 않았다. 다음과 같이 반박해야 완전한 논증이 된다.

▌← 고친 글

A는 대기업의 갑질에 불과하다고 주장하지만, 이 사건의 쟁점은 당시 B의 지시가 있었는지 여부이고, 이는 대등한 경제주체 간의 문제이므로, 강자의 지위에서 약자의 지위를 악용하는 행위에 대해 문제되는 대기업의 갑질과는 아무런 관련 없습니다.

A의 주장은 사안과 직접적 관련이 없는데도 '갑질'에 대한 부정적 사회 분위기에 편승하는 **오류논증**이다. 이러한 오류논증에 대해서 "쟁점과 관련이 없다"라고 주장하는 것은 역시 근거를 제시하지 않은 불완전 논증이다. 위 고친 글은 왜 쟁점과 관련이 없는지를 논리적으로 설명하고 있다.

2. 논증의 흠결 2: 주장 없이 근거만 제시하는 유형

이번에는 반대로 주장을 빠뜨리고 근거만을 제시하는 유형을 살펴본다. 주장 없이 근거만 제시하거나 주장을 제시하더라도 주장이 불완전한 것 역시 논증의 기본형식을 갖추지 못한 것이다. 몇 가지 사례를 본다.

(1) 사례 1: 주장, 근거, 반증의 구별

B의 차량이 횡단보도 앞에 서 있던 A의 차량을 추돌한 사안이다. 사고의 원인을 두고 B는 A가 급정차를 하였다고, A는 B가 과속을 하다 한눈을 팔아 사고가 난 것이라고 다툰다(즉 사실관계 다툼이다).

■ ←── 예시: B의 반박 주장

A는, "당시 B가 제한속도를 초과, 과속하면서 한 눈을 팔다가 A의 차량을 추돌하였다"고 주장합니다.
그러나 목격자 C의 증언처럼 신호가 바뀌기도 전에 급정차를 한 것은 A차량이었습니다.

사안의 쟁점은 교통사고의 책임이 A, B 중 누구에게 있는지 여부다. 우선 각 당사자의 논리구조를 살펴보면 다음과 같다.

① A의 주장(논증)
   주장: 사고의 책임은 B에게 있다.
   근거: B가 과속 운전하고, 한눈 팔다 A 차량을 추돌하였다.

② B의 반박 주장(반박 논증)
   주장: A의 주장은 타당하지 않다(즉 B에게 책임이 있지 않다).
   근거: B는 제한 속도를 준수하였고, 전방주시의무도 준수하였다.
   반증: 오히려 A가 신호가 바뀌기 전에 급정차하였다.

예시문은 B의 입장에서 내세울 **주장명제**, 근거명제를 생략하고 **반증명제**만을 내세운 것이다. A 주장에 대한 본질적 반박은 B가 제한속도를 지켰고, 전방주시의무도 준수하였다는 것이 되어야 한다. 위 예시와 같은 반박으로도 그 의미는 어느 정도 전달된다. 하지만 논리적으로 부족하다. 다음과 같이 주장명제, 근거명제를 제시해야 완성도 높은 논증이 된다.[14]

■ ←── 고친 글

A는, "당시 B가 제한속도를 초과, 과속하면서 한눈을 팔다가 A의 차량을 추돌하였다"고 주장합니다.
B는 제한속도 내에서 전방을 주시하면서 운전하고 있었으므로 A 주장은 사실이 아닙니다. *근거명제 + 주장명제* 오히려 통상의 경우와 달리 급정차를 한 것은 A 차량이었으며, 당시 신호가 바뀐 것도 아니었습니다. *반증*

(2) 사례 2: 방증만 제시하여 논증구조를 흠결한 사례

두 번째 예시도 유사하다. A와 B는 투자를 빙자한 사기가 성립하는지 여부를 놓고 다투고 있다.

■ ←── 예시

A는, B가 A에게 존재하지도 않은 X펀드에 투자하면 큰 돈을 벌 수 있다고 속여 거액을 투자하도록 하였으나 결국 손해를 보았으므로, 사기행위를 한 것이라고 주장합니다.
그러나 A의 투자는 X펀드에 투자하면 많은 수익을 얻을 것이라는 A 스스로의 판단 하에 이루어진 것입니다.

---

14 물론 위와 같이 주된 주장과 근거가 일부 생략되는 경우도 있다. 예를 들어서 상대방의 주장이 10개 이상이고 그 중 3개가 핵심주장이고 7개가 방론적 주장이라면 일단 3개의 주장에 대해 치밀하게 반박을 하고 나머지 7개는 가볍게 치는 정도로 정리하는 것이 바람직하다. 그러한 경우라면 생략논법이 가능하다. 그러나 문제의 쟁점이 주된 논점이라면 논증의 기본구조를 갖추어야 한다.

우선 A, B의 논증 구조를 살펴보면 다음과 같다.

① A의 주장(논증)

　　주장: B가 A를 속이는 사기행위를 하였음

　　근거: 계약 체결 당시 B가 존재하지도 않는 펀드에 투자하라고 권유하였
　　　　　고, A가 이를 신뢰하여 투자를 하였다가 손해를 입었으므로

② B의 반박 주장(반박 논증)

　　주장: B는 사기행위를 한 사실이 없으므로 A 주장은 타당하지 않음

　　근거: 당시 펀드에 투자하라고 권유한 사실이 없음

　　반증: 오히려 A 스스로 판단 하에 투자한 것임

위 예시문은 반증명제만을 제시하였을 뿐 주장명제, 근거명제를 누락하고
있다. 다음과 같이 고친다.

■ ◀──── 고친 글: 근거＋주장 유형

A는, B가 A에게 존재하지도 않은 X 펀드에 투자하면 큰 돈을 벌 수 있다고 속여
거액을 투자하도록 하였으나 결국 손해를 보았으므로, 사기행위를 한 것이라고 주
장합니다.
그러나 B는 당시 위 펀드에 대해 언급만 하였을 뿐 적극적으로 투자를 권유한 사
실이 없으므로, 근거 A가 B를 상대로 사기행위를 하였다는 A 주장은 타당하지 않
습니다. 주장 오히려 A 주장과 달리, A의 투자는 스스로의 판단에 따라 이루어진
것입니다. 반증

고친 글은 근거를 먼저 밝히고 그 근거를 토대로 주장을 정리하였다. 근거
가 간략하여 미괄식으로 정리하였다. 반박근거인 사실관계가 더 길다면 두괄
식(혹은 양괄식) 구조를 취하는 것도 좋다.

(3) 사례 3: 주된 논증의 누락 유형

▌ ◀—— 예시

A는 이 사건 거래 이전에 A와 B 사이에 거래가 성공할 경우 그 수익금을 1/2씩 나누기로 하는 합의가 있었다는 취지로 주장합니다.
그러나 위와 같은 합의서가 작성된 사실이 없고, 구두약정의 증거도 없습니다.

위 밑줄 부분도 불완전 논증이다. B의 반박은 무엇인가? "그런 합의를 한 사실이 없다"는 것이다. 논리적으로 보면 합의서가 없어서 합의가 없는 것이 아니라, 합의가 없었기 때문에 합의서가 없는 것이다. 합의서는 합의의 물적 증거에 불과하다. 합의서가 없다고 말하기 전에 합의 자체가 없다는 것이 주된 근거로 제시되어야 한다.

▌ ◀—— 고친 글

A는 이 사건 거래 이전에 A와 B 사이에 거래가 성공할 경우 그 수익금을 1/2씩 나누기로 하는 합의가 있었다는 취지로 주장합니다.
A, B 사이에 위와 같은 합의가 이루어진 사실이 없었다는 점에서 A의 주장은 사실과 다릅니다. A 주장과 같은 합의서가 작성된 사실이 없고, 달리 그러한 합의를 인정할 증거도 없습니다.

3. 소결

논리적 글쓰기 제1원칙은 다음과 같다.

논증은 주장과 근거로 구성된다. 양자의 위치를 바꿀 수는 있어도 어느 하나가 누락되어서는 안 된다.

숙련된 법률가들은 논증구조를 따로 공부하지 않아도 대부분 경험을 통해 논리적 글쓰기를 능수능란하게 구사한다. 하지만 초보자들은 논증구조를 이해하면, 훨씬 더 빠른 속도로 논리적 글쓰기를 익힐 수 있다.

Ⅱ. 논리적 글쓰기 제2원칙: 핵심논거와 보충논거의 구별
– 복수의 논거가 존재하는 경우 논리적 순서에 따른 논거배열

1. 서설

이번에는 논거가 둘 이상일 경우 논거들의 배열법에 대해 살펴본다.[15] 논증에서 승패의 핵심은 결국 논거의 질과 양이다. 논쟁적 사안에서 복수의 논거들이 존재할 경우 어떠한 논거들을 우선해야 하는가? 주장을 가장 잘 뒷받침하는 **핵심적, 본질적 논거**를 먼저 제시해야 한다. 반면 주장을 부분적으로만 뒷받침하는 보충논거는 핵심논거 뒤에 나와야 한다. 핵심논거를 빠뜨린 채 보충논거만을 제시하는 것은 논리적이지 않다. 그렇다면 양자를 어떻게 구별할까? 이하에서 구체적 사례를 통해 살펴본다.

2. 핵심논거와 보충논거

이하에서는 (ⅰ) 법리 주장에서 핵심논거/보충논거 구별, (ⅱ) 사실 주장에서 핵심논거/보충논거의 구별 순으로 살펴본다.

(1) 법리 주장에서 핵심논거/보충논거

① 사례 1: 차용금 사기의 반박논증에서 핵심논거와 보충논거 찾기

A가 이른바 차용금 사기(변제할 생각 없이 금전을 차용한 뒤 변제하지 않는 방식으

---

15 제1원칙 부분과 마찬가지로 반박논증 위주로 살펴본다. 반박논증 위주로 살펴보는 이유는 주된 논증보다는 반박논증에서 논리적 오류가 발생하는 경우가 훨씬 많기 때문이다.

로 사기행위를 한 것)를 주장하는 사안이다.[16] B는 이에 대해 반박하고자 한다.
다음과 같은 반박은 적절한가?

■ ◄─── 예시

A는, B가 애당초 돈을 갚을 의사 없이 돈을 빌려 잠적하는 방식으로 사기행위를
하였다고 주장합니다.
그러나 A는 같은 사실에 대해 수사기관에 B를 사기죄로 고소하였지만 검찰은 장
기간 수사 끝에 불기소 결정을 하였습니다.

B는 불기소 결정이라는 강력한 증거가 있으므로 그 점을 먼저 내세운 것
이다. 하지만 위 반론은 논리적이지 않다. 우선, 검찰에서 불기소처분을 하였기
때문에 사기가 아닌 것이 아니라 사기가 아니기 때문에 불기소처분을 한 것이다.
보다 본질적인 반박 논거는 "B가 사기행위를 한 사실이 없다"는 것이 되어야
한다. 그리고 이는 주장명제이므로 그에 대한 근거(핵심근거)를 제시해야 한다.
핵심근거는 무엇일까? 다름 아닌 "차용 당시 변제능력과 변제의사가 있었다"
는 점이다. 다음과 같이 수정한다.

■ ◄─── 고친 글 1

A는 B가 사기행위를 하였다고 주장합니다.
① B는 차용 당시 충분한 자력이 있었고, 이를 토대로 변제할 생각으로 차용하였
습니다. 따라서 B에게 사기의 의사가 있었다고 볼 수 없습니다.
② 이러한 점은 B가 검찰에서 불기소 처분을 받은 사실을 통해서도 알 수 있습니다.
③ 따라서 B가 사기행위를 하였다는 A 주장은 타당하지 않습니다.

---

16 이 경우 대법원 판례는 차용 당시 "변제능력과 변제의사가 있었는지"를 사기죄 성립 기준으로
    제시한다. 쉽게 말해서 차용 당시에는 나중에 돈을 갚을 생각으로 빌렸지만 이후 변제를 못한 것
    은 단순 채무불이행이지만 처음부터 갚을 생각 없이 빌린 경우에는 사기죄가 성립한다는 것이다.

핵심논거인 ①을 우선 기재하고, 보충논거인 ②를 뒤에 기술하는 것이
논리적이다. 전체구조는 양괄식으로 반박논증을 구성한 것인데, 상황에 따라
두괄식, 미괄식을 적절히 활용한다. 실질적 의미에서 검찰 불기소처분 사실은
좋은 논거다. 강제수사 권한이 있는 수사기관의 선행판단은 유력한 근거가 되
기 때문이다. 하지만 논리적 관점은 다르다. 절대로 그것이 우선하는 논거가
될 수 없다. 검찰 불기소처분은 "사기를 치지 않는 것"에 대한 근거가 아니라
결과다.

한 가지 더 보충하면 "변제능력과 변제의사가 있었다"는 것은 사기가 아
니라는 주장에 대한 근거지만 그 자체로 **주장명제**다. 이는 규범적 평가명제다.
따라서 이를 뒷받침하는 사실명제 및 증거[17]를 제시해야 한다. 다음과 같이
보충해야 한다(사실관계에 따라 다르다).

◀──── 고친 글 2

A는 B가 사기행위를 하였다고 주장합니다.
B는 차용 당시 변제능력과 변제의사가 있었으므로, 사기행위가 성립하지 않습니
다. 즉, 차용 당시 B는 부동산과 현금 자산 합계 20억 정도의 적극자산이 있었고
(을제1호증), 부채는 없었으므로 2억 원에 불과한 이 사건 차용금을 변제할 능력과
의사가 없었다고 볼 수 없습니다.
이러한 A 주장의 부당성은 B가 검찰에서 불기소 처분을 받은 사실을 통해서도 알
수 있습니다.
이처럼 어느 모로 보나 A의 주장은 타당하지 않습니다.

위 반박의 논증구조를 분석하면 다음과 같다. 이처럼 간단한 사안도 사실
은 굉장히 복잡한 연쇄논증구조를 취한다.

17　지금까지 논증(주장명제 + 근거명제)에 대해 논의하였지만, 주장명제든 근거명제든 그것이 사
　　실명제라면 근거가 아닌 증거가 제시되어야 한다.

☑ 논증요소 해체, 분석

	근거명제	주장명제
논증1	나는 사기행위를 한 사실이 없으므로,	너의 주장은 타당하지 않다.
논증2	나는 변제자력과 능력이 있었으므로,	사기를 한 것이 아니다.
논증3	나는 자산이 20억 원 있었으므로,	변제자력과 능력이 있었다.
논증4	검찰에서 불기소 처분한 사실에 비추어도,	사기가 아니다.

논증 1~4는 각기 그 성격이 조금씩 다르다. 우선 논증 1과 논증 2는 평가적, 규범적 주장명제, 근거명제로 이루어져 있다. 그 구조는 생략삼단논법의 연역논증이다. 반면 논증 3은 인과논증(귀납논증의 일종) 내지 인과적 설명이다. 그런데 그에 대한 근거(자산이 20억 원이다)는 사실명제이므로, 증거가 필요하다. 논증 4는 논리필연적인 논증이 아니라 개연적 가능성을 주장하는 귀납논증이다(이는 보충적 논거가 되는 이유이기도 하다). **법률가들이 논증의 논리학적 성격까지 이해해야 할 필요는 전혀, 전혀 없다.** 하지만 위와 같은 **논리적 순서는 반드시 지켜야 한다.**

주장의 경중에 따라 일부 생략할 수도 있겠지만 원칙적으로 올바른 논증이 되기 위해서는 위와 같은 논리단계를 충실하게 기재해야 한다. 논리적 선후관계를 파악하는 연습을 반복해야 한다.

② 사례 2: 신뢰보호원칙 위반 주장에 대한 반박 논증에서 핵심논거와 보충논거

유사한 사례를 하나 더 연습해보자. 아래 문장도 내용만 달라졌을 뿐 기본구조는 예시 1과 같다. 논리구조 관점에서 살펴보기 바란다.

📙 ←——— 예시

A는 이 사건 행정처분은 신뢰보호원칙에 반하는 것으로 위법하다는 취지로 주장합니다.
그러나 A의 주장은 같은 쟁점이 다투어진 선행사건에서 확정된 대법원 판결에 의해 배척된 주장으로 잘못된 것입니다.

위 사례는 앞서 본 것보다 더 그럴 듯하다. 유사한 사안에서 대법원이 배

척한 주장이면 법원에서도 받아들이지 않을 것이기 때문이다. 그러나 논리적으로 잘못된 글쓰기라는 점에서는 마찬가지다. A 주장은 대법원이 배척하였기 때문에 잘못된 것이 아니라 잘못된 것이어서 배척된 것이다. 핵심논거는 무엇인가? 신뢰보호원칙에 반하지 않는다는 것이다. 이는 규범적, 평가적 주장명제이므로, 사실적 근거명제를 제시해야 한다. 그 이유는 사안에 따라 각기 다를 수 있는데, 가령 다음과 같은 논리구조가 되어야 한다.

▌ ⎯⎯ 고친 글
① A는 이 사건 행정처분은 신뢰보호원칙에 반하는 것으로 위법하다고 주장합니다.
② 신뢰보호원칙은 상대방에게 일정한 신뢰를 부여한 행정청의 선행행위를 전제로 합니다. 그런데 이 사건에서는 그러한 선행행위가 존재하지 않았으므로, A의 주장은 잘못된 것입니다.
③ A의 주장은 선행사건에서 이미 확정된 대법원 판결에 의해 배척된 점에서도 길게 살필 필요 없이 부당한 주장입니다.

고친 글도 핵심논거인 ②를 먼저 기재하고 이어서 보충논거인 ③을 제시하였다. 그리고 ②는 그 자체로 규범적, 평가적 주장과 사실적 주장을 포함하고 있다. 따라서 평가적 명제에는 근거를, 사실 주장에는 증거를 제시해야 한다. 예컨대 다음과 같이 보충해야 한다.

▌ ⎯⎯ 핵심논거 보충
신뢰보호원칙은 상대방에게 일정한 신뢰를 부여한 행정청의 선행행위를 전제로 하는 것인데, 이 사건에서는 그러한 선행행위가 존재하지 않았으므로, 위와 같은 A의 주장은 잘못된 것입니다.
즉 A는 B의 2016. 3. 3.자 관보의 이 사건 처분에 대한 고시문이 선행행위라고 주장하나 위 고시문 어디를 보더라도 A가 주장하는 것과 같은 신뢰를 부여하는 내용을 찾을 수 없습니다.

예시문도 차용금 사기에 관한 첫 번째 예시처럼 논증구조를 세밀하게 분석할 수 있다. 이 점은 독자들에게 맡기기로 한다.

③ 사례 3: 불완전한 삼단논법 유형 – 대전제의 흠결이 문제되는 논증

이번에는 반박논증이 삼단논법 형식을 갖추어야 하는 사례를 본다. A는 취득시효 완성을 이유로 소유권이전등기청구를 구하고, B는 소멸시효를 주장한다. A는 다시 부동산을 인도받아 점유하는 경우 시효가 진행하지 않는다는 대법원 판례 법리[18]로 반박한다.

◀─── 예시

B는 이 사건 소유권이전등기청구권이 시효로 소멸하였으므로 A의 청구가 기각되어야 한다고 주장합니다.
그러나, A는 이 사건 부동산을 인도받아 점유하고 있으므로 위 주장은 타당하지 않습니다.

예시문은 그 자체로 오류는 아니지만 논리비약 내지 논리흠결이 있다. A의 주장은 B의 주장이 타당하지 않다는 것이고, 그 근거는 소멸시효가 완성하지 않았기 때문이라는 것이다. 소멸시효가 완성하지 않는 이유는 부동산을 인도받아 점유하고 있기 때문이다. 그런데 예시문은 논증과정의 중간단계를 빠뜨렸다. 다음과 같이 고쳐야 한다.

◀─── 고친 글

B는 이 사건 소유권이전등기청구권이 시효로 소멸하였으므로 A의 청구가 기각되어야 한다고 주장합니다.
그러나, 부동산을 인도받아 점유하고 있는 경우에는 시효가 진행하지 않는다는 것이 대법원 판례의 입장인데, A는 2010. 1. 1.부터 이 사건 부동산을 인도받아 점유하고 있습니다. 따라서, 이 사건의 경우 A의 소유권이전등기청구권의 시효는 진행하지 않습니다. 결국 B의 위 주장은 타당하지 않습니다.

18 대법원 1999. 3. 18. 선고 98다32175 전원합의체 판결.

논증구조를 분석해보면, 위 반박논증은 전형적인 삼단논법의 연역논증이다. 그리고 대전제는 누구에게나 자명한 것이 아니어서 생략할 수 없다. 논증 단계가 모두 드러나야 한다. 논증구조는 다음과 같다.

대전제	부동산을 인도받아 점유하고 있는 경우에는 시효가 진행하지 않는다.
소전제	이 사건에서 A는 부동산을 인도받아 점유하고 있다.
결론	그러므로 시효가 진행하지 않는다.

수정 후 예시문은 논증 단계를 모두 보여주고 있다. 앞서 여러 번 언급한 것처럼 대전제가 모든 사람에게 당연한 경우에는 생략해도 되지만, 그렇지 않을 경우에는 대전제를 기재해 주는 것이 좋다.[19]

(2) 사실 주장에서 핵심논거 찾기

이번에는 사실 주장에서 핵심논거 찾기에 대해 살펴보자.

① 사례 1: 시설물 안전성에 문제가 있다는 주장과 핵심논거와 보충논거의 구별

■ ──── 예시

A는 이 사건 시설물의 안전성에 심각한 의문이 제기된다고 주장합니다.
그러나, 이 사건 시설물은 2003년 경 축조된 이래 단 한 번도 안전에 관한 민원이 접수된 사실이 없으므로, 위 주장은 타당하지 않습니다.

위 예에서 A는 시설물의 안전성에 심각한 의문이 제기된다고 주장한다. 이에 대해 상대방은 아무런 민원이 제기되지 않았다는 점을 들어 반박한다.

---

19 사례 1, 2와 사례 3은 논증구조가 다르다. 사례 1, 2는 상대방의 주장을 부인하는 논증이고, 사례 3은 상대방 주장을 인정하면서 새로운 주장을 하는 항변성 주장이기 때문이다. 즉 부인과 항변은 논증구조가 다르다.

이것이 적절한 반박 근거인가? 그렇지 않다. 앞서 본 검찰의 불기소처분, 관련 대법원 판결 사례와 같이, 민원이 제기되지 않아서 안전한 것이 아니라 안전한 건물이기 때문에 민원이 제기되지 않은 것이다. 따라서 다음과 같이 고쳐본다(사실관계는 사안에 따라 다를 수 있다).

◀── 고친 글 1: 근거 + 주장 유형

A는 이 사건 시설물의 안전성에 심각한 의문이 제기된다고 주장합니다.
이 사건 시설물은 철근콘크리트조 건물로서 건축 당시부터 매우 견고한 건물로 축조되었고, 그렇기 때문에 안전성에 아무런 문제가 없습니다. `근거` 따라서, 건물 안전성에 문제가 있다는 A의 주장은 타당하지 않습니다. `주장`
실제로, 이 사건 시설물은 2003년 경 축조된 이래 단 한 번도 붕괴 등 안전에 관한 민원이 접수된 사실이 없습니다. `보충근거`

B의 주장은, A의 주장이 타당하지 않다는 점, 그리고 시설물이 충분히 안전하다는 점이다. 충분히 안전한 이유는 무엇인가? 여러 이유가 있을 수 있겠지만, 가령 축조 당시 설계 및 건축이 매우 견고하게 되었다는 점 정도일 것이다. 조금 더 구체적으로, 당시 가장 우수한 건축기법에 의해, 그리고 가장 튼튼한 건축재료로 건축되었다는 점 등이 제시되어야 한다. 그것이 핵심논거다. 안전진단에 통과했다거나 민원이 없었다는 것은 그 결과에 지나지 않는다(그렇기 때문에 보충근거다). 이러한 관점에서 논증을 좀 더 보강해 보자.

◀── 고친 글 2: 주장 + 근거 + 주장 유형

A는 이 사건 시설물의 안전성에 심각한 의문이 제기된다고 주장합니다.
다음과 같은 점에서 이 사건 시설물의 안전성에 아무런 문제가 없으므로, A 주장은 타당하지 않습니다. `주장`
우선 이 사건 시설물은 철근콘크리트조 건물로서 건축 당시부터 매우 견고한 건물로 축조되었습니다. 이와 같은 시설물을 축조하는 방법은 *** 방식, *** 방식 등이 있는데, 이 시설물은 당시 가장 우수한 건축기법으로 건축되었습니다. `핵심 근거`

그리고, 관련 법령에 따라 매년 정기 안전검사를 받아왔는데, 단 한 번도 안전성에 문제가 제기된 사실이 없습니다. *보충근거 1*
또한 지난 15년간 안전사고가 발생한 적도 없습니다. *보충근거 2*
그러므로 시설물의 안전성에 의문이 제기된다는 주장은 타당하지 않습니다.
주장 반복

양괄식 구조이고, 앞서 본 PREP 구조다. 조금 더 따지고 들어가면 철근 콘크리트조 건물이면 견고하다는 사실이 증명되어야 하고, 건축 당시 견고하게 축조된 사실은 사실명제이므로 당시 설계도, 건축 당시의 상황에 대한 관계자 진술 등 증거로 증명되어야 한다. 그런 점은 추가 논증/증명이 필요하지만, 아무튼 논증의 기본구조는 위와 같다.

② 사례 2: 합의의 존재를 반박하는 논증에서 핵심논거와 보충논거의 구별

▐ ◀──── 예시

A는 계약 당시 B측 담당자는 수차례 수수료는 3% 정도로 지급된다고 설명한 사실이 있다고 하면서, 최소 3% 수수료를 보장하기로 하는 합의가 있었다고 주장합니다.
그러나 이 사건에서 A가 주장하는 명시적 합의를 증명할 증거는 없고, 계약 내용에 비추어 묵시적 합의가 있었다고 볼 여지도 없습니다.

위 문장에서 밑줄 부분은 논리적이지 않다. A 주장은 계약 체결 당시 B측 직원이 자신에게 설명한 내용이 합의의 증거라는 것이므로, **그 설명 내용이 합의가 아니라는 반박**이 추가되어야 논리 비약이 없는 반박이 된다. 다음과 같이 고친다.

A는 계약 체결 당시 B측 직원이 수차례 수수료는 3% 정도로 지급된다고 설명한 사실이 있다고 하면서, 최소 3% 수수료를 보장하기로 하는 합의가 성립되었다고 주장합니다.
B측 직원이 위와 같은 설명을 한 것은 일반적 관행을 안내한 것에 불과하여 그러한 사정만으로 A 주장과 같은 합의가 성립된 것으로 볼 수 없습니다. 그리고 달리 이 사건에서 A가 주장하는 명시적, 묵시적 합의를 증명할 증거는 존재하지 않습니다.

③ 사례 3: 문서의 진정성을 다투는 주장에 대한 반박논증법

또 다른 예를 본다. A가 건설업자이고 B는 발주처인데, 공기업인 발주처에서 A가 제시한 공사비 산정 자료가 위조라고 다투는 사안이다(유사한 공사에서 다른 발주처들은 적어도 그런 점까지 다투지는 아니하였다). A가 반박하는 내용을 보기로 한다.

B는 A가 공사비 산정 근거로 제시한 공사비 내역서 기재가 믿을 수 없다고 주장합니다.
공기업인 B가 이러한 주장을 하는 것은 납득하기 어렵습니다. A는 다른 공기업들을 상대로 유사한 소송을 여러 건 하였지만 공사과정에서 상호 확인하였던 공사비 내역서를 다투는 것은 B가 유일합니다. 따라서 이러한 주장은 타당하지 않습니다.

A가 제시한 논거는 ① 공기업인 발주처가 이런 주장을 하는 것은 부당하고, ② 실제로 유사한 소송에서 이런 주장을 한 발주처는 없었다는 점이다. 그러나 두 가지 점 모두 반박주장의 핵심근거는 아니다. 그저 정황사실일 뿐이다. 다음과 같이 고쳐야 한다.

B는 A가 공사비 산정 근거로 제시한 공사비 내역서 기재가 믿을 수 없다고 주장합니다.

그러나, 위 공사비 내역서는 공사과정에서 A와 B측 담당자가 상호 확인하면서 작성된 문서로서 그 신빙성을 부인할 아무런 근거가 없습니다.

나아가 공기업인 B가 이러한 주장을 하는 것은 납득하기 어렵습니다. A는 다른 지자체들을 상대로 유사한 소송을 여러 건 하였지만 공사과정에서 상호 확인하였던 공사비 내역서를 다투는 것은 B가 유일합니다. 바로 그러한 점에서도 이러한 B 주장은 타당하지 않습니다.

3. 결론

논리적 글쓰기 제2원칙은 다음과 같다.

당해 주장을 뒷받침하는 핵심논거를 우선 제시하고, 보충근거는 그 이후로 배치한다.

III. 논리적 글쓰기 제3원칙: 논리구조를 드러내는 글쓰기

1. 서설

제1, 2원칙에서는 논증의 기본형식 위주로 살펴보았다면, 이 절에서는 더 복잡한 구조의 논증분석 및 글쓰기에 대해 살펴본다. 제2장에서 본 것처럼 좋은 글은 간결·명료하게 메시지를 전달하는 글이다. 이 점은 논리구조도 마찬가지다. 복잡한 논리를 비비꼬아서 독자를 헷갈리게 하는 글은 좋은 글이 아니다. 그 구조를 명징하게 드러내는 글이 좋은 글이다. 가뜩이나 법적 논리는 복잡하기 그지없다. 그런데도 이를 다시 어려운 문장으로 겹겹으로 싸서 쓴다면 읽기가 더 어렵다.

2. 법적 논증에서 논리구조 분석 예시

이하에서는 ① 복수논거 논증 유형, ② 복잡한 삼단논법 유형, ③ 다단계 논증 유형, ④ 논증의 단순 결합유형 4가지 예를 통해서, 복잡한 논리의 구조를 분석하고, 이를 쉽게 풀어쓰는 글쓰기 기법을 연습해 본다.

(1) 복수논거 논증 유형

대등한 여러 논거들이 결합하여 하나의 결론을 지지하는 논증유형이다 (A + B + C⇒D). 이러한 논증유형에서는 주장과 논거를 뚜렷이 하는 것 외에 논거들을 논리적, 체계적으로 정리하여 드러내는 글쓰기가 필요하다. 아래 대법원 판결은 인터넷 종합 정보서비스 제공자의 법적 책임을 논하는 내용이다. 2009년 판결이어서 옛 문체에 가깝다(미괄식, 다만 1개의 문장은 아니다). 논리구조에 주의하며 읽어보기 바란다.

■ ──── 대법원 2009. 4. 16. 선고 2008다53812 판결 중 발췌

그러나 인터넷 공간에서는 익명이나 가명에 의한 정보유통이 일반화되어 타인의 법익을 침해하는 내용의 표현물이 쉽게 게시될 수 있고 또한 많은 사람들이 동시에 접속하여 검색할 수도 있기 때문에 일단 게시된 표현물이 순식간에 광범위하게 전파됨으로써 그 표현물로 인한 법익 침해의 결과가 중대해질 수 있으며, 특히 인터넷을 이용한 다양한 서비스를 종합하여 제공하는 인터넷 종합 정보제공 사업자가 제공한 인터넷 게시공간에 그 표현물이 게시된 경우에는 인터넷 종합 정보서비스를 이용하는 무수한 이용자들에게 쉽게 노출될 수 있는 위험성이 훨씬 더 커서 다른 어느 경우보다 타인의 법익을 보호할 필요성이 크다. 뿐만 아니라, 인터넷 종합 정보제공 사업자는 인터넷 종합 정보서비스를 통하여 위와 같은 위험성을 안고 있는 인터넷 게시공간을 제공하고 이를 사업목적에 이용함으로써 정보의 유통으로 인한 직·

간접적인 경제적 이익도 얻고 있다. 이와 같이 인터넷 종합 정보제공 사업자는 인터넷 게시공간이라는 위험원을 창출·관리하면서 그로 인한 경제적 이익을 얻고 있으므로, 위 게시공간 안에서 발생된 위험에 효과적으로 대처할 수도 있어, 위와 같은 위험으로 인하여 피해가 발생하지 않도록 상황에 따라 적절한 관리를 하여야 할 주의의무가 있다고 보는 것이 합리적이고 공평 및 정의의 관념에 부합한다 할 것이다.

논증구조를 분석해 보자. 첫 문장을 한 더 끊고, 번호 및 밑줄을 추가한다.

◼ ⎯⎯ 대법원 2009. 4. 16. 선고 2008다53812 판결 중 발췌

① 그러나 인터넷 공간에서는 익명이나 가명에 의한 정보유통이 일반화되어 타인의 법익을 침해하는 내용의 표현물이 쉽게 게시될 수 있고 또한 많은 사람들이 동시에 접속하여 검색할 수도 있기 때문에 일단 게시된 표현물이 순식간에 광범위하게 전파됨으로써 그 표현물로 인한 법익 침해의 결과가 중대해질 수 있다.
② 특히 인터넷을 이용한 다양한 서비스를 종합하여 제공하는 인터넷 종합 정보제공 사업자가 제공한 인터넷 게시공간에 그 표현물이 게시된 경우에는 인터넷 종합 정보서비스를 이용하는 무수한 이용자들에게 쉽게 노출될 수 있는 위험성이 훨씬 더 커서 다른 어느 경우보다 타인의 법익을 보호할 필요성이 크다.
③ 뿐만 아니라, 인터넷 종합 정보제공 사업자는 인터넷 종합 정보서비스를 통하여 위와 같은 위험성을 안고 있는 인터넷 게시공간을 제공하고 이를 사업목적에 이용함으로써 정보의 유통으로 인한 직·간접적인 경제적 이익도 얻고 있다.
④ ㉠ 이와 같이 인터넷 종합 정보제공 사업자는 인터넷 게시공간이라는 위험원을 창출·관리하면서 그로 인한 경제적 이익을 얻고 있으므로, ㉡ 위 게시공간 안에서 발생된 위험에 효과적으로 대처할 수도 있다.
⑤ 따라서, 위와 같은 위험으로 인하여 피해가 발생하지 않도록 상황에 따라 적절한 관리를 하여야 할 주의의무가 있다고 보는 것이 합리적이고 공평 및 정의의 관념에 부합한다 할 것이다.

논증구조의 핵심을 요약하면 다음과 같다.

---

① 인터넷 공간은 법익침해 가능성이 크다. ·· 근거 1
② 인터넷 종합 정보 제공자의 경우 타인의 보호 필요성이 크다. ·················· 근거 1-2
③ 인터넷 종합 정보 제공자는 경제적 이익도 얻는다. ······························· 근거 2
④ 인터넷 종합 정보 제공자는
　㉠ 위험원을 창출, 관리하면서 이익을 얻고, ································· 근거 2
　㉡ 위험에 대처할 수 있다. ··· 근거 3

⑤ 따라서 이를 적절하게 관리할 주의의무가 있다. ······························· 주장

주장명제는 ⑤이고, ①~④는 근거명제다. 그런데 내용에 따라 분류하면 근거는 몇 가지인가? 다음 3가지다.

(1) 인터넷 공간에서 법칙 침해 가능성(①, ②)

(2) 사업자로서 경제적 이익을 얻는 점(③, ④-㉠)

(3) 게시공간에서 발생한 위험에 효과적으로 대처할 수도 있는 점(④-㉡)

논리적 글쓰기라는 관점에서, 위 판결문은 결론을 지지하는 논거들이 선명하게 정리되어 있지 않다. 논거 (1)은 2개의 문장으로 구성되어 있는 반면 논거 (3)은 문구 하나로 처리되어 논거인지도 불분명하다. 다음과 같이 정리한다.

■ ←── 고친 글 1

다음과 같은 점에서, 인터넷 종합 정보제공 사업자는 그 표현물로 인하여 피해가 발생하지 않도록 상황에 따라 적절한 관리를 하여야 할 주의의무가 있다고 보는 것이 합리적이고 공평 및 정의의 관념에 부합한다 할 것이다.
두괄식 - 결론을 우선 밝힘

① 법익 침해 가능성 *논거 3가지의 소제목 부여. 역시 두괄식의 일종*

인터넷 공간에서는 익명이나 가명에 의한 정보유통이 일반화되어 타인의 법익을 침해하는 내용의 표현물이 쉽게 게시될 수 있고 또한 많은 사람들이 동시에 접속하여 검색할 수도 있기 때문에 일단 게시된 표현물이 순식간에 광범위하게 전파됨으로써 그 표현물로 인한 법익 침해의 결과가 중대해질 수 있다.

특히 인터넷을 이용한 다양한 서비스를 종합하여 제공하는 인터넷 종합 정보제공 사업자가 제공한 인터넷 게시공간에 그 표현물이 게시된 경우에는 인터넷 종합 정보서비스를 이용하는 무수한 이용자들에게 쉽게 노출될 수 있는 위험성이 훨씬 더 커서 다른 어느 경우보다 타인의 법익을 보호할 필요성이 크다.

② 사업자가 얻는 경제적 이익

뿐만 아니라, 인터넷 종합 정보제공 사업자는 인터넷 종합 정보서비스를 통하여 위와 같은 위험성을 안고 있는 인터넷 게시공간을 제공하고 이를 사업목적에 이용함으로써 정보의 유통으로 인한 직·간접적인 경제적 이익도 얻고 있다.

③ 사업자의 관리능력

사업자는 위 게시공간 안에서 발생된 위험에 효과적으로 대처할 수도 있어, 위와 같은 위험으로 인하여 피해가 발생하지 않도록 적절한 조치를 취할 수 있다.

복습 차원에서 군더더기를 제거해보자.

■ ←——— 고치기 과정

다음과 같은 점에서 인터넷 종합 정보제공 사업자는 그 표현물로 인하여 피해가 발생하지 않도록 상황에 따라 적절한 관리를 하여야 할 주의의무가 있다고 보는 것이 합리적이고 공평 및 정의의 관념에 부합한다 할 것이다.

① 법익 침해 가능성

인터넷 공간에서는 익명이나 가명에 의한 정보유통이 일반화되어 타인의 법익을 침해하는 내용의 표현물이 쉽게 게시될 수 있다. 또한 많은 사람들이 동시에 접속하여 검색할 수도 있기 때문에 일단 게시된 표현물이 순식간에 광범위하게 전파됨으로써(전파되어) 그 표현물로 인한 법익 침해의 결과가 중대해질(커질) 수 있다.

특히 인터넷을 이용한 다양한 서비스를 종합하여 제공하는 인터넷 종합 정보제공 사업자가 제공한 인터넷 게시공간에 ~~크~~ 표현물이 게시된 경우에는 인터넷 종합 정보 서비스를 이용하는 무수한(수많은) 이용자들에게 쉽게 노출될 수 있는 위험성이 훨씬 더 커서 다른 어느 경우보다 타인의 법익을 보호할 ~~필요성이 크다~~.

② 사업자가 얻는 경제적 이익
뿐만 아니라, 인터넷 종합 정보제공 사업자는 인터넷 종합 정보서비스를 통하여 위와 같은 위험성을 안고 있는 인터넷 게시공간을 제공하고 이를 사업목적에 이용함으로써(하여) 정보의 유통으로 인한 ~~직·간접적인 경제적 이익도 얻고 있다~~.

③ 사업자의 관리능력
사업자는 위 게시공간 안에서 발생된 위험에 효과적으로 대처할 수도 있어, 위와 같은 위험으로 인하여 피해가 발생하지 않도록 적절한 조치를 취~~하는 등 적절히 대처~~할 수 있다.

'전파됨으로써'는 번역체로서 우리말다운 표현이 아니다.[20] '전파되어'로 충분하다. 그밖에 첫 문장에 "이와 같은 보는 것이 공평의 관념에 부합한다"는 표현도 과감하게 삭제한다. 다음과 같은 정도로 정리해 보자.

▪ ◀──── 고친 글: 최종정리

다음과 같은 점에서, 인터넷 종합 정보제공 사업자는 인터넷 표현물로 인하여 피해가 발생하지 않도록 적절히 관리할 주의의무가 있다.

① 법익 침해 가능성: 인터넷 공간에서는 익명이나 가명에 의한 정보유통이 일반화되어 타인의 법익을 침해하는 표현물이 쉽게 게시될 수 있다. 또한 많은 사람들이 동시에 접속하여 검색할 수 있기 때문에 표현물이 순식간에 광범위하게 전파되어 법익 침해가 커질 수 있다. 특히 인터넷 종합 정보제공 사업자가 제공한 인터넷 게시공간에 표현물이 게시된 경우 수많은 이용자들에게 쉽게 노출될 위험이 훨씬 커서 타인의 법익을 보호할 필요가 크다.

20 제5장 제2절 제2원칙 참조

② 사업자가 얻는 경제적 이익: 인터넷 종합 정보제공 사업자는 위와 같은 위험이 있는 인터넷 게시공간을 사업목적에 이용하여 직·간접적인 경제적 이익을 얻고 있다.

③ 사업자의 관리능력: 사업자는 위와 같은 위험으로 인하여 피해가 발생하지 않도록 적절한 조치를 취하는 등 적절히 대처할 수 있다.

한 가지만 부연하면, 하부논증에도 같은 문제가 있다는 점이다. 논거 ①을 보자.

인터넷 공간에서는 익명이나 가명에 의한 정보유통이 일반화되어 타인의 법익을 침해하는 내용의 표현물이 쉽게 게시될 수 있다. 또한 많은 사람들이 동시에 접속하여 검색할 수 있기 때문에 표현물이 순식간에 광범위하게 전파됨으로써 법익 침해 결과가 커질 수 있다.

[A + B ⇒ C]의 논증구조다.

- 주장: 인터넷 공간에는 법익 침해의 결과가 커질 수 있다.
- 근거 1: 인터넷 공간에서는 익명, 가명에 의한 정보유통이 일반화되어 있음
- 근거 2: 많은 사람이 동시에 접속, 검색이 가능하여 전파 범위, 속도가 빠름

위 문단도 잘 보면 논리적으로 구성되어 있지 않다. 다음과 같은 정도로 수정해야 논증구조를 잘 보여준다.

인터넷 공간에서는 익명이나 가명에 의한 정보유통이 일반화되어 타인의 법익을 침해하는 내용의 표현물이 쉽게 게시될 수 있다. 또한 많은 사람들이 동시에 접속하여 검색할 수 있기 때문에 표현물이 순식간에 광범위하게 전파된다. 이러한 특성들로 인해 인터넷에서는 법익 침해 결과가 커질 수 있다.

(2) 복잡한 삼단논법 유형

다음으로 다소 복잡한 삼단논법 유형을 본다. 아래 대법원 판결은 은행이 부도난 고객의 계정을 즉시 해지하지 않아 고객의 상대방이 손해를 입은 경우 은행이 그 상대방에게 손해배상책임을 부담하는지가 문제된 사안이다. 부작위가 불법행위가 되는 요건에 관한 것이다. 지난 세기 판결이라는 점을 염두에 두고 찬찬히 읽어보자.

■ ◀──── 예시: 대법원 1989. 6. 27. 선고 88다카9524 판결 중

당좌예금은행이 거래고객의 예금 부족에도 불구하고 당좌수표의 부도처리에 이은 당좌예금계정계약을 해지하지 아니하고 또한 미사용 당좌수표용지를 회수하지 아니하여 그로 인하여 거래고객의 상대방 제3자가 손해를 입은 경우가 있다 하더라도 당해 은행의 위와 같은 부작위 행위가 제3자에 대한 불법행위가 되려면 그 것이 위법한 것임을 요하는 것이므로 그 전제로서 제3자에 대하여 위와 같은 행위(작위)를 하여야 할 의무를 지고 있어야 한다고 보아야 할 것인데 일반적으로 당해 은행이 위에서 본 바와 같은 행위를 하고 있는 것은 자기 방어의 필요에서 취하고 있는 조치인 것이지 (따라서 당좌예금부족에도 불구하고 은행의 자금으로 당해 고객의 발행수표를 결제해 주는 것이 이례적이기는 하나 영업 경영상의 판단에 따라 있을 수 있는 일이다) 제3자에 대하여 부담하는 법적인 의무라고 까지는 볼 수 없는 것이다.

문장이 너무 길어 논리구조 파악이 쉽지 않다. 일단 끊어 쓰기를 한다. 파란색은 끊어 쓸 경우 문맥을 고려하여 추가해보았다.

■ ◀──── 고친 글 1: 끊어 쓰기

당좌예금은행이 거래고객의 예금 부족에도 불구하고 당좌수표의 부도처리에 이은 당좌예금계정계약을 해지하지 아니하고 또한 미사용 당좌수표용지를 회수하지 아니하여 그로 인하여 거래고객의 상대방 제3자가 손해를 입은 경우가 있다.

그러한 경우라고 하더라도 <u>반드시 불법행위가 성립하는 것은 아니다.</u>
당해 은행의 위와 같은 부작위 행위가 제3자에 대한 불법행위가 되려면 그것이 위법한 것임을 요하는 것이기 <u>때문이다.</u>
따라서, <u>불법행위가 성립하기 위해서는</u> 그 전제로서 제3자에 대하여 위와 같은 행위(작위)를 하여야 할 의무를 지고 있어야 한다고 <u>보아야 한다.</u>
일반적으로 당해 은행이 위에서 본 바와 같은 행위를 하고 있는 것은 자기 방어의 필요에서 취하고 있는 조치인 것이지 (따라서 당좌예금부족에도 불구하고 은행의 자금으로 당해 고객의 발행수표를 결제해 주는 것이 이례적이기는 하나 영업 경영상의 판단에 따라 있을 수 있는 일이다) 제3자에 대하여 부담하는 법적인 의무라고 까지는 볼 수 없는 것이다.

이제 원래 문장의 논증구조가 조금 눈에 들어온다. 삼단논법 구조인데, [소전제 ⇒ 결론 ⇒ 대전제/대전제 ⇒ 포섭의 근거]의 순으로 되어 있다. 정통 삼단논법으로 바꾸어본다(마지막 문장의 괄호안 기재는 방론이므로 뒤로 뺀다).

대전제	어떠한 행위를 하지 않음(부작위)으로 인해 불법행위가 성립하기 위해서는 그 전제로 어떠한 의무를 부담해야 한다.
소전제	은행이 제3자에 대해, 그 거래 상대방인 고객의 예금부족 시 당좌예금 계정 해지 등 조치를 취해야 할 의무를 부담하는 것은 아니다(이는 자기방어 조치다).
결론	따라서, 은행이 그러한 조치를 취하지 아니하여 제3자가 손해를 입었다고 하더라도 제3자에게 손해배상책임을 지지 않는다.

논리적 순서에 따라 수정하고, 군더더기 제거 등 작업을 한다. 위 논증에서 대전제는 누구나 알 수 있는 명제가 아니다. 따라서 가장 먼저 써주어야 한다.

■ ←── 고치는 과정

① 당해 은행의 위와 같은 부작위 행위가 제3자에 대한 불법행위가 되려면 크것이

위법한 것임을 요하는 것이므로 그 전제로서 제3자에 대하여 위와 같은 행위(작위)를 하여야 할 의무를 지고 있어야 한다고 보아야 한다.

② 당좌예금은행이 거래고객의 예금 부족에도 불구하고 당좌수표의 부도처리에 어은 이어 당좌예금계정계약을 해지하고 또한 미사용 당좌수표용지를 회수하는 것은 자기방어의 필요에서 취하고 있는 조치이다. ⇒ 자기방어에 필요한

③ 따라서, 그와 같은 조치를 취하지 아니하여 거래고객의 상대방인 제3자가 손해를 입었다고 하더라도 제3자에게 손해배상책임을 부담한다고 볼 수 없다.

④ 한편, 당좌예금부족에도 불구하고 은행의 자금으로 당해 고객의 발행수표를 결제해 주는 것이 이례적이기는 하나 영업 경영상의 판단에 따라 있을 수 있는 일이다.

'예금부족에도 불구하고'는 영어 번역체, 일본어 번역체 표현이다(제5장 참조). '예금이 부족하여'로 고쳐본다.

최종적으로 다음과 같이 정리한다.

◼ ⟵ 고친 글: 최종

① 어떠한 행위를 하지 않는 것(즉 부작위)이 제3자에 대한 불법행위가 되려면 그 전제로서 제3자에 대하여 특정한 행위(작위)를 하여야 할 의무가 있어야 한다.

② 은행이 당좌예금 거래고객의 예금이 부족하여 당좌수표를 부도처리하고 그에 이어 당좌예금 계정계약을 해지하거나 미사용 당좌수표용지를 회수하는 것은 은행 스스로를 방어하기 위한 조치다.

③ 따라서, 은행이 그와 같은 조치를 취하지 아니하여 거래고객의 상대방인 제3자가 손해를 입었다고 하더라도 제3자에게 손해배상책임을 부담한다고 볼 수 없다.

④ 한편, 당좌예금이 부족한데도 은행 자금으로 당해 고객의 발행수표를 결제해 준 것이 이례적이기는 하나 경영상 판단에 따라 있을 수 있는 일이다.

수정 전 원문과 비교해 보자. 글쓰기가 간결·명료해진 것 외에 논리구조가 더 선명하게 드러난다.

(3) 다단계논증 예시

다음 소장의 예를 통하여 다단계논증에 대해 살펴보자(이는 필자가 구성한 것인데, 많은 변호사들이 이와 같이 쓴다).

▋ ──── 예시

피고는 이 사건 건물의 관리단을 대표하는 관리인이 아닌 자와 2010년 경 이 사건 건물에 대한 관리계약을 체결하였는데, 이러한 관리계약 체결은 권한 없는 자와 사이에 이루어진 것으로 당연히 효력이 없다 할 것이고, 따라서 참칭 관리업체에 불과하고 정당한 관리업체도 아니고 불법점유자에 불과한 피고는 마땅히 퇴거되어야 하는데, 그런 피고가 2010년경부터 입주자 등으로부터 부당하게 수득한 관리비만도 엄청난 금액에 이릅니다.

일단 끊어 쓰기를 한다.

▋ ──── 고친 글 1: 끊어 쓰기

피고는 2010년경 이 사건 건물의 관리단을 대표하는 관리인이 아닌 자와 이 사건 건물에 대한 관리계약을 체결하였습니다.
이러한 관리계약 체결은 권한 없는 자와 사이에 이루어진 것으로 당연히 효력이 없습니다.
따라서 피고는 참칭 관리업체에 불과하고 정당한 관리업체도 아니고 불법점유자에 불과하므로 마땅히 퇴거되어야 합니다.
그런데, 그런 피고가 2010년경부터 입주자 등에게 부당하게 수득한 관리비만도 엄청난 금액에 이릅니다.

논리구조를 살펴보자. 이 글에서 당사자의 핵심 주장은 무엇인가? "피고는 퇴거해야 한다"는 것이다. ㉠ 근거는 무엇인가? "피고는 불법점유자이기 때문"

이다. ⓛ 피고는 왜 불법점유자인가? 관리권한 없는 A사와 관리계약을 체결하였기 때문이다. ⓒ A사는 왜 관리권한이 없는가? 집합건물법상 관리단이 아니기 때문이다. ⓔ 왜 관리단이 아닌가? 관리업무를 시작할 당시 집합건물법이 규정한 관리단의 요건을 충족하지 않았기 때문이다.

4중 연쇄삼단논법의 구조이다. 그러한 논리적 관계를 염두에 두고 두괄식으로 정리하면 다음과 같다. 논리의 흐름은 ㉠→㉣의 순서가 아니라 ㉣→㉠의 순서로 진행된다. 정리된 글을 보자.

■ ←—— 고친 글: 최종

① 다음과 같은 점에서 피고는 불법점유자이므로 이 사건 건물에서 퇴거할 의무가 있습니다.
② 피고는 2010.경 A 회사와 관리계약을 체결하였는데, 당시 A 회사는 집합건물법상 관리단의 지위에 있지 아니하였습니다.
따라서 A와의 사이에 체결된 관리계약은 권한 없는 자와의 사이에 체결된 계약으로서 무효입니다.
그리고 무효인 계약에 터잡아 관리행위를 해온 피고는 불법점유자에 불과합니다.
③ 따라서, 피고는 퇴거의무가 있습니다.
④ 한편 피고는 위와 같은 무효인 관리계약에 터잡아 실제 받을 수 있는 것 이상의 관리비를 챙겨 이 사건 건물 구분소유자들에게 막대한 피해를 입힌 바 있습니다. 바로 그러한 점에서도 이 사건 청구는 신속하게 인용될 필요가 있습니다.

---

①~③은 양괄식 구조로 되어 있다. ④항은 요건사실은 아니지만 원고 청구를 정당화하는 부가적 사정이다.

(4) 기타 유형 예시: 원칙과 예외 논증

이번에는 「원칙과 예외」의 논리구조에 대해 살펴보자(이는 여러 개의 논증이 단순결합된 구조다). 14년 전 판결이다.

■ ⟵ 예시: 대법원 2008. 10. 9. 선고 2007도1220 판결 중 발췌

형법 제307조 제2항의 허위사실적시에 의한 명예훼손의 공소사실 중에는 같은 조
제1항 소정의 사실적시에 의한 명예훼손의 공소사실이 포함되어 있으므로, 위 허
위사실 적시에 의한 명예훼손으로 기소된 사안에서 적시한 사실이 허위임에 대한
입증이 없다면 법원은 공소장변경절차 없이도 직권으로 위 사실적시에 의한 명예
훼손죄를 인정할 수 있다 할 것이나, 다만 법원이 공소사실의 동일성이 인정되는
범위 내에서 공소가 제기된 범죄사실에 포함된 이보다 가벼운 범죄사실을 공소장
변경 없이 직권으로 인정할 수 있는 경우라고 하더라도 공소가 제기된 범죄사실
과 대비하여 볼 때 실제로 인정되는 범죄사실의 사안이 중대하여 공소장이 변경
되지 않았다는 이유로 이를 처벌하지 않는다면 적정절차에 의한 신속한 실체적
진실의 발견이라는 형사소송의 목적에 비추어 현저히 정의와 형평에 반하는 것으
로 인정되는 경우가 아닌 한, 법원이 직권으로 그 범죄사실을 인정하지 아니하였
다고 하여 위법한 것이라고까지 볼 수는 없다.

원칙과 예외가 복잡하게 얽혀 있다. 우선 끊어 쓰기와 군더더기 없애기부
터 시작하자.

■ ⟵ 고치기 과정

형법 제307조 제2항의 허위사실적시에 의한 명예훼손의 공소사실 중에는 같은 조
제1항 소정의 사실적시에 의한 명예훼손의 공소사실이 포함되어 있다.
따라서, 위 허위사실 적시에 의한 명예훼손으로 기소된 사안에서 적시한 사실이
허위임에 대한 입증이 없다면 법원은 공소장변경절차 없이도(⇒ 허위라고 입증되
지 않는다면 법원은 공소장을 변경하지 않고도) 직권으로 위 사실적시에 의한 명
예훼손죄를 인정할 수 있다. 할 것이다.
다만 법원이 공소사실의 동일성이 인정되는 범위 내에서(⇒ 위치 변경) 공소가 제
기된 범죄사실에 포함된 이보다 가벼운 범죄사실을 공소장변경 없이 직권으로 인
정할 수 있다는 경우라고 하더라도(⇒ 불필요한 중복이므로 전부 삭제) 공소가 제
기된 범죄사실과 대비하여 볼 때 실제로 인정되는 범죄사실의 사안이 중대하여

공소장이 변경되지 않았다는 이유로 이를 처벌하지 않는다면 적정절차에 의한 신속한 실체적 진실의 발견이라는 형사소송의 목적에 비추어 현저히 정의와 형평에 반하는 것으로 인정되는 경우가 아닌 한, 법원이 직권으로 그 범죄사실을 인정하지 아니하였다고 하여 위법한 것이라고까지 볼 수는 없다.

'허위임에 대한 입증이 없다면'은 영어번역체로 우리말다운 표현이 아니다(제5장 참조).

전체적으로 정리하면 다음과 같다. 무엇이고 원칙이고, 무엇이 예외인지 드러내기 위해 서술 순서를 조금 바꾼다.

■ ←──── 고친 글 1

형법 제307조 제2항의 허위사실적시 명예훼손의 공소사실에는 같은 조 제1항의 사실적시 명예훼손 공소사실이 포함된다.
따라서, 허위사실 적시 명예훼손으로 기소된 사안에서 적시한 사실이 허위라고 입증되지 않는다면 법원은 공소사실 동일성이 인정되는 범위 내에서 공소장을 변경하지 않고도 직권으로 사실적시 명예훼손죄를 인정할 수 있다.
다만 공소제기된 범죄사실과 대비하여 실제 인정되는 범죄사실이 중대하여 공소장이 변경되지 않았다는 이유로 처벌하지 않는다면 적정절차에 의한 신속한 실체 진실 발견이라는 형사소송의 목적에 비추어 현저히 정의와 형평에 반하는 경우가 아닌 한, 법원이 직권으로 그 범죄사실을 인정하지 아니하였다고 하여 위법한 것이라고까지 볼 수는 없다.

조금 더 나아가 보자. 마지막 문장은 4개의 부정어로 되어 있다. 이를 통해 원칙, 예외, 예외의 예외를 표현하고 있다. 간결·명료한 글쓰기 제4원칙(명료한 표현 사용하기)에서 이중부정보다는 단정법을 사용하라고 하였다. 4중 부정이라니, 해도 너무 한다. 다음과 같이 풀어보자.

◀——— 고친 글(최종)

형법 제307조 제2항의 허위사실적시 명예훼손의 공소사실에는 같은 조 제1항의
사실적시 명예훼손의 공소사실이 <u>포함된다.</u>
따라서, 허위사실 적시 명예훼손으로 기소된 사안에서 적시한 사실이 허위라고 입
증되지 않는다면 법원은 공소사실 동일성이 인정되는 범위 내에서 공소장을 변경
하지 않고도 직권으로 사실적시 명예훼손죄를 <u>인정할 수 있다.</u>
<u>다만 법원이 직권으로 범죄사실을 인정하지 아니하였다고 하여 위법한 것은 아니다.</u>
<u>여기에는 예외가 있다.</u> 공소제기된 범죄사실과 대비하여 실제 인정되는 범죄사실
이 중대하여 공소장이 변경되지 않았다는 이유로 처벌하지 않는다면 적정절차에
의한 신속한 실체 진실 발견이라는 형사소송의 목적에 비추어 현저히 정의와 형
평에 반하는 것으로 <u>인정되는 경우다.</u> 그러한 경우라면 <u>법원은 공소장 변경 없이</u>
<u>도 유죄를 인정해야 한다.</u>

논리구조를 분석해 보자.

	주장	근거
원칙	허위사실 명예훼손 기소시 법원은 공소장 변경 없이 사실적시 명예훼손 인정 ○	⇐ 허위사실 명예훼손에는 사실적시 명예훼손이 포함되므로
예외	다만 인정하지 않았다고 위법은 아님	(제시 x)
예외의 예외	범죄사실이 중대한 경우 직권으로 인정해야 함	⇐ 형사소송의 목적, 이념 (실체진실 발견)

3개의 논증이 「① 원칙, ② 예외, ③ 예외의 예외」의 구조로 이루어져 있다.[21]
원문은 논증구조를 알 수 없게 꽁꽁 싸매고 있다. 고친 글은 논리구조를 잘
드러낸다.

21 주장 ②에는 근거가 없다. 대법원은 크게 중요한 쟁점이 아니거나 국민의 권리, 의무를 침해하
   지 않는 법리를 선언하는 경우 종종 근거를 제시하지 않기도 한다.

매일매일 쓰는 글에서 항상 이처럼 정치하게 쓰는 것은 쉽지 않다. 모든 글을 그렇게 쓰려면 더 많은 시간과 정성이 필요하다. 하지만 그런 점을 염두에 두고 반복해서 연습할 필요가 있다.

3. 소결

논리적 글쓰기의 제3원칙은 다음과 같다.

> 법적 논증이든 일반 논증이든 논리적 글쓰기에는 수많은 복잡한 논리들이 얽혀 있다. 그러한 논리구조를 꼭꼭 감싸서 알쏭달쏭한 글이 되게 하지 말고, 각각의 논리단계를 선명하게 풀어서 드러내는 글을 쓰자.

Ⅳ. 논리적 글쓰기 제4원칙: 개별 문장 단위의 논리적 글쓰기

1. 서설

제4원칙에서는 개별 문장 단위의 논리적 글쓰기에 대해 살펴본다. 법률문장에서 사소한 비논리적 오류는 쉽게 발견된다. 이러한 오류는 전체적 의미 전달에 영향이 없으므로 큰 문제가 아니라고 생각할 수도 있다. 그러나 논리적 글쓰기를 추구하는 법률가라면 이런 점도 세심하게 주의를 기울여야 한다. 몇 가지 유형으로 나누어 살펴본다.

2. 주술관계의 논리적 불일치

우선 가장 쉬운 유형은 주술관계 불일치다. 빈번하게 발견되는 실수 중 하나다. 특히 문장이 길어질 경우 발생하기 쉽다. 우선 가장 기본적인 유형부터 본다.

⬛ �longleftarrow—— 예시 1

A 교수의 전문가 증언의 문제점은, 원고 회사가 재무제표 상 자본잠식 상태였고 당기 순손실을 기록한 것과 달리 신상품 개발 가능성을 비롯하여 상당한 성장 잠재력을 가지고 있었다는 점을 간과하였습니다.

무엇이 문제인가? 다음 두 방식 중 하나로, 주어와 서술어가 호응하도록 고쳐야 한다.

⬛ �longleftarrow—— 고친 글 1: 주어에 맞게 서술어를 수정

A 교수의 전문가 증언의 <u>문제점은</u>, 원고 회사가 재무제표 상 자본잠식 상태였고 당기순손실을 기록한 것과 달리 신상품 개발 가능성을 비롯하여 상당한 성장 잠재력을 가지고 있었<u>다는 점을 간과하였다는 점입니다.</u>

⬛ �longleftarrow—— 고친 글 2: 서술어에 맞게 주어를 수정

A 교수의 전문가 <u>증언은</u>, 원고 회사가 재무제표 상으로는 자본잠식 상태였고 당기순손실을 기록한 것과 달리 신상품 개발 가능성을 비롯하여 상당한 성장 잠재력을 가지고 있었<u>다는 점을 간과하였습니다.</u>

이번에는 난이도를 조금 높인다.

⬛ �longleftarrow—— 예시 2

원고 회사의 조치는 피고의 약정 불이행을 이유로 피고에 대한 추가 지원을 중단한 것일 뿐 피고와의 거래 자체를 중단한 사실은 없습니다.

예시문의 주어는 "원고 회사의 조치"다. 그에 대해 두 개의 서술어가 등장한다. ① 추가 지원을 중단한 것, ② 거래 자체를 중단한 사실이 없다는 것이 그것이다. 그런데 주어는 ①에만 호응하고 ②에는 호응하지 않는다. 다음 두 가지 중 하나로 고쳐본다.

■ ←── 고친 글 1: 서술어를 수정

원고 회사의 조치는 피고의 약정 불이행을 이유로 피고에 대한 추가 지원을 중단한 것일 뿐 피고와의 거래 자체를 중단<u>하도록 한 것이 아니었습니다</u>.

■ ←── 고친 글 2: 서술어에 맞는 주어 추가

원고 회사의 조치는 피고의 약정 불이행을 이유로 피고에 대한 추가 지원을 중단한 것일 뿐 <u>원고 회사가</u> 피고와의 거래 자체를 중단한 사실은 없습니다.

이번에는 또 다른 유형을 본다.

■ ←── 예시 3

실제로 이 사건 거래 이후 A회사의 매출, 영업이익, 당기순이익, 주가 모두 상승하였는데, 이러한 지표들은 모두 원고 주장과 달리 시장에서도 이 사건 거래가 A회사에게 불리한 것이라고 판단하지 않았음을 알 수 있습니다.

무엇이 문제일까? 잘 찾아보기 바란다. 안은 문장 구조여서 조금 헷갈리지만, 역시 주어와 서술어가 호응하지 않는다. 다음 2가지 중 하나로 고친다.

▶ ←—— 고친 글 1

실제로 이 사건 거래 이후 A회사의 매출, 영업이익, 당기순이익, 주가 모두 상승하였는데, 이러한 지표들은 모두 원고 주장과 달리 시장에서도 이 사건 거래가 A회사에게 불리한 것이라고 판단한 것이 아니었음을 보여주고 있습니다.

▶ ←—— 고친 글 2

실제로 이 사건 거래 이후 A회사의 매출, 영업이익, 당기순이익, 주가 모두 상승하였는데, 이러한 지표들을 통하여 원고 주장과 달리 시장에서도 이 사건 거래가 A회사에게 불리한 것이라고 판단하지 않았음을 알 수 있습니다.

중간에 안은 문장이 들어가는 바람에 조금 어렵게 된 것일 뿐 기본 원리는 동일하다. 수정 전 예시문에서 "이러한 지표들은"이라는 문구는 "알 수 있습니다"와 호응하지 않는다. 아래와 같이 정리할 수 있다.

☑ 올바른 호응

이러한 지표들은	~ 라는 점을 보여주고 있습니다. ~ 라는 것을 의미합니다.
이러한 지표들을 통하여	~ 라는 점을 알 수 있습니다.

3. 오류논증에서 비롯된 비논리적 글쓰기

이번에는 개별문장 단위에서 논증이 잘못되었거나 오류논증으로 평가될 수 있는 경우들을 본다. 몇 가지 유형으로 나눌 수 있다.

(1) 연역논증과 귀납논증의 혼동

같은 시기에 완전히 같은 내용의 계약을 체결하였던 A, B, C 등 업체들의 경우에도 원고 주장과 같은 약정을 한 사실이 없으므로, 원고와 피고 사이에 원고 주장과 같은 묵시적 약정이 있었다고 볼 수는 없습니다.

무엇이 문제인가? 문제되는 논증은 연역논증이 아니라 귀납논증이다. "A, B, C도 아니니 나도 아니다"는 주장이므로, 논리필연적 결론을 주장하는 것이 아니다. 단지 개연성을 드러낼 뿐이다. 따라서 "~이므로"와 같은 연역논증 표현보다는 귀납논증 표현인 "~인 점에 비추어도"라고 기재하는 것이 정확하다.

같은 시기에 완전히 같은 내용의 계약을 체결하였던 A, B, C 등 업체들의 경우에도 원고 주장과 같은 약정을 한 사실이 없는 점에 비추어도, 원고와 피고 사이에 원고 주장과 같은 묵시적 약정이 있었다고 볼 수는 없습니다.

유비논증, 유추적용 주장 등은 모두 귀납논증이므로 이러한 표현이 사용되어야 한다(이러한 귀납논증은 핵심논거가 아닌 보충논거일 수밖에 없다는 점은 제2원칙 부분에서 자세히 보았다. 그러한 보충논거들 역시 귀납논증 표현을 사용하였다).

(2) 논리비약 유형: 논리 중간단계의 생략

두 번째는 논리비약 유형이다. 중간에 들어가야 할 논리단계가 빠진 것이다. 간단한 예부터 보자.

대법원 판례에 의하면 응소행위도 시효중단사유가 된다는 것이므로, 이 사건의 경우 시효가 중단되었습니다.

중간단계가 생략되었다. 전후 문맥에 비추어 당연히 알 수 있는 내용이라면 상관 없지만, 그렇지 않다면 다음과 같이 기재하는 것이 선명하다(사실관계에 따라 다를 수 있다).

■ ◄── 고친 글

대법원 판례에 의하면 응소행위도 시효중단사유가 된다는 것이고, 피고는 원고의 소제기에 응소하여 승소판결을 받은 사실이 있으므로, 이 사건의 경우 시효가 중단되었습니다.

이러한 점은 논리논증에만 적용되는 것이 아니다. 사실 기재에서도 중간단계를 생략해서는 안 된다. 다음 예를 보자.

■ ◄── 예시 2

원, 피고 사이의 임대차계약은 2019. 1. 31 기간만료로 종료하였으나 임대인인 원고가 이의제기를 하지 않아 묵시적 갱신이 이루어졌습니다.

무엇이 빠졌을까? 다음과 같이 수정해야 논리적 완성도가 높고, 이해하기 쉬운 글이 된다.

━━━ 고친 글

원, 피고 사이의 임대차계약은 2019. 1. 31. 기간만료로 종료하였으나 임차인인 피고가 그 이후에도 계속 점유 및 사용하였고, 이에 대해 임대인인 원고가 이의제기를 하지 않아 묵시적 갱신이 이루어졌습니다.

(3) 논리의 흠결: 허용될 수 없는 생략삼단논법

제1절에서 본 것처럼 일상적인 논증은 생략삼단논법 형태가 많다. 생략삼단논법의 핵심은 숨겨진 대전제가 독자에게 자명하다는 점이다. 그런데 간혹 자명한 사실이라도 생략하면 논지가 선명하지 않은 경우가 있다. 다음 예를 보자.

━━━ 예시 1

피고들이 주가예측을 잘못하였다는 사정만으로 손해배상책임을 부담한다고 볼 수는 없습니다.

그 자체로 이해가 안 가는 것은 아니다. 하지만 다음과 같이 수정하면 논지가 더 선명해진다.

━━━ 고친 글

주가를 예측한다는 것은 사실상 불가능에 가까운 일입니다. 따라서, 피고들이 주가예측을 잘못하였다는 사정만으로 손해배상책임을 부담한다고 볼 수는 없습니다.

문장에 힘이 생긴다. 왜일까? 위 문장에서는 대전제가 사실상 주장이자 근거이기 때문이다. 또 다른 예를 본다.

그러한 상황에서 피고가 원고의 질문에 대해 아무런 대답을 하지 않은 것은 사기
죄를 구성합니다.

필요한 대전제가 누락되어 논지가 선명하지 않다. 다음과 같이 수정한다.

━━━ 고친 글

대법원 판례는 단순히 무엇을 하지 않는 것(즉 소극적 부작위)에 의해서도 사기죄
가 성립할 수 있다는 입장입니다. 이 사건의 경우 그러한 상황에서 피고가 원고의
질문에 대해 아무런 대답을 하지 않은 것은 사기죄를 구성하는 것으로 보아야 합
니다.

(4) 다단계논증에서 중간단계 누락

다단계논증에서 중간단계가 누락된 사례를 본다. 모든 법률가들이 자유
롭게 다단계논증을 구사하지만, 논증 단계가 많아지면 그 일부를 누락하기도
한다.

━━━ 예시

검사는 피고인이 A로부터 받은 5,000만 원을 임의로 사용한 것에 대해 횡령죄로
공소를 제기하였습니다. 그러나 피고인이 임의처분한 금원은 A로부터 보관을 위
탁받은 것이 아니라 뇌물공여의 목적으로 교부받은 것입니다. 따라서 횡령죄는 성
립하지 않습니다.

필자의 주장(즉 논증)을 분석해 보자.

① 주장: 검사의 횡령기소는 잘못된 것이다.

② 근거: 피고인은 A에게 뇌물공여 목적으로 5,000만 원을 받았기 때문이다.

논증으로 성립하는 것으로 보이지만, 근거가 주장을 충분히 뒷받침하는지 의문이다. 그럴 것 같기는 한데, "뇌물 공여 목적으로 받아도 마음대로 사용하면 횡령죄가 성립하는 것이 아닌가?" 하는 의문이 든다. 이러한 문제가 발생하는 이유는 다단계논증에서 중간단계가 여럿 빠졌기 때문이다. 위 논증에서 제대로 된 논리구조는 다음과 같다.

① 주장: 검사의 횡령기소는 잘못된 것이다.

② 근거 1/주장명제: (이유는?) 횡령죄가 성립하려면 '타인의 물건을 보관하는 자'여야 하는데, 피고인은 '타인의 물건을 보관하는 자'가 아니다.

③ 근거 2/주장명제: (이유는?) 민법 제746조의 불법원인급여는 반환청구가 금지되어 소유권이 수령자에게 귀속된다(즉 타인의 물건이 아니다).

④ 근거 3/주장명제: (이유는?) 피고인은 A에게 뇌물공여 목적으로 5,000만 원을 받았으므로, 불법원인급여다.

앞서 본 것처럼 다단계논증이다. 아래와 같이 고치면 논리단계가 모두 드러난다. 다만 논거는 ②→④의 순서가 아니라 ④→②의 순서로 기재한다.

▌ ←── 고친 글

검사는 피고인이 A에게 받은 5,000만 원을 임의로 사용한 것을 횡령죄로 공소를 제기하였습니다. 그러나 피고인은 횡령죄에서 말하는 '타인의 물건을 보관하는 자'라고 볼 수 없다는 점에서 검사의 기소는 잘못된 것입니다. ① 즉, 피고인은 위 금원을 A에게서 보관을 위탁받은 것이 아니라 뇌물공여의 목적으로 받았습니다. ④ 뇌물공여 목적으로 받은 금원은 민법 제746조의 불법원인급여에 해당하여 그 소유권은 수령자인 피고인에게 귀속됩니다. ③ 그러므로, 피고인은 '타인의 물건을 보관하는 자'에 해당하지 않고, ② 따라서 이를 임의처분하였다고 하더라도 횡령죄는 성립하지 않습니다.

(5) 논리단계의 역전, 생략

마지막으로 "논리 순서의 역전"과 "논리단계의 생략"이 결합된 유형을 본다. 논리구조가 복잡해지면 초보자들은 물론이고 숙련된 법률가도 논리적 순서에 맞게 정리하지 못하는 경우는 많다. 다음 예시를 보자(설명의 편의를 위해 번호를 붙인다).

■ ⎯⎯ 예시

① 계약체결 당시 단기적으로 주가하락 가능성이 일부 예상된다고 하더라도, ② 이 사건 계약은 계약기간이 4년 이상이므로, ③ 중장기적 관점에서 대상회사의 실적 전망이 중요한 판단기준이었습니다.

무슨 말인지 이해가 가지 않는다. (i) '하더라도'라는 문구에 호응하는 표현이 생략되었고, (ii) 동시에 논증의 핵심인 '주장' 부분이 생략되었다(즉 호응하는 표현이 주장에 해당하는 문장이다). 애초의 의도에 따라 다음 문구를 추가한다.

■ ⎯⎯ 고친 글 1

① 계약체결 당시 단기적으로 주가하락 가능성이 일부 예상된다고 하더라도, ② 이 사건 계약은 계약기간이 4년 이상이므로, ③ 중장기적인 관점에서 대상회사의 실적 전망이 중요한 판단기준이었으므로, ④ 그러한 단기적 주가하락 가능성은 계약을 체결하지 않을 이유가 될 수 없었습니다.

그런데 여전히 부자연스럽다. 왜일까? 위 문장은 3단 포유문이다. 2, 3 문장은 인과관계로 구성되어 있는데, "이므로"가 두 번 반복되어 자연스럽지 않다. 그리고 호응하는 앞 뒤 문구 사이에 긴 문장이 끼어 있는 것도 문제다. 무엇보다 논리적 순서가 잘못되었다. 다음과 같이 문장 순서를 바꿔 보자.

② 이 사건 계약은 계약기간이 4년 이상이므로, ③ 중장기적인 관점에서 대상회사의 실적 전망이 중요한 판단기준이었습니다. ① 따라서, 계약체결 당시 단기적으로 주가하락 가능성이 일부 예상된다고 하더라도, ④ 그러한 단기적 주가하락 가능성은 계약을 체결하지 않을 이유가 될 수 없었습니다.

비로소 말이 된다. ②→③→①→④가 올바른 논리순서다. 각 문장은 다음 문장의 논리적 전제다. 애초의 문장은 ④가 누락되었고, 순서도 맞지 않아 이해가 되지 않았던 것이다. 이처럼 간단한 문장에서도 꽤 복잡한 논리구조가 숨어있다. 논리적 글쓰기를 위해서는 그 구조를 치밀하게 분석하여 독자가 쉽게 이해할 수 있도록 논리적 순서에 따라 풀어주어야 한다.

4. 사소한 비논리성

마지막으로, 정말로 사소한, 소소한 비논리적 글쓰기의 예들을 본다. 논리적 글쓰기를 위해서는 아주 작은 비논리성에도 신경써야 한다.

◼ ◀── 예시 1

원고 회사의 소유자(owner)이자 설립자(founder)인 피고가 회사에 손해되는 행위를 하였을 리 없습니다.

시간의 순서를 고려하여 다음과 같이 수정하는 것이 논리적이다.

◼ ◀── 고친 글

원고 회사의 설립자(founder)이자 소유자(owner)인 피고가 회사에 손해되는 행위를 하였을 리 없습니다.

또 다른 예를 본다.

■ ← 예시 2

이러한 행위는 법적으로 처벌받을 수 있을 뿐만 아니라 도덕적으로 옳지 않습니다.

도덕적으로 잘못된 행위는 법적으로 처벌받을 수 있는 행위보다 범위가 더 넓다. 따라서 다음과 같이 수정한다.

■ ← 고친 글

이러한 행위는 도덕적으로 옳지 않을 뿐만 아니라 법적으로도 문제될 수 있습니다.

아래 예시도 유사한 경우다.

■ ← 예시 3

이러한 졸속행정은 후진국은 물론 서구 선진국에서도 있을 수 없는 일입니다.

졸속행정이 이루어질 가능성은 선진국보다는 후진국이 더 높을 것이다. 다음과 같이 수정한다.

■ ← 고친 글

이러한 졸속행정은 서구 선진국은 물론 후진국에서도 있을 수 없는 일입니다.

이 사건 주식가치 평가는 국내 4대 회계법인인 ㅇㅇ회계법인이 수행한 것으로, 그 내용에 아무런 하자도 없습니다.

이 사건 주식가치 평가는 국내 4대 회계법인 중 하나인 ㅇㅇ회계법인이 수행한 것으로, 그 내용에 아무런 하자도 없습니다.

이는 제2장에서 본 것처럼 최대한 정확한 표현을 찾는 글쓰기이기도 하다.

5. 소결

논리적 글쓰기 제4원칙은 다음과 같다.

개별 문장 단위에서도 논리적 글쓰기에도 주의한다. 주술 관계의 호응, 논리비약, 논리단계 생략, 오류논증 없애기 등이 그러하다.

V. 논리적 글쓰기 제5원칙: 포섭논증 글쓰기 1
– 사실(fact)의 글쓰기

제5, 6원칙에서는 포섭논증과 관련한 글쓰기에 대해 살펴본다. 제2절에서 언급한 것처럼 포섭논증[22]은 실무의 법적 논증에서 가장 중요한 부분이다. 포

---

22 앞서 자세히 본 것처럼 자연적, 구체적 사실을 법률요건에 적용하는 과정을 의미한다.

섭에 관해서 논하자면 책 한 권 분량이 될 수 있지만, 이하에서는 글쓰기의 관점에서, 제5원칙에서는 포섭논증 중 앞부분에 해당하는 사실(fact)에 대한 글쓰기에 대해, 제6절에서는 난해한 사안의 논거제시법에 대해 살펴본다.

1. 서설

(1) 구체와 추상, 사실 기술의 구체성

글쓰기 전문가들은, 우리나라 사람들은 추상적 표현에 강하고 구체적 표현에 약하다고 지적한다. 모든 글쓰기에서 구체적 표현을 강화할 필요가 있다는 것이다. 박종인, 2016, 47면은 "팩트"의 중요성에 대해 다음과 같이 말한다.

← 박종인, 기자의 글쓰기, 47면

> 모든 글은 팩트에 기반을 두어야 한다. 수필을 쓸 때든 연설을 할 때든 논문을 쓸 때든 블로그에 자기 일기를 쓸 때든 모든 글은 팩트를 써야 한다. 자기가 생각한 것이나 느낀 것만을 가지고 쓴다면 그 글은 힘이 없다. '굉장히 아름답다'라고 쓰지 말고 굉장히 아름다운 이유를 써야 한다. '난리 났어!'라고 호들갑 떨지 말고 무슨 난리가 났는지 구체적으로 써야 한다.

좋은 글은 주관적 느낌보다는 객관적 사실을 묘사하는 글이라는 얘기다. 제2장에서 좋은 글은 관형사와 부사보다는 명사와 동사가 많은 글이라고 하였는데, 같은 맥락이다. 이강룡, 글쓰기 기본기, 창비, 2016, 19면은 다음과 같은 예를 들고 있다.

평범한 표현	구체적 표현
저녁을 먹었다.	저녁으로 냉이된장찌개와 갈치조림을 먹었다.
나는 연필로 노트에 메모를 한다.	나는 메모할 때 옥스퍼드 노트와 파버카스텔 B 연필을 주로 사용한다.

평범한 표현	구체적 표현
오늘 저녁 호수공원의 노을은 참 아름다웠다.	오늘 저녁 호수공원에서 노을을 보았는데, 하늘이 황금빛에서 붉은색으로 점점 바뀌다가 해지기 직전에는 온통 보랏빛으로 물드는 모습이 참 신비로웠다.

(2) 논증론의 관점에서 '팩트'의 의미

앞에서 논증은 주장과 근거라는 점을 살펴보았다. 주장만 있고 근거가 없는 글쓰기는 논증으로 불완전한 글쓰기라는 점도 보았다. '팩트'가 빠진 문장은 주장만 있는 것과 같다. 반면 '팩트'가 풍부한 문장은 자연스럽게 근거가 드러나는 글이다. 아래의 3가지 문장을 비교해보자. 내려갈수록 글의 설득력이 높아진다(아래 수치들은 필자가 임의로 설정한 것이다).

← 예시 1

손흥민은 훌륭한 축구선수다. 축구선수로서의 장점이란 장점은 모두 갖추어, 같은 구단의 어느 선수와 비교하더라도 결코 뒤쳐지지 않는다.

← 예시 2

손흥민은 훌륭한 축구선수다. 빠른 스피드와 현란한 드리블 실력을 갖추었으며, 골 결정력도 뛰어나다. 그의 스피드와 골 결정력은 이미 유럽에서도 정평이 나 있어, 팀 기여도도 상당하다.

← 예시 3

손흥민은 훌륭한 축구선수다. 100미터를 11초대에 주파하는 스피드와 상대 수비수를 농락하는 듯한 드리블, 경기당 0.8골이라는 뛰어난 골 결정력, 그리고 팀내 최다 어시스트는 팀의 2019년 리그 우승의 밑거름이 되었다.

예시 1은 추상적 사실을 기재하여 주장을 두 번 반복한 것에 지나지 않다. 반면 예시 3은 왜 훌륭한 선수인지를 수치를 통해 보여 주고 있다. 예시 1은 부사, 관형사로 구성되어 있다면 예시 3은 명사, 동사로 구성되어 있다.

2. 법률가의 글쓰기와 사실 기술(記述)에 관한 원칙

법률가의 글쓰기에 사실에 관한 글쓰기에는 다음의 3가지 원칙이 적용된다.

(1) 제1원칙: 최대한 구체적 사실을 적는다.

앞서 본 글쓰기 전문가들의 지적은 법률가의 글쓰기에도 그대로 적용된다. 사실을 구체적으로 적은 글은 자연스럽게 설득력 있는 근거가 제시된 논증이 된다. 예를 들어 본다.

■ ──── 예시 1

2004년 7월경 피고 종중은 종중 명의의 부동산이 필요하다는 종원들의 뜻에 따라 이 사건 토지를 구입하기로 하였습니다. 다만 이 사건 토지가 농지로서 종중명의로 등기가 될 수 없어 종손인 원고 명의로 명의신탁을 하였습니다.

예시문에서도 당사자가 주장하는 바는 충분히 전달된다. 하지만 다음과 같이 보충하여 기재하면 근거가 더해진다.

■ ──── 고친 글 1

2004년 7월경 피고 종중은 종중 명의의 부동산이 필요하다는 종원들의 뜻에 따라 이 사건 토지를 구입하기로 하였습니다. 다만 이 사건 토지가 농지로서 종중명의로 등기가 될 수 없어 종손인 원고 명의로 명의신탁을 하였습니다. 구체적으로 2004. 7. 3. 종중 측과 원고가 경기도 파주시 교하동 소재 부동산에서 매도인과 만나 원고 명의로 계약을 체결하였습니다.

그런데 계약 체결 경위의 기재는 여전히 추상적이다. 다음과 같이 더 구체적으로 기재하면 논증의 구조가 되어 설득력이 높아진다.

■ ←—— 고친 글 2

2004년 7월경 피고 종중은 종중 명의의 부동산이 필요하다는 종원들의 뜻에 따라 이 사건 토지를 구입하기로 하였습니다. 다만 이 사건 토지가 농지로서 종중명의로 등기가 될 수 없어 종손인 원고 명의로 명의신탁을 하였습니다. 구체적으로 2004. 7. 3. 오후 <u>종중 대표 최불암, 종중 총무 정우성</u>, 원고 3인이 경기도 파주시 교하동 소재 <u>승리부동산에서 매도인 이정재</u>와 만나 계약을 체결하였습니다. 당시 계약 내용은 <u>총매매대금은 10억 원으로 하되, 계약금 1억 원은 계약 당일에 계좌이체로 송금하고 중도금 없이 잔금 9억 원은 2004. 10. 3. 지급하기로 한 것이었습니다. 그리고 잔금 지급과 동시에 소유권이전등기를 마쳐주기로 약정</u>하였습니다.

피고의 주장은 "명의신탁 약정이 있었다"는 것이다. 수정전 예시는 주장만 있다면 고친 글은 그에 대한 근거가 제시된 것이다. 물론 사실 주장에 대한 증거가 제시되어야 하지만, 아무튼 글 자체에서 논증으로서 완성도를 높일 필요가 있다. 또 다른 예를 보자.

■ ←—— 예시 2

원고는 피고에게 본건 펀드에 투자하면 큰 수익을 올릴 수 있다고 말하면서 접근하여 1억 원을 투자하게 하였으나, 실은 펀드라는 것도 허위였고 모두 거짓이었습니다.

다음과 같이 수정하면 자연스럽게 주장 사실에 대한 근거가 풍부하게 제시되는 결과가 된다.

◀── 고친 글

2016. 10. 초경 원고는 피고에게 전화를 해서 종로 2가 먹자골목의 길목식당에서 점심을 같이 하면서 본건 펀드에 5,000만 원 이상 투자하면 연 15% 이상의 큰 수익을 올릴 수 있다고 말하였습니다. 피고는 원고의 설명을 듣고 그 다음 날 1억 원을 원고가 알려준 계좌에 입금하였습니다. 그러나, 실은 펀드라는 것도 허위였고 원고가 말한 투자회사는 등기부등본 확인 결과 존재하지 않은 유령회사에 불과하였습니다.

통상 소송에서 사실에 관한 주장은 증거로 증명해야 한다고 생각한다. 그러나 사실 주장이 증거로만 입증되는 것은 아니다. **주장의 구체성과 개연성**으로도 입증된다. 이러한 구체적 사실 기술의 힘은 "정신적 고통", "정당한 사유"와 같은 불확정 사실, 추상적 사실이 법률요건인 경우 두드러진다.

◀── 명예훼손 예시

원고는 피고 허위기사가 유포된 이후 극심한 정신적 고통을 겪었습니다. 따라서 피고는 원고에 대해 원고의 정신적 고통에 대한 손해배상을 해야 할 의무를 부담합니다.

◀── 고친 글

원고는 피고 허위기사가 유포된 이후 극심한 우울증과 대인기피증에 시달리는 등 극도의 정신적 고통을 겪었습니다. 위 기사가 배포된 이후 정신적 충격으로 정신과 진료를 받아 중증의 우울증, 불면증, 대인기피증 판정을 받아 도저히 회사를 다닐 수 없는 상태에 이르렀습니다. 이에 2019. 9. 1.부터 무기한 휴직상태에 있으면서 우울증치료제 복용, 정기적인 상담 등 정신과치료를 받고 있지만 큰 차도가 없는 상태입니다.

법률에는 '정당한 사유' 혹은 '중대한 사유'와 같은 추상적 법률요건이 많다. 이러한 추상적 법률요건은 결국 다양한 정황증거 내지 간접사실로 입증할 수밖에 없다(이른바 '간접반증'). 그러한 정황증거, 간접사실 역시 구체적일수록 근거로서 신빙성이 높아진다.

(2) 제2원칙: 규범적 평가 이전의 자연적 사실을 적는다.

두 번째 원칙은 규범적 평가 이전의 자연적 사실을 기술하는 것이다. 제2절에서 실무상 법적 논증은 아래와 같은 구조로 이루어진다는 점을 언급하였다.

대전제 – 법리		사람을 죽인 자는 사형 또는 무기징역에 처한다.
소전제	사실 – natural fact	A는 2018. 1. 1. 9시 경 총으로 B를 쏘았고, 그 총알이 심장을 관통하여 그 즉시 숨을 거두었다.
	규범적 평가 – 요건사실	이로써 A는 "B라는 사람을 죽인 것"이다.
결론 – 법률효과		그러므로 A를 사형 또는 무기징역에 처한다.

소전제의 논증, 즉 포섭(subsumption)은 결국 자연적 사실(natural fact)를 규범적으로 평가하여 법률요건으로 전환하는 것이다. 이처럼 **사실에 관한 기술**과 **규범적 평가**는 다른 차원의 얘기다. 따라서 사실에 관한 기술은 가급적 **규범적 평가 이전의 구체적 사실, 자연적 사실**을 기술하는 것이 좋다. 독자(판사)의 입장에서는 일단은 규범적 평가 이전의 객관적 사실을 알고 싶어 한다. 규범적 판단은 그 다음 문제다. 다음 예를 보자.

☑ 예시 1

규범적 평가가 포함된 사실에 관한 진술	규범적 평가(포섭)
피고는 2019. 9. 초경 원고에게 사기칠 목적으로 접근하여 이름 뿐인 펀드에 가입하도록 기망하였습니다. 원고는 피고의 사기행위에 감쪽같이 속아서 1억 원을 투자하였으나, 결국 허위로 드러나 엄청난 손해만을 입게 되었습니다.	따라서, 피고는 원고에게 사기행위로 인한 손해배상책임을 부담합니다.

위 예시문은 사실에 관한 진술임에도 너무 많은 규범적 평가와 관련한 어휘가 등장한다. 또한 대부분 원고 측에 일방적으로 유리한 내용이다. 이런 글쓰기는 사실이 객관적으로 기술되어 있다기보다는 자신의 입장만을 고집하는 것처럼 느껴진다. 다음과 같이 수정하는 것이 좋다.

☑ 고친 글

사실에 관한 진술	규범적 평가(포섭)
피고는 2019. 9. 초경 <u>원고에게 연락하여</u> 있지도 않은 펀드에 <u>가입하라고 거짓말을</u> 하였습니다. 원고는 상당한 수익성이 예상된다는 피고의 <u>말을 믿고</u> 1억 원을 투자하였으나, 펀드라는 것은 존재하지도 않았습니다. 뒤늦게 1억 원 반환을 요구하였으나, 펀드는 존재하지 않았으므로 <u>아무 소용이 없었습니다.</u>	피고의 이러한 행위는 사기행위에 해당합니다. 피고는 원고의 사기행위로 손해를 입었습니다 따라서, 피고는 원고에 대해 손해배상책임을 부담합니다.

이처럼 사실에 관한 기술은 규범적 평가 이전의 자연적 사실을 중립적으로 드러내야 한다. 그러한 규범적 평가 이전의 자연적 사실의 중립적 기술(記述)에 의하여 사실 그 자체가 갖는 힘에 의해 자연스럽게 규범적 평가로 이어지도록 해야 한다.23 예를 하나만 더 보자.

☑ 예시 2

규범적 평가가 포함된 사실에 관한 진술	규범적 평가(포섭)
사고 당일 피고는 <u>전방주시의무를 소홀히</u> 하면서 <u>과속으로</u> 운전을 하다가 앞서 운전하는 원고를 미처 발견하지 못하였습니다. 원고는 사고지점에서 녹색등이 붉은색으로 바뀜에 따라 건널목 부근에서 정차하였으나, 그때까지도 <u>제한속도 준수의무 및 전방주시를 게을리하던</u> 피고는 원고의 차량을 그대로 추돌하였습니다. 이 사고로 원고는 ~ 등의 손해를 입었습니다.	이 사건 교통사고로 입은 원고의 손해는 피고의 전망주시의무 위반, 제한속도 위반 등 과실과 상당인과관계 있는 손해이고, 피고는 원고에게 손해배상책임을 부담합니다.

23 깊이 들어가면, 사실과 규범적 평가를 구별하는 것은 결코 쉬운 문제는 아니다. 자연적 사실을 말하는 언어도 실은 규범적 가치 판단을 포함하는 경우도 많다. 무엇보다 자연적 사실과 언어 사이에 건널 수 없는 강이 존재하기도 한다(언어로 자연적 사실을 100% 있는 그대로 전달하는 것은 가능하지 않다). 그렇기는 하지만, 예시문에서 보듯이 양자를 구별하는 글쓰기는 여전히 중요하다.

다음과 같이 수정하는 것이 좋다.

☑ 고친 글

규범적 평가가 배제된 사실에 관한 진술	규범적 평가(포섭)
사고 당일 피고는 <u>전후좌우를 제대로 살피지 않고</u> 운전을 하다가 앞서 운전하는 원고를 미처 발견하지 못하였습니다. <u>당시 도로는 제한속도 시속 80km였는데, 피고는 120km의 속도로 달리고 있었습니다.</u> 원고는 사고지점에서 녹색등이 붉은색으로 바뀜에 따라 건널목 부근에서 정차하였으나, 그때까지도 <u>피고는 원고의 차량을 제대로 파악하지 못한 상태로</u> 그대로 추돌하였던 것입니다. 이 사고로 원고는 ~~~ 등의 손해를 입었습니다.	이 사건 교통사고로 입은 원고의 손해는 피고의 전방주시의무 위반, 제한속도 준수의무 위반 등 과실과 상당인과관계 있는 손해이고, 피고는 원고에게 손해배상책임을 부담합니다.

(3) 제3원칙: 법률요건에 포섭될 사실들을 전략적으로 구성한다.

사실에 관한 글쓰기의 제3원칙은 법률요건에 포섭될 사실들을 전략적으로 배치, 구성해야 한다는 점이다. 법률문장에서 사실에 관한 글쓰기는 결국 포섭을 위한 전제 내지 사전포석이다. 따라서 고도의 전략적 사고를 요한다. 당사자 사이에 발생한 모든 사실을 적는 것이 아니다. 규범적 평가(즉 법률요건으로 포섭되는 논증)를 위해 매끄럽게 재구성된 사실을 기재해야 한다. 시간 순서를 x축으로, 법률요건을 y축으로 해서 목적론적으로 재구성된 사실을 기재해야 한다. 제2절에서 판결문과 소장의 기본 구조는 '역전된 3단논법' 구조를 취한다는 점을 보았다. 즉 자연적 사실을 먼저 기술하는 것이다. 이러한 자연적 사실의 기술은 포섭논증의 쟁점과 호응(matching)하는 방식으로 배치해야 한다. 전략적으로 잘 구성된 구체적 사실의 기술은 그 자체의 힘에 의해 자연스럽게 포섭(규범적 평가)의 영역으로 들어간다.[24]

---

24 나아가 이러한 사실의 기재는 또한 빈틈 없는 '스토리라인(storyline)' 내지 자연스러운 '서사(narratives)'의 구조를 가져야 한다. 이 점에 관해서는 제4장 설득력 있는 글쓰기에서 살펴볼 것이다(제4장 제2절 제2원칙 참조).

3. 소결

논리적 글쓰기 제5원칙은 다음과 같다.

> 사실은 최대한 구체적으로 기술한다. 추상적 사실은 주장이고 구체적 사실은 근거다. 구체적 사실이 많을수록 설득력이 높아진다.
> 사실의 기술에서는 가급적 규범적 평가 이전의 자연적 사실을 기술한다.
> 자연적 사실 기술은 법률요건을 전제로 목적론적으로 구성된 것이어야 한다.

VI. 논리적 글쓰기 제6원칙: 포섭논증 글쓰기 2
— 풍부한 논거 제시하기

1. 법적 논증에서 논거의 중요성

마지막으로 난해한 사안에서 포섭논증의 논거제시법에 대해 살펴본다. 법적 논증의 핵심은 결국 포섭이다. 그런데 포섭판단이 매우 어려운 사안도 많다. 이러한 사실관계는 "불법행위"를 구성하는가? 저러한 사실관계는 대리권이 있다고 믿을 "정당한 사유"에 해당하는가? 피고의 발언은 "공공의 이익"을 위한 것인가? 피고의 행위는 "중대한 과실"에 해당하는가? 등과 같이, 특정한 사실관계가 추상적 법률요건 해당하는지 판단은 항상 어렵다. 그러한 경우 원, 피고측 대리인은 "왜 이 사실관계가 이러한 법률요건에 포섭될 수 있는지" 다양한 논거들을 제시한다. 재판의 결론은 결국 쌍방이 제시한 논거들의 타당성 내지 설득력의 총합에 의해 결정된다. 필자는 재판실무에서 사용되는 논거의 종류를 다음과 같이 법률 내적 논거와 법률 외적 논거로 나누고, 그 세부 논거 유형을 다음과 같이 크게 9가지 분류해 보았다.[25]

---

25 拙稿, "재판실무에서 법적 논증의 기본구조" 저스티스 통권 제173권, 2019. 8. 다만 이러한 분

☑ 포섭에 관한 논증에서 논거유형

대분류	세부적 분류
법률 내적 논거	① 법령, 계약서의 해석론
	② 선례 및 유사 법리
	③ 원리논증, 해석캐논, 가치논증
	④ 체계논증
	⑤ 논리논증(논리정합성)
	⑥ 비교법 논증
법률 외적 논거	① 도덕, 정의, 형평, 상식
	② 정책 논거
	③ 구체적 타당성 논거

이 책에서 위와 같은 논거들의 성격을 이론적으로 길게 논할 것은 아니고, 논리적 글쓰기라는 관점에서 위와 같은 논거들의 실제를 대법원 판결을 통해 살펴보기로 한다(제1, 2원칙에서는 논증의 형식적 구조를 보았다면, 여기서는 재판실무에서 실제로 사용되는 논거의 구체적 내용을 보는 것이다).

2. 논증적 설득력을 최대화하는 글쓰기 원칙들: 논거의 수집과 배열

초보자들이 법적 논증의 실제 및 논리적 글쓰기를 가장 빨리 체득할 수 있는 방법은 논쟁적인 대법원 전원합의체 판결을 숙독하는 것이다. 단순히 읽는 것이 아니라 논거 다이어그램을 만들어서 분석하고, 반복하여 읽는 것이 필요하다. 창조의 99%는 모방이다. 논쟁적 대법원 판결을 천천히 숙독하는 것은 논리적 글쓰기 능력을 키울 수 있는 가장 빠른 방법이다(이 점에 대해서는 제6장

류는 빈번하게 사용되는 논거들의 예시에 불과하다. 실제로는 이 분류에 속하지 않는 논거들도 많고, 따져보면 9가지가 아니라 20가지, 30가지로 세분하는 것도 가능할 것이다(가령 ③번의 원리논증, 해석캐논, 가치논증 등도 사실은 조금씩 다른 얘기이다).

결론 부분에서 조금 더 상세히 언급해 두었다. 결론 부분을 미리 읽어보는 것도 좋겠다).

이하에서는 2개의 대법원 전원합의체 판결을 분석한다. 하나는 유명한 양심적 병역거부 판결이고, 다른 하나는 출퇴근길 사고가 업무상 재해에 해당하는지가 다투어진 2007년 전원합의체 판결이다. 전문을 찬찬히 읽을 것을 권고하지만, 여의치 않다면 이하에서 요약한 핵심 내용이라도 숙독해보기 바란다. 아울러 논거 다이어그램 작성법도 눈여겨 보기 바란다.[26]

(1) 대법원 2018. 11. 1. 선고 2016도10912 전원합의체 판결: 양심적 병역거부 판결

최초로 양심적 병역거부의 정당성을 인정한 위 대법원 판결에 대해서는 여전히 찬반 의견이 대립한다. 하지만 정작 위 대법원 판결에서 어떠한 쟁점들이 다투어졌는지 정확하게 알고 있는 사람은 많지 않다. 그 이유는, 판결이 유보다는 결론이 중요하기 때문이기도 하고, 다른 한편으로 140면 가까운 분량 때문이기도 할 것이다. 하지만 법적 논증과 글쓰기에 관심을 가진 독자라면 일독할 가치가 있다. 이하에서는 위 판결에서 어떠한 논거들이 사용되었는지 위주로 요약, 정리해 보자. 140면 가까운 위 판결문에 등장하는 논거들은 세부적으로 더 자세히 분류할 수도 있지만, 핵심만 정리하면 다음과 같다.

---

26 그밖에 논리적 글쓰기 관점에서 숙독할 가치가 있는 대법원 전원합의체 판결을 몇 가지 소개하면 다음과 같다.
   ① 대법원 2012. 5. 17. 선고 2010다28604 전원합의체 판결(물권적 청구권의 이행불능으로 인한 전보배상청구권이 인정 여부), 대법원 2012. 2. 16. 선고 2011다45521 전원합의체 판결(지급금지명령과 상계요건)은 법리학(jurisprudence) 글쓰기의 정수를 보여준다. 꼼꼼히 읽어볼 가치가 있다. 9년 전 판결이지만 문제도 좋은 편이다.
   ② 언급한 것처럼 최근 대법원 전원합의체 판결은 문제도 아주 좋다. 부동산 이중매매를 다룬 대법원 2018. 5. 17. 선고 2017도4027 전원합의체 판결(다양한 법리적 쟁점이 포함되어 있다), 대법원 2017. 12. 21. 선고 2012다74076 전원합의체 판결(국가계약법 사건, 논거가 풍부하다), 대법원 2019. 1. 24. 선고 2016다264556 전원합의체 판결(토지소유자의 배타적 사용·수익권 포기가 문제된 사안, 법리적 쟁점이 풍부하다) 등을 추천한다. 다만 최근 판결들은 무엇이든 꼼꼼하게 읽어보면 논리적 글쓰기에 도움이 된다.
   ③ 그밖에 대법원 2011. 9. 2. 선고 2008다42430 전원합의체 판결(변호사들의 '인맥지수' 사건) 판결, 대법원 2018. 5. 17. 선고 2016다35833 전원합의체 판결(변호사 성공보수 감액 사건) 등도 일독할 가치가 있다.

☑ **대법원 2018. 11. 1. 선고 2016도10912 전원합의체 판결: 양심적 병역거부**

	다수의견	반대의견
주장	양심적 병역거부는 허용되어야 한다.	양심적 병역거부는 허용될 수 없다.
근거 1 (법해석론)	병역법 제88조 제1항의 정당한 사유에 해당하는 것으로 볼 수 있다. 정당한 사유는 사회변화에 부응할 수 있는 불확정 개념이다. 우리 사회는 이를 받아들일 정도가 되었다. "법은 입법자보다 현명하다"	병역법 제88조 제1항의 정당한 사유는 질병 등으로 입영을 못한 예외적 사정을 의미하는 것이지, 양심적 병역거부를 포함하는 것으로 볼 수 없다. 다수의견은 입법론으로는 별론 해석론으로는 받아들일 수 없다.
근거 2 (헌법해석론)	헌법상 양심의 자유는 최상위 기본권이다. 국가의 기본권 보장의무의 관점에서도 양심적 병역거부는 인정되어야 한다. 관용의 정신, 소수자 보호 등의 관점도 고려해야 한다.	헌법은 국방의 의무 또한 중요한 가치로 규정하고 있다. 따라서 어느 하나의 가치가 전면적으로 우월할 수 없다. 다수의견은 양심의 자유의 절대성을 인정하는 것과 같다.
근거 3 (정책논거)	우리나라의 정치, 경제 상황, 과학기술이 중요한 현대전의 양상 등에 비추어 양심적 병역거부를 인정하더라도 국방에 큰 문제가 생길 것으로 보이지 않는다.	우리나라의 남북 대치상황과 같은 특수한 안보상황을 고려해야 한다. 만일 이를 허용한다면 국방 의무를 경시하고, 우리나라 국토방위에 문제가 발생할 수도 있다.
근거 4 (정책논거 2: 제도운용)	그것이 진실한 양심인지 여부를 판단하는 것은 쉬운 일이 아닌 것은 맞지만, 전혀 불가능한 것도 아니다. 그러한 운용상의 어려움이 있다는 이유로 기본권 행사 자체를 막을 수는 없다.	법원 절차에서 진정한 양심을 파악하는 것은 불가능에 가깝다. 검사가 입증할 수 있는 대상도 아니다. 비양심적인 사람들이 제도를 악용할 우려가 있다.
근거 5 (사회경제적 배경)	양심의 자유는 기독교 전통의 문제가 아니라 근대 민주주의, 법치주의 사회에서 기본적 인권의 문제다.	양심의 자유는 주로 기독교 전통과 친화적이어서 우리나라의 문화적 전통과 맞지 않는다.

논거의 내용을 조금 더 구체적으로 살펴보자.

① 법해석론

논쟁적 분쟁 사안에서 논증의 출발점은 항상 법해석론이다.[27] 법문이 해

---

27 삼단논법에 의하면 법해석론은 대전제의 해석 문제다. 하지만 실무에서 법해석론은 포섭논증의

석의 여지가 없으면, 공방의 여지도 없다. 치열한 공방이 이루어지는 사안은 항상 법문의 해석에 다툼이 있다. 그 경우 문리해석과 목적론적 해석, 체계적 해석 등이 대립한다. 이 대법원 판결의 공방도 결국 "양심적 병역거부"라는 자연적 사실(natural fact)[28]이 병역법 제88조 제1항이 규정한 "정당한 사유"라는 규범적 법률요건에 포섭되는지 여부의 다툼이다.

> **병역법 제88조(입영의 기피 등)** ① 현역입영 또는 소집 통지서(모집에 의한 입영 통지서를 포함한다)를 받은 사람이 <u>정당한 사유 없이</u> 입영일이나 소집일부터 다음 각 호의 기간이 지나도 입영하지 아니하거나 소집에 응하지 아니한 경우에는 3년 이하의 징역에 처한다.

다수의견은 양심적 병역거부가 위 조항에서 말하는 정당한 사유에 해당한다고 보았고, 반대의견은 부정하였다. 다수의견과 반대의견이 전개하는 해석론의 핵심논지를 비교해본다. 우선 반대의견은 다음과 같이 주장한다.

◀—— 반대의견의 법해석론

현역병입영과 관련하여 처벌규정의 '정당한 사유'란 입영통지에 기해 지정된 기일과 장소에 집결할 의무를 부과받았음에도 즉시 이에 응하지 못한 것을 정당화할 만한 사유로서, 병역법에서 입영을 <u>일시적으로 연기하거나 지연시키기 위한 요건</u>으로 인정된 사유, 즉 <u>질병, 재난 등과 같은 개인의 책임으로 돌리기 어려운 사유</u>로 한정된다고 보아야 한다.

논거로 등장하는 경우가 많다. 이 점 역시 실무의 법적 논증은 삼단논법의 연역논증과 다르다는 점을 뒷받침하는 정황이다(이 점은 법이론 측면에서 매우 중요한 시사점을 갖는다고 생각된다).

28 더 정확하게 말하면 이 판결에서 문제되는 것은 "자연적 사실의 한 유형"이다. 즉 진정한 양심적 병역거부로 인정된 사안이라면 그것이 병역법 제88조 제1항의 정당한 사유에 해당하는지 여부가 문제된 것이다. 개별, 구체적 사안에서 진정한 양심적 병역거부인지 판단은 또 다른 문제다. 이처럼 자연적 사실도 다양한 층위(추상수준)를 갖고, 대법원 판례는 특정 사실이 아닌 특정 사실관계의 유형에 대해 포섭판단을 하는 경우가 많다(대법원 판례의 법형성적 기능).

문리해석이기도 하고, 입법자의 의도를 고려한 해석이기도 하다. 병역법은 1949년 제정되었다. 당시 입법자가 '정당한 사유'에 양심적 병역거부를 고려하였을 리는 없다. 문리해석으로도 질병, 재난과 같은 사유라고 보는 것이 자연스러워 보인다. 이에 대해 다수의견은 다음과 같은 해석론을 전개한다.

▮ ←——— 다수의견의 법해석론

위 조항에서 정한 정당한 사유가 있는지를 판단할 때에는 병역법의 목적과 기능, 병역의무의 이행이 헌법을 비롯한 전체 법질서에서 가지는 위치, 사회적 현실과 시대적 상황의 변화 등은 물론 피고인이 처한 구체적이고 개별적인 사정도 고려해야 한다.

병역의무의 부과와 구체적 병역처분 과정에서 고려되지 않은 사정이라 하더라도, 입영하지 않은 병역의무자가 처한 구체적이고 개별적인 사정이 그로 하여금 병역의 이행을 감당하지 못하도록 한다면 병역법 제88조 제1항의 '정당한 사유'에 해당할 수 있다고 보아야 한다. 설령 그 사정이 단순히 일시적이지 않다거나 다른 이들에게는 일어나지 않는 일이라 하더라도 마찬가지이다.

다수의견은 목적론적 해석론을 전개한다. 이를 위해 "헌법을 비롯한 전체 법질서", "사회적 현실과 시대적 변화" 등과 같은 굵직한 개념어를 끌어들인다. 또한 반대의견과 달리 "일시적이지 않은 사정" 혹은 "다른 이들에게 일어나지 않는 사정"까지 언급하면서 사전포석을 깐다. 입법자의 의도를 고려하면 반대의견이 타당해 보인다. 그러나 다수의견의 반론도 만만치 않다.

▮ ←——— 다수의견의 재반박

병역법은 제정된 이후 현재까지 단순히 '입영의 기피를 처벌한다'고만 규정하지 않고, 언제나 '정당한 사유 없는 입영의 기피를 처벌한다'고 규정하였다. 즉 병역법은 처음부터 '정당한 사유'라는 문언에 대한 해석을 통해서 복잡다기한 현실과 미처 예상치 못한 사정들을 해결할 수 있는 여지를 마련해 두고 있었다. 입법자들이 정당한 사유로서 실제로 무엇을 상정하고 예상하고 있었는지가 결정적인 것은 아니다. 법을 해석할 때에 입법자의 의도를 고려해야 하지만 그에 구속될 것은 아니다. 오히려 구속되어야 할 것이 있다면 그것은 법 그 자체이다. 그런데 바로 그 법이 위와 같은 '정당한 사유'를 규정하고 있는 것이다. 법은 입법자보다 현명하다.

법해석론에 관한 법이론의 정수를 담고 있는 주옥같은 문장이다. "법은 입법자보다 현명하다"는 문구는 독일의 법철학자 라드부르흐(G. Radbruch)가 사용한 말로, 독일연방대법원도 판결문에서 여러 차례 인용한 문구다. 미국 법해석론의 고전으로 평가되는 「Matter of Interpretation」에서 스칼리아(A. Scalia) 대법관은 "온전한 의미의 문언주의는 문언 자체를 보는 것이지, 입법자의 의도를 보는 것이 아니다"라고 주장하였다.[29] 소설이나 시는 다양한 해석이 가능하다. 항구를 떠난 배처럼, 문학작품은 일단 작품이 완성되면 작가의 품을 떠난다. 해석은 오로지 독자의 몫이다. 작가의 애초 의도가 중요한 것이 아니다. 법률도 마찬가지다. 법률도 일단 세상에 나오고 나면 입법자의 의도가 결정적인 것은 아니다. 지면관계상 핵심 요지만을 소개하지만 다수의견과 반대의견의 해석론은 찬찬히 정독해 볼 가치가 있다.

② 헌법논증, 가치논증

양심적 병역거부 사안인 만큼 헌법논증은 사안의 결론을 가르는 핵심논증이다.[30] 다수의견의 헌법논증은 매우 강력하다.

> ◀──── 다수의견 헌법논증 1: 과잉금지 원칙 위배
>
> 양심의 자유에는 양심을 형성할 자유와 양심에 따라 결정할 자유 등 내심의 자유뿐만 아니라 위와 같이 형성된 양심에 따른 **결정을 외부로 표현하고 실현할 수 있는 자유**도 포함된다. 양심의 자유를 내면적 자유와 외부적 자유로 구분할 수 있지만, 내면적 자유는 절대적 권리이므로 제한하여서는 안 되고 외부적 자유는 상대적 권리이므로 언제나 제한하여도 된다는 단순한 형식논리로 이어져서는 안 된다.

---

29 Antonin Scalia, A Matter of Interpretation, Princeton University Press (1997) pp.14~29.
30 그렇지 않은 사건에서도 헌법논증이 중요하게 등장하는 경우는 많다.

자유민주주의는 다수결의 원칙에 따라 운영되지만 소수자에 대한 관용과 포용을
전제로 할 때에만 정당성을 확보할 수 있다. 국민 다수의 동의를 받지 못하였다
는 이유로 형사처벌을 감수하면서도 자신의 인격적 존재가치를 지키기 위하여 불
가피하게 병역을 거부하는 양심적 병역거부자들의 존재를 국가가 언제까지나 외
면하고 있을 수는 없다.

　　이에 비해 반대의견은 양심의 자유를 완전히 다른 관점에서 해석하고
있다.

양심표명의 자유는 양심실현의 자유의 일종으로서 상대적 자유에 해당하여 다른
헌법적 법익보다 우선한다고 볼 수는 없고, 헌법 제37조 제2항에 따라 국가안보
를 위해 필요한 경우 법률로써 제한할 수 있다. 설령 양심의 유지 또는 소극적 부
작위에 의한 양심실현의 자유가 외견상으로는 양심상의 결정이나 형성 등 내면적
인 양심의 자유와 밀접한 관련이 있다고 보더라도 단지 그러한 사유만으로 달리
취급할 수는 없다. 특히 소극적 부작위에 의한 양심실현의 전제가 되는 국가에
의한 작위의무의 부과가 양심의 자유와 동등한 헌법적 법익을 실현할 목적으로
모든 국민에게 동등하게 적용되는 헌법상의 기본적 의무에 따른 것일 경우에는
더욱 그러하다.
따라서 헌법상 국방의 의무 규정에 기해 입법된 병역법에서 정한 내용과 절차에
따라 병역의무가 부과되고, 그 의무이행에 있어 집총훈련 등이 요구됨에도 스스로
의 결정을 통해 형성한 내면의 종교적 양심 등에 반한다는 이유로 그 의무이행을
거부하는 양심적 병역거부 행위가 '양심유지' 또는 '소극적 부작위에 의한 양심
실현의 자유'라는 이유로 정당화될 수는 없다.

　　이러한 반대의견의 헌법논증이 헌법이론으로 타당한 것인지는 다소 의문
이다.

③ 정책논증 1: 우리나라의 안보상황

정책논증(argument based on policy rationale)은 대법원 판결에서 단골손님처럼 등장하는 논증이다. 정책논증이란 판결이 미치는 장래 파급효과로 결론의 당부를 판단하는 것이다. 미래지향적, 결과주의적(conseqentialist) 논증방법이다. 법이론 측면에서 법적 권리의무는 입법자가 정한 법률규정에 따라야 하는 것이지 미래의 영향, 사회에 미치는 영향에 따라 좌우되어서는 안 된다는 주장도 있다(이른바 "권리존중론").[31] 하지만 국내외를 불문하고 정책논거는 가장 빈번하게 사용되는 법적 논거 중 하나다. 이 사건에서 정책논거는 무엇인가? 여러 가지가 있는데, 가장 중요한 것은 국방 문제. 이 부분도 다수의견과 반대의견의 대립은 첨예하다.

■ ←── 반대의견의 정책논거

병역의무 이행을 국가와 사회에 대한 봉사와 희생으로 알고 명예롭게 여기면서 성실하게 임무를 수행 중인 국군 전체의 사기에 악영향을 미침으로써 **전반적인 국토방위의 태세를 약화시키는 계기가 될 수 있다.** 이로 인해 남·북한이 무력으로 대치하고 주변 강대국들로부터의 끊임없는 군사적 압박이 지속되는 안보적 위기 상황 속에서도 국방과 병역에 대한 규범적·제도적 신뢰를 토대로 유지되어 온 **안전과 평화에 대한 국민적 신뢰는 순식간에 불신으로 바뀌게 될지 모른다.** 국가안보에 대한 불안이 상존하는 상황에서는 지속 가능한 안전과 평화를 기초로 하여서만 가능할 수 있는 **기본적 인권 보장의 헌법적 가치 실현은 요원해 질 것이다.**

이에 대해 다수의견은 다음과 같이 반박한다.

---

31 20세기 최고의 법철학자로 꼽히는 로널드 드워킨(Ronald Dworkin)이 대표적이다.

국가안전보장과 국토방위는 모든 국민의 존엄과 가치를 보장하기 위한 필수적 전제조건이고, 세계 유일의 분단국으로서 우리나라의 안보현실이 다른 나라들과 비교할 수 없을 정도로 엄중하다는 데에는 다수의견도 전적으로 뜻을 같이한다.
그러나 양심적 병역거부자들을 형사처벌하더라도 이들은 교도소에 수감될 뿐 병역자원이 되지는 않는데다가 우리나라의 경제력과 국방력, 국민의 높은 안보의식 등에 비추어 볼 때, 양심적 병역거부자들을 형사처벌하지 않는다고 하여 국가안전보장과 국토방위에 위협이 된다고 보기는 어렵다.

두 입장이 보는 장래 파급효과는 정반대다. 객관적으로 보면 두 입장 중 한 입장은 오류일 것이다(혹은 둘 다 부분적으로 오류일 수도 있다). 판결이 미칠 파급효과는 미래의 일이므로 객관적으로 검증하기 어렵다. 대부분 정책논증은 실증적 자료보다는 직관적 판단에 의존하는 경우가 많은 이유다. 거꾸로 얘기하면 외국의 선행 경험이나 객관적, 실증적 분석이 뒷받침되어야 좋은 정책논증이 된다는 것이다.[32]

④ 정책논증 2: 제도의 운용상의 문제점

제도 운영상의 문제점에 대한 논증 역시 정책논증 가운데 하나다. 반대의견은 양심적 병역거부를 인정하면 다수의 허위 신앙고백자가 등장할 우려가 있다고 한다. 또한 진정한 신앙인지 아닌지를 구별하는 것 자체가 불가능하다고도 한다. 이에 대해 다수의견은 그런 문제가 있다고 하여 헌법상의 기본권 행사 자체를 막을 수는 없다고 한다. 입증책임의 법리에 따라 제도를 운용할 수 있을 것이라고도 한다.

---

32 정책논증을 반대하는 논거 중 하나는 법원이 그러한 실증적 판단을 하는 데에 한계가 있다는 점이다(인적, 물적 조직을 갖춘 입법부나 행정부의 몫이라는 의미이다).

다수의견의 결론을 따라 병역거부에 관한 '진정한 양심'을 이 사건 처벌규정의 '정당한 사유'에 해당하는 사유로 볼 수 있다 하더라도, 이는 내심의 영역에만 머물던 것으로서 그 존부에 대해 객관적인 재현이나 증명은 물론, 그 주장에 대해 과학적·합리적인 반증이나 탄핵을 하는 것 자체가 대단히 어렵거나 거의 불가능하다. 이로 인하여 형사사법절차가 예정하는 논리칙, 경험칙에 입각하고 합리성에 기초한 객관적인 증명의 대상으로는 적절치 않은 것이다.

▐ ──── 다수의견의 반박

정당한 사유가 없다는 사실은 범죄구성요건이므로 검사가 증명하여야 한다. 다만 진정한 양심의 부존재를 증명한다는 것은 마치 특정되지 않은 기간과 공간에서 구체화되지 않은 사실의 부존재를 증명하는 것과 유사하다. 위와 같은 불명확한 사실의 부존재를 증명하는 것은 사회통념상 불가능한 반면 그 존재를 주장·증명하는 것이 좀 더 쉬우므로, 이러한 사정은 검사가 증명책임을 다하였는지를 판단할 때 고려하여야 한다. 따라서 양심적 병역거부를 주장하는 피고인은 자신의 병역거부가 그에 따라 행동하지 않고서는 인격적 존재가치가 파멸되고 말 것이라는 절박하고 구체적인 양심에 따른 것이며 그 양심이 깊고 확고하며 진실한 것이라는 사실의 존재를 수긍할 만한 소명자료를 제시하고, 검사는 제시된 자료의 신빙성을 탄핵하는 방법으로 진정한 양심의 부존재를 증명할 수 있다. 이때 병역거부자가 제시해야 할 소명자료는 적어도 검사가 그에 기초하여 정당한 사유가 없다는 것을 증명하는 것이 가능할 정도로 구체성을 갖추어야 한다.
(중략) 검사가 증명하는 것이 쉽지 않다는 이유로 이를 정당한 사유로 주장할 수 없다고 보는 것은 본말이 전도된 것이다. 반대의견의 주장이 타당하지 않다는 것은 이미 여러 국가들이 진정한 양심적 병역거부를 가려내어 허용하고 있다는 사실만으로도 충분히 확인된다.

　　두 의견 모두 나름의 일리가 있다. 하지만 동시에 한계도 명확하다. 매우 어려운 문제다. 진정한 양심을 구별하는 것은 결코 쉽지 않다. 제도를 악용하는 사례가 발생할 가능성도 부인할 수 없다. 반면 그러한 제도 운영의 어려움이 있다고 하여 기본권 행사 자체를 막을 수 없다는 다수의견의 주장 역시 타당하다.[33]

⑤ 정책논거 3 내지 가치논증: 사법소극주의와 사법적극주의

이 사건의 또 다른 어려운 점은, 위 병역법 규정이 헌법재판소에서 헌법불합치 결정을 받아 향후 대체복무제 등 입법이 예정되어 있다는 점이다.[34] 다수의견은 그렇더라도 법원이 병역법 제88조 제1항의 해석으로 양심적 병역거부를 인정할 수 있다고 한다. 반대의견은 입법으로 해결해야 할 문제라고 본다. 특히 국회의 입법이 예정된 상황에서 법원이 나서서 무리하게 판결을 할 것은 아니라고 한다.

■ ── 다수의견의 논증

양심적 병역거부를 병역법 제88조 제1항의 정당한 사유로 인정할 것인지는 대체복무제의 존부와 **논리필연적인 관계에 있지 않다.** 대체복무제는 양심적 병역거부를 인정하였을 때 제기될 수 있는 병역의무의 형평성 문제를 해소하는 방안이 될 수 있다. 즉 대체복무제는 양심적 병역거부를 인정하는 것을 전제로 한다. **따라서 현재 대체복무제가 마련되어 있지 않다거나 향후 대체복무제가 도입될 가능성이 있더라도, 병역법 제88조 제1항을 위반하였다는 이유로 기소되어 재판을 받고 있는 피고인에게 병역법 제88조 제1항이 정하는 정당한 사유가 인정된다면 처벌할 수 없다고 보아야 한다.**

■ ── 반대의견의 논증

병역의무와의 등가성이 확보된 대체복무의 세부 내용 및 그 의무이행의 절차를

---

33 실제로도 진정한 양심적 병역거부인지가 다투어지는 사건들이 잇따르고 있다. 대법원 2020. 7. 9. 선고 2019도17322 판결, 대법원 2020. 9. 3. 선고 2020도8055 판결 등 참조. 두 사건 모두 진정한 양심적 병역거부가 아니라고 보았다.

34 헌재 2018. 6. 28. 2011헌바379 전원재판부 결정.

정하는 것 자체가 대단히 까다로운 일이다. 이를 정함에 있어서는 병역의무와 대체복무 각각의 부담에 관한 국회 차원에서의 일반적·추상적인 수준에서의 비교형량을 통한 판단만으로는 부족하고, 사회적 여론 수렴의 결과를 토대로 다양한 이해관계자들의 입장을 조정하는 동시에 현실적이고 공정한 내용이 될 수 있도록 상당한 기간 연구와 검토가 필요하다.

반대의견은 이러한 논증의 설득력을 높이는 다른 논거를 제시한다. 외국의 사례들을 제시하는 것이다. 유비논증 내지 귀납논증이지만, 이러한 비교는 늘 결론의 설득력을 높인다.

◀── 반대의견의 보충논거

외국의 경우를 보더라도 양심의 자유가 헌법에 규정되자마자 그로부터 바로 양심적 병역거부를 인정한 사례는 없고, 심지어 다수의견과 같이 병역거부행위에 대해 양심적 병역거부라는 이유로 무죄를 선고한 예도 거의 발견할 수 없으며, 단지 각 나라별로 국민 여론의 수렴에 따른 공감대 형성의 과정을 거쳐 대체복무제 도입 등과 같은 입법적 조치를 통해 이를 구제하는 예가 대다수인 것으로 보인다.

⑥ 비교법 내지 비교문화적 논거

마지막으로 반대의견은 양심적 병역거부는 기독교 문화와 친화적이고, 우리나라의 사회적, 역사적 배경과는 맞지 않는다는 주장을 개진한다.

◀── 반대의견의 논증

이러한 사정을 종합해 보면, 우리 사회에서 기독교적 이념을 보편적인 사회윤리로 인정할 수 없음은 물론이고, 이에 기초한 양심적 병역거부는 아직 대다수 사회구성원에게는 익숙하지 않은 이념이나 신조이다. 우리의 역사적·종교적 전통이나 경험을 토대로 할 때 기독교적 이념이나 교리에 기초한 양심적 병역거부의 주장은 대다수 구성원이 쉽게 받아들이기 어려운 것으로 보인다.

반대의견은 조선시대의 의병, 승병의 예를 든다. 양심적 병역거부는 우리의 역사적 전통과 맞지 않는다는 것이다. 다수의견은 다음과 같이 반박한다. 다수의견의 반박이 설득력이 있다.

◼ ◀━━━ 다수의견의 재반박

그러나 다수의견은 기독교 신앙을 추구하거나 서구사회에서 양심적 병역거부를 인정하고 있으므로 우리나라도 양심적 병역거부를 인정하여야 한다는 것이 아니다. 우리나라의 고유한 역사와 문화를 간과하고 있지도 않다. 다수의견은 양심의 자유의 중요성과 그 보장을 강조할 뿐이다. **민주주의와 인권을 추구하는 한 양심의 자유가 가지는 중대한 의미와 가치는 시대와 지역, 종교와 문화의 차이를 넘어서는 보편적인 것이다.**

⑦ 종합 평가

이처럼 논쟁적 사안에서는 다양한 논거들이 제시되고, 이를 둘러싼 공방이 이루어진다. 그러한 논거들의 설득력의 합에 의해 최종 결론이 결정된다.[35] 우리의 사법체계는 물론이고 외국에서도 이러한 논거들을 체계적으로 평가하고, 최종결론이 어떻게 도출되는지 구체적으로 밝힌 연구는 존재하지 않는다. 대부분 판결에서는 이러한 논거들을 종합하여 직관적으로 판단한다. 미래에 AI가 재판하는 경우 각 논거별 총점과 배점, 최소점수 등을 정하여 계량화된 평가방법을 고안해내는 날이 올지도 모를 일이다. 아무튼 그렇지 않은 상황에서, 좋은 법적 논증은 다양하고 풍부한 논거들을 제시하는 것이다. 초보자들은

---

35 이를 논리학적 관점에서 간략히 분석해 보면 다음과 같다. 만일 법적 논증이 논리필연적인 삼단논법에 의해 이루어진다면 이처럼 치열한 공방이 이루어질 리 없다. 이처럼 논쟁이 이루어진다는 것은 논리필연적 삼단논법이 아니라는 의미이다. 구체적으로 위에서 제시한 논거들은 ① 생략삼단논법의 연역논증과, ② 인과논증, 유비논증과 같은 귀납논증이다. 귀납논증은 개연성 논증이므로 논리필연적이지 않고, 설득력의 정도에 따라 승패가 갈릴 수 있음은 당연하다. 생략삼단논법은 숨겨진 대전제의 진리성 여부에 따라 논증의 설득력이 달라지는데, 그러한 대전제에서 다수의견과 소수의견을 견해를 달리하는 것이다.

이와 같이 심하게 다투어지는 논쟁적 사안의 논리구조를 분석하는 훈련을 반복할 필요가 있다.

(2) 대법원 2007. 9. 28. 선고 2005두12572 전원합의체 판결: 출근길 사고의 업무상 재해 해당 여부

이 사건은 "출근길 사고"라는 구체적 사실이 법령이 정한 "업무상 재해"라는 법률요건에 해당하는지가 문제된 사안이다. 다수의견은 부정하였고, 반대의견은 긍정하였다. 위 사건의 논거 다이어그램을 그려보자.

	다수의견	반대의견
주장	출근길 사고는 업무상 재해에 해당하지 않는다.	출근길 사고도 업무상 재해에 해당한다.
근거 1: 해석론	문리해석 – 업무상 재해는 사업주의 지배, 관리 하에 있어야 하는데, 출근길은 사업주의 지배, 관리 하에 있지 아니함	직장은 결국 사업주가 결정하는 것이므로 출근길도 사업주의 방침에 구속되어 지배, 관리 하에 있다고 보아야 함(출근길의 업무종속성)
근거 2: 체계논증	공무원연금 관련 판례들은 법규정 체계가 다르므로, 그러한 판례들이 이 사건에 적용된다고 볼 수 없음	공무원연금 관련 판례에서 출근길 사고를 공무상 재해로 인정한 것과 균형이 맞지 않음
근거 3: 헌법논증	사회적 기본권의 추상성 – 사회보장적 급여는 입법이 명확해야 하는데, 이 사건은 그렇게 볼 수 없음	사회적 기본권 역시 구체적 권리로 볼 수 있는 단계가 되었음 헌법상 평등 원칙에도 반함
근거 4: 비교법 논증	외국의 경우 이를 인정하였다가 재정문제가 발생한 사례들이 있음	외국에도 출퇴근 중 사고를 업무상 재해로 인정한 사례들이 있음
근거 5: 정책논증	장기적으로 산재보험의 재정상태를 고려해야 하므로 판결에 의해 산해보험의 범위를 넓히는 데 신중을 기할 필요가 있음	출근길 사고를 업무상 재해로 인정한다고 하더라도 산재보험의 재정에 심각한 문제가 발생한다는 점이 입증된 바 없음

① 법해석론

여기서도 출발점은 법해석론이다. 다만 이 사건에서는 법문 자체가 아닌 법문에 관해 확립된 대법원 판례의 해석론인 "사업주의 지배, 관리"라는 개념의 적용범위가 문제된다.[36] 즉, 포섭 범위의 문제다. 출퇴근길이 "사업주의 지배, 관리 하에 있다고 볼 수 있는지"다. 다수의견은 그렇게 해석할 수 없다고 한다.

<blockquote>
■ ←——— 다수의견의 해석론

구 산업재해보상보험법 제4조 제1호 소정의 '업무상의 재해'라 함은 근로자와 사업주 사이의 근로계약에 터 잡아 <u>사업주의 지배·관리하에서 당해 근로업무의 수행 또는 그에 수반되는 통상적인 활동을 하는 과정에서 이러한 업무에 기인하여 발생한 재해를</u> 말한다. 그런데 비록 근로자의 출·퇴근이 노무의 제공이라는 업무와 밀접·불가분의 관계에 있다 하더라도, <u>일반적으로 출·퇴근 방법과 경로의 선택이 근로자에게 유보되어 있어 통상 사업주 지배·관리하에 있다고 할 수 없다.</u>
</blockquote>

출퇴근길은 근로자가 선택한 것이므로, 사업주의 지배, 관리하에 있는 것으로 볼 수 없다는 것이다. 문언 자체로 일응 타당해 보인다. 그런데 반대의견의 논리를 보면 이 또한 설득력 있다. 반대의견은 다음과 같은 해석론을 전개한다.

<blockquote>
■ ←——— 반대의견의 해석론

사업주의 지배·관리하에 있는지 여부는 산재보험법 제4조 제1호의 해석문제로, 이는 <u>규범적으로 파악되어야 할 것이지,</u> 당해 행위가 사업장 안에서 이루어진 것인지 사업장 밖에서 이루어진 것인지 하는 <u>단순한 물리적·공간적 요소에 의해 평가될 것은 아니다.</u>
</blockquote>

규범적 관점에서 볼 경우 출퇴근도 사업주의 지배, 관리라는 개념에 포섭된다고 주장하면서, 그 근거를 다음과 같이 제시한다.

---

36 대법원 1999. 12. 24. 선고 99두9025 판결 등.

출·퇴근 행위란 근로자가 노무를 제공하기 위해 주거지와 근무지 사이를 왕복하는 반복적 행위로서, 노무를 제공하기 위해 반드시 거쳐야 하는 필수적인 과정이다. **통근 없으면 노무의 제공도 없고, 직장이 없으면 통근도 없는 것이다.** 그런데 근무지나 출·퇴근 시각은 근로자가 자유로이 정할 수 있는 것이 아니고 <u>오로지 사업주의 결정과 방침에 구속된다.</u> 근무지는 이미 정해져 있는 것이며 출·퇴근 시각 또한 사업주가 일방적으로 결정한 것에 따라야 하는 것이다.

법적 논증은 법해석론에서 출발하는데, 이러한 해석론도 하나의 논증이다. 해석론은 다수의견과 반대의견의 주된 주장(출퇴근 사고도 업무상 재해에 포함된다)의 근거지만, 그렇게 해석해야 한다는 것 자체가 다시 하나의 '주장'이다. 따라서 그에 대한 '근거'를 제시해야 한다. 위 문장은 바로 그러한 해석론의 근거다. 다단계논증인 셈이다. 이러한 논증은 2단이 아닌 3, 4단으로 이어질 수도 있다. 또한 이러한 논증은 체계논증, 헌법논증, 정책논증으로 뒷받침되기도 한다. 차례로 살펴보기로 한다.

② 체계논증

반대의견은 이러한 해석의 근거로 유사한 사안에서 대법원 판결과 균형을 들고 있다. 가령 (i) 출장 중 사고에 대해 업무상 재해를 인정한 사례[37] (ii) 휴게시간 중 사업장 밖에서 발생한 재해에 대해서도 인정한 사례,[38] (iii) 공무상 재해에 관한 대법원 판결[39] 등이 그것이다.

◀ ────── 반대의견의 체계논증 – 귀납논증의 일종

대법원은 근로자가 사업장을 떠나 <u>출장 중인 경우</u> 출장과정의 전반에 대하여 사

---

37 대법원 1997. 9. 26. 선고 97누8892 판결; 대법원 2006. 3. 24. 선고 2005두5185 판결 등.
38 대법원 2004. 12. 24. 선고 2004두6549 판결; 대법원 2005. 10. 28. 선고 2005두6423 판결 등.
39 대법원 1993. 6. 29. 선고 92누19309 판결 등.

업주의 지배하에 있음을 인정한다. 출장의 경우에도 근로자가 출장장소까지의 오가는 이동방법이나 경로 등에 대해 선택할 수 있음은 출·퇴근의 경우와 같다. 따라서 출장장소까지 왕복하는 행위를 사업주의 지배·관리하에 있음을 인정하는 입장이라면, 같은 법리로 출·퇴근 행위 역시 사업주의 지배·관리하에 있음을 인정함이 옳다.

이러한 논증은 유사사례와의 균형 등을 논거로 드는 것이므로 귀납논증/유비논증이다. 이에 대해 다수의견은 반대의견이 드는 사례와 이 사건을 구별하는 '구별짓기(distinction)' 논법으로 반박한다. '유사성'을 깨는 것은 '차이'이다.

■ ←—— 다수의견의 재반론

그러나 출장 중 재해에 관하여는 산재보험법 시행규칙 제36조에서 이를 업무상 재해로 본다는 명문의 규정을 두고 있는데다가 출장 행위는 그 자체로 업무행위에 해당하므로, 근로자가 사업장을 떠나 출장 중인 경우라도 그 용무의 이행 여부나 방법 등에 있어 포괄적으로 사업주가 책임을 지고 있다 할 것이어서 특별한 사정이 없는 한 출장 과정의 전반에 대하여 사업주의 지배하에 있다고 말할 수 있으므로 그 업무수행성을 인정할 수 있는 것이다.
또한, 대법원이 휴게시간 중 발생한 재해 중 일정한 경우를 업무상 재해로 인정하는 것은 산재보험법 시행규칙 제35조의2에서 근로기준법에 따라 사업주가 근로자에게 제공한 휴게시간 중에 사업장 내에서 사회통념상 휴게시간 중에 할 수 있다고 인정되는 행위로 인하여 발생한 사고로 사상한 경우에는 이를 업무상 재해로 본다고 규정하고 있기 때문이다.

이에 대해 반대의견은 위 산재보험법 시행규칙은 행정규칙에 불과하여 법적 구속력이 없다고 다시 반박한다(자세한 내용은 생략한다).

③ 헌법논증

다수의견의 핵심논거 중 하나는 헌법논거다. 사회권적 기본권인 산재보험청구권은 입법이 이루어지지 않은 상태라면 아직은 추상적 권리에 불과하다는 점(사회권의 추상성 논증), 그 경우 입법재량이 존중되어야 하고 그렇지 않다면 권력분립의 원칙에 반한다는 점 등이다(권력분립원칙 논증).

◾ ← 다수의견의 헌법논증 1: 사회권의 추상성

그러나 산재보험법에 의하여 구체화되는 산재보험 수급권은 사회권적 기본권에 속하는 사항으로서 이러한 사회권적 기본권에 관련된 법률의 해석에 있어서는 <u>입법의 광범위한 재량을 전제로 그 문언과 입법 취지에 따라야 함</u>은 헌법상의 일반 원칙에 관한 사항이라 할 것이다. 이러한 헌법상의 원칙에 반하여 반대의견은 산재보험법의 입법 취지를 넘어서는 해석을 하고 있는 것으로 보인다.

◾ ← 다수의견의 헌법논증 2: 권력분립원칙 논증

이러한 면에서 볼 때 출·퇴근 재해를 업무상 재해로 포섭할 필요가 있다 하여 곧바로 출·퇴근 재해가 업무상 재해에 해당한다고 해석할 수는 없다 할 것이다. <u>산재보험법에 의하여 비로소 구체화되는 사회적 기본권의 하나인 출·퇴근 재해에 따른 산재보험 수급권을 산재보험법령이 규정하고 있는 취지를 넘어서서 해석한다면 사회적 기본권에 속한 사항에 대하여 입법과 행정의 역할을 사법이 대신하여 권력분립의 원칙에 위반하는 것</u>이 된다.

이러한 다수의견의 헌법논증에 대해 반대의견은 평등원칙이라는 다른 헌법적 가치를 내세운다. 이러한 헌법논증은 체계논증과 같은 맥락이다.

◾ ← 반대의견의 헌법논증: 평등원칙에 기한 논증

다수의견과 같이 종래의 대법원판례의 견해가 유지된다면, <u>헌법상 평등의 원칙이라는 관점에서 문제가 되는 것은 비단 '일반근로자'와 '공무원 또는 군인'의 차별만이 아니다. 근로자 중에서도 '사립학교 교직원이 아닌 일반근로자'와 '사립학교 교직원인 근로자'와의 차별도 존재한다</u>는 것이다. 만약 다수의견의 보충의견과 같은 논리로 차별적 취급이 가능하다면, 가령 서울에 사업장 소재지를 둔 사업체에 종사하는 근로자와 그 밖의 지방에 사업장 소재지를 둔 사업체에 종사하는 근로자 사이에 사업주의 재정적 부담 능력의 차이, 보험주체의 차이(예를 들어, 서로 산재보험사업을 담당하는 기관이 다르다고 가정할 경우) 등을 들어 출·퇴근 중 재해를 포함시키는지 여부를 달리하더라도 형평성에 문제가 없다고 볼 수 있는지 의문이고, 또 다른 예로 상시 100인 이상의 근로자를 사용하는 사업장에 종사하는 근로자와 그 미만의 근로자를 사용하는 사업장에 종사하는 근로자 사이에 차이를 두는 것은 가능한 것인지, 의문이 꼬리에 꼬리를 물고 일어난다.

이에 대해 다수의견의 보충의견은 다시 다음과 같이 반박한다.

← 사회권적 기본권과 평등원칙에 대한 다수의견의 재반박

반대의견은 공무원에 대하여는 '공무로 인한 재해'에 출·퇴근 재해를 포함시키면서 근로자의 출·퇴근 재해에 대하여는 이와 달리 취급하는 것이 헌법상 평등의 원칙에 위반될 우려가 있다는 지적을 하고 있다. 그러나 국가가 재정적 여건 등 여러 가지 사정을 감안하여 선별적으로 수혜를 확대하는 것은 평등원칙에 위배되는 것으로 볼 수 없다. 반대의견에서 제시하는 것처럼 우리 대법원판례도 이를 명백히 하고 있으며(대법원 1995. 3. 14. 선고 94누15523 판결 참조) 헌법재판소에서도 이 문제가 평등의 원칙에 위배되지 아니함을 명시적으로 선언한 바 있다(헌법재판소 1993. 9. 27. 선고 93헌마45 결정 참조).

④ 정책논증

다수의견의 헌법논증은 정책논증으로 이어진다. 이 사안에서는 주로 국가의 재정문제가 그러하다.

← 다수의견의 정책논증

출·퇴근 재해를 업무상 재해로 인정하기 위한 요건을 어떻게 설정할 것인지, 그

보험급여의 수준을 어느 정도로 할 것인지, 재정적 여건을 갖추기 위하여 보험료율은 얼마나 인상할 것인지 등에 관한 종합적인 제도개선이 되기 이전에, 통상적인 출·퇴근 중에 발생한 재해를 원칙적으로 업무상 재해가 된다고 해석하는 것은 **산재보험의 재정적 위기를 초래하고 보험료율 인상으로 인한 사업주들의 반발이 예상되는 등 상당한 혼란을 불러일으킬 우려가 있어 오히려 근로자 전체의 공공복리 증진을 저해할 수도 있다.**

이에 대해 반대의견은 재정문제를 인정하면서도, 이는 공무원연금의 경우도 마찬가지인데 공무원과 일반 근로자를 구분하는 것이 부당하고 재반박한다.

▎ ◀──── 반대의견의 반박

반대의견도 그러한 문제점이 전혀 없다고 부정하거나 경시하는 것은 아니다. 다만 (중략) 산재보험법과 공무원연금법의 관련 법규를 아무리 살펴보아도 '업무상의 재해' 또는 '공무로 인한 재해'의 개념을 각기 해석·적용함에 있어서 그러한 사유를 감안하여 수급권의 부여 여부나 그 내용을 달리할 수 있다는 취지를 정한 규정을 도저히 발견할 수 없기 때문이다. 입법자가 근로자의 산재보험급여 수급권 또는 공무원 등의 공무원연금 수급권의 범위를 정한 법규정의 내용상 아무런 차이를 두지 않아 당해 재해가 업무상 재해 또는 공무상 재해로 인정되는 것이라면, **이를 집행하여야 할 행정기관으로서는 마땅히 그에 따르는 재원을 마련하는 등 필요한 조치를 취하여 이를 시행하여야 할 것이다.**

⑤ 비교법 논거

이 사건에서도 다수의견과 반대의견 모두 비교법 논거를 들고 있는데, 양자의 주장은 반대다. 양자의 논증 모두 부분적으로만 타당한 것일 수 있음을 의미한다.

출·퇴근 중의 재해에 관한 외국의 입법례를 보면, 유럽의 경우 대표적으로 오스트리아는 1917년경부터, 독일은 1925년경부터, 프랑스는 1946년경부터 이미 이를 산업재해의 한 유형으로 인정하여 보험급여의 대상으로 삼아왔다. 그리고 가까운 일본도 1973년부터 노재(勞災)보험의 보호대상으로 정하고 있다. 뿐만 아니라 국제노동기구(ILO)도 1964년 제121호 협약에서 출·퇴근 중 재해를 산업재해에 포함하도록 하고 있다.

외국의 입법례에서도 출·퇴근 재해를 업무상 재해로 인정하지 아니하는 국가들이 다수 있으며(미국, 영국, 호주, 캐나다, 이탈리아), 출·퇴근 재해를 업무상 재해로 인정하는 국가들도 그 재정적 부담이 심하여 사회문제화되고 있다고 한다.

(3) 소결 및 정리

이처럼 논쟁적 사안의 경우 다양한 쟁점들이 다투어지고, 그러한 각각의 쟁점들에서 각기 다른 논거들이 제시된다. 글쓰기의 관점에서 보면, 법적 논증에서 좋은 글쓰기는 이와 같이 다양한 쟁점에서 적절한 논거들을 풍부하게 제시하고, 당해 사안의 결론을 지지하는 수준 높은 논증을 전개하는 것이다. 반복하여 언급한 것처럼 이를 위해서는 다양한 쟁점이 다투어지는 판결문에 대한 분석적 독해가 필요하다. 물론 대법원 판결의 논증이라고 해서 다 옳은 것은 아니고, 모두 수준 높은 논증인 것도 아니다. 하지만 대법원 전원합의체 판결은 1~3심까지 변호사, 판사, 대법원 재판연구관, 대법관 등의 합작품으로, 하나의 쟁점과 관련하여 당대에 법률가들이 고민할 수 있는 모든 논점들이 압축적으로 요약된 것이어서, 법률가들의 논리적 글쓰기 연습에 더없이 좋은 자료다.

3. 소결

논리적 글쓰기의 제6원칙은 다음과 같다.

당해 주장을 뒷받침하는 모든 논거들을 모두 찾는다. 가능한 논거들을 모두 찾았다면 설득력의 전체적 수준을 고려하여 적절하게 배치한다. 개별논증 모두 완성도 높은 논증이 되도록 정교한 근거를 제시한다.

Ⅶ. 마무리

이상에서 논리적 글쓰기를 위한 기법들을 6가지 주제로 살펴보았다. 하지만 이는 정작 논리적 글쓰기의 최소한에 불과하다. 더 복잡한 논리, 더 미묘한 논리를 알기 쉽게 풀어내는 글쓰기 기법이라던가, 얽히고 꼬여 있는 문제적 상황을 시원하게 해결하는 창의적인 논리개발과 같은 미묘하고도 섬세한 문제들에 대해서는 언급조차 하지 못하였다. 이러한 점들을 향후의 과제로 미뤄두기로 하고, 설득력과 수사학이라는 다음 주제로 넘어가기로 한다.

법률문장의 수사학
―법률문장과 설득력 있는 글쓰기

1. 논리적 글쓰기와 설득력 있는 글쓰기의 관계에 대해 생각해본다.
2. 설득력 있는 글쓰기를 위한 몇 가지 기법들을 알아본다.

법률문장의 수사학_법률문장과 설득력 있는 글쓰기

제1절 서설

I. 왜 설득력이 문제되는가?

이 장에서는 설득력 있는 글쓰기에 대해 본다. 글쓰기가 간결·명료하고, 논리정연하다면 그것으로 충분하지 않을까? 그렇지 않다. 실용적 글쓰기의 목적은 결국 독자를 설득하는 것이다. 법률가의 글쓰기도 마찬가지다. 간결·명료하고 논리적으로 글을 쓰는 것도 결국은 독자를 설득하기 위한 것이다. 그런데 설득은 간결·명료, 논리만으로 해결되지 않는다. 같은 논리라도 얼마나 더 호소력 있는 문장으로 표현하느냐에 따라 설득력의 정도는 달라진다. 설득을 위해서는 집요한 반복이 필요할 때도 있다. 이성이 아닌 감성에 호소하는 것이 필요한 때도 있다. 촌철 같은 비유와 예시가 먹히기도 하고, 화려한 수사적 표현이 빛을 발하기도 한다. 복잡한 사실관계의 핵심을 요약하는 언어적 능력도 필요하다. 이처럼 설득력은 간결·명료한 글쓰기, 논리적 글쓰기를 뛰어넘는 어떤 것이다.

II. 법적 논증과 설득력, 수사학의 관계

법적 논증과 관련하여 생각해 볼 문제가 있다. 법적 논증에서 왜 설득력이 필요할까? 논리적으로 하자가 없다면, 논증으로 요건을 충족하였다면 그에 상응하는 합당한 결론이 도출되어야 하는 것 아닌가? 화려한 언변으로 재판부를 현혹하는 것은 불필요하고, 오히려 비법률적인 것이 아닌가? 인류 역사를 돌이켜보면, 한 때 그러한 사고가 지배하던 시절이 있었다. 원래 변론술과 수사학은 고대 그리스, 로마의 법정변론에서 시작되었다.[1] 당시에는 법체계가 현재와 같이 구비되지 않았다. 그래서 법률가의 변론능력에 따라 소송의 결론이 달라질 가능성이 많았다. 소피스트 즉 궤변론자들이 득세한 것도 이해가 가는 일이다. 소크라테스, 플라톤의 필생의 과제는 화려한 언변으로 진실을 가릴 수 있다는 소피스트들의 주장을 타파하는 것이었다. 플라톤의 이데아론은 변하지 않는 진리를 상정하여 소피스트들의 상대주의, 회의주의와 맞서는 이론이었다.

　근대를 거치면서 법치주의가 확립되고, 정교한 법체계가 발전하였다. 계몽주의 시대 법학자들은 완결된 법체계를 구비하면 논리만으로 법률문제가 해결될 수 있을 것이라고 생각했다. 법학 개론 교과서에서 들어보았을 19세기의 '개념법학'이 바로 그러한 생각을 반영한다.[2] 18~19세기 인간 이성에 대한 무한한 믿음을 가졌던 계몽주의자, 사회공학자(social engineer)들은 논리적으로 정치한 법률을 만들면 모든 사안을 자동적으로 해결할 수 있고, 판사의 업무는 그저 기계적인 법적용 이상도 이하도 아닐 것이라고 생각하였다.[3] 하지만 20세기 이후 그러한 믿음은 깨졌다.[4] 제3장 제3절 제6원칙에 보았듯이, 판결하기 어려운 사안에서는 가능한 모든 논거들이 동원되어야 하고, 그러한 모든 논거들이 결론에 영향을 미친다. 그럼에도 여전히 어떠한 결론이 타당한지 판단하기 어렵다. 재판실무에서 1, 2심의 결론이 다르고, 심지어 대법원에서 대법관들 사이에도 견해가 갈리는 사례는 많다. 그러한 사안에서 설득력 있는 글은 판결의 결론을 뒤바꿀 수도 있다. 우리는 잘 쓴 글이나 설득력 있는 몇 마디 말이 대중의 마음을 움직이고, 심지어 역사를 바꾼 사례들을 알고 있다. 논리적 글에서 논증이 타당하다면 그 결론은 항상 동일할 것 같다. 하지만 인

1　M. Frost, Introduction to Classical Legal Rhetoric, Ashgate, 2005, 2~4면; 김성룡, 법수사학, 준커뮤니케이션스, 21~22면.
2　개념법학은 독일법학의 개념이다. 하지만 같은 시기 프랑스에서는 주석학파, 미국에서는 형식주의(formalism) 법학이라는 것이 유행하였는데, 이들 역시 기본 사상은 비슷하다.
3　공리주의 철학자인 제레미 벤담(Jeremy Bentham)이 대표적이다.
4　미국의 법현실주의(legal realism)가 대표적이다.

문학, 사회과학에서는 항상 반대 논리도 성립할 수 있다. 자연과학, 수학과 차이다.

　　오늘날 사회변화 속도는 날이 갈수록 빨라진다. 반면 법체계의 발전은 더디다. 그 결과 기존 법리로 해결하기 어려운 사안들은 많아진다. 그런 점에서 여전히 설득력 있는 글쓰기는 중요하다. 오늘날 법체계를 궤변론자들이 판치던 그리스, 로마 시대과 비교할 수 없다. 하지만 여전히 19세기 계몽주의자들이 꿈꾸던 이상적인 법체계와는 거리가 멀다. 이상적인 법체계, 완벽한 법체계라면 논증으로 사안이 해결되고, 설득력 있는 글쓰기가 필요하지 않을 수 있다. 하지만 인간 역사에서 그러한 법체계가 가능할 것으로 보이지 않는다.5 법률가의 글쓰기 능력, 설득력 있는 글쓰기, 수사학의 중요성 등이 결코 간과될 수 없는 이유다. 6

Ⅲ. 논증을 전제로 한 설득 vs. 논증 없는 설득

　　하지만 주의할 것이 있다. 법적 논증에서 설득력의 의미를 지나치게 과장해서는 안 된다. 설득은 폭넓은 개념이다. 설득에는 논증을 전제로 한 것과 그렇지 않은 것이 있다. 수년전 '설득의 심리학'이라는 책이 베스트셀러로 팔리던 적이 있었다. 이 책은 주로 이성적으로 설명할 수 없지만, 사람의 마음을

5　사상사의 관점에서 보면 논리적인 것과 설득력 있는 것의 관계는 끊임없이 변화해 왔다. 이는 논리학과 수사학의 대립이라는 관점에서 살펴볼 수 있다(하병학, "논리학과 수사학의 갈등과 공존-페렐만의 논증행위이론을 중심으로", 한국수사학회, 2011 참고). 고대 그리스 로마의 법정은 수사학이 우위를 점하던 시기였다면 근대 계몽주의의 산물인 개념법학이나 형식주의는 논리학 우위의 사고다. 21세기 현재는 기본적으로 논리학 중심의 법사고가 지배적이지만 수사학의 요소 역시 간과할 수 없는 상태에 있다고 말할 수 있다.

6　실무가들은 종종 "재판은 살아 있는 생물체 같다"고 말하곤 한다. 사건을 어떻게 접근하고 어떻게 구성하느냐에 따라 완전히 다른 사건이 될 수 있다는 점을 말하는 것이다. 로스쿨에서는 논리적으로 딱 떨어지는 사례만 배운다. 하지만 실무에서는 그렇지 않은 사건들도 많다. 학교에서는 논리학적, 플라톤적 법개념을 배운다면 실무가들은 점점 소피스트를 닮아간다. 실무가들은 겉으로는 플라톤의 추종자라고 생각하지만, 내면으로는 고르기아스(Gorgias)의 후예들인지도 모른다.

움직이는 특정한 심리적, 무의식적 메카니즘에 대해 설명한다. 그 메카니즘을 잘 이해하는 상인은 결국 고객의 마음을 사로잡아 매출을 극대화할 수 있다. 이것도 분명 설득이지만 이는 **논증 없는** 설득이다. 논증 없는 설득은 연애나 구애를 생각해 보면 쉽게 알 수 있다. 나의 완벽한 논리라면 상대가 틀림없이 마음을 열 것이라고 생각한다면 착각이다. 이성의 마음을 열게 하는 것은 생각지도 못했던 사소한 것들, 가령 부드러운 목소리, 우수에 찬 눈빛, 느린 걸음걸이 … 그런 것들일 수 있다. 논증과 아무런 관련이 없다. '포퓰리스트(populist)'라는 말은 혹세무민하는, 대중 선동을 일삼는 정치인을 일컫는 부정적 뉘앙스의 단어다. 여기서 혹세무민, 대중 선동도 설득의 일종이다. 그런데 건전한 논리가 아닌 대중의 은밀한 욕망에 호소하는 것이다. 타인의 마음을 얻는 것은 결코 논리에만 의존하지 않는다.

반면 재판에서 설득은 항상 논증을 전제로 한다. 제3장에서 본 것처럼 법적 논증은 항상 법률에서 출발한다. 이 점은 사회과학 논쟁도 비슷하지만 법적 논증만큼 엄격하지는 않다. 재판에서 논증에서 실패하였는데, 설득으로 만회할 수는 없다. 기본적 논증이 이루어지고, 그에 더하여 독자의 마음을 움직일 수 있는 글쓰기, 그 점에 대해 살펴보려는 것이다.

Ⅳ. 실무에서 설득력, 수사학이 문제되는 구체적인 모습

그렇다면 구체적으로 실무의 법률문장에서 설득력 있는 글쓰기는 어떻게 문제될까? 크게 보면 다음 세 가지다.

1. 언어와 표현력의 문제

우선 언어의 문제, 표현력의 문제다. 흔히 수사학은 소피스트들의 궤변처럼 말이 되지 않는 얘기를 말이 되는 것처럼 꾸며내는 부정적인 언어기법으로 이해되기도 한다. 하지만 실무에서 그런 글쓰기는 생각보다 많지 않다. 더 정확히 말하면, 그런 글쓰기가 없지 않지만 생각처럼 잘 먹히지 않는다. 설득력 있는 글쓰기가 빛을 발하는 상황은 오히려 반대다. 진실이 100인데, 120~130처럼 보이게 하는 글쓰기가 아니다. 진실이 100인데, 60~70밖에 표현하지 못하는 상황이다. 그런 상황에서 80~90, 나아가 100까지 정확하게 표현하는 글쓰기가 문제된다. 뭔가 부당하지만 왜 부당한지, 뭔가 억울하지만 왜 억울한지, 정확하게 표현하기 어려운 경우는 생각보다 많다. 사태의 본질을 말로 정확하게 표현하지 못해서 진실이 묻히는 것이다. 사안이 복잡, 미묘하면 더더욱 그렇다. 느낌은 있는데 말로 어떻게 설명해야 할지 난감한 경우도 많고, 너무 복잡해서 제한된 지면에서 효과적으로 전달하기 어려운 경우도 많다. 그런 사안에서 그 부당성과 억울함을 100% 가까이 정확하게 표현하는 일은 결코 쉽지 않다. 그런 상황을 명쾌하게 풀어내는 글쓰기는 논리적 글쓰기와는 완전히 다른 차원의 문제다.

2. 논증을 넘어서는 '스토리라인(storyline)'의 개연성

다음으로, 논증과 다른 차원에서 '이야기(story)'의 설득력이 문제된다. 소송에서 원, 피고가 주장하는 사실관계는 섬처럼 고립된 사실의 조각이 아니다. 그것은 원, 피고 및 주변사람들을 둘러싼 일련의 사건의 흐름 속에서 발생한 사건이다. 그렇기 때문에 재판의 전제가 되는 사실관계에는 항상 특정한 '스토리라인(storyline)'이 존재한다.7 그리고 그 이야기는 수많은 '퍼즐'로 구성되어 있다. 그런데 사이사이에 빈 퍼즐이 있다면 그 이야기에 쉽게 수긍이 가지 않는다. 판사는, 논증(argument)의 타당성을 판단하기도 하지만, 다른 한편으로 원, 피고 가운데 누구의 이야기(story)가 더 설득력이 있는지를 판단하기도 한다. 논증은 논리적 완성도를 문제 삼지만 설득력, 수사학은 이야기의 개연성, 서사의 자연스런 흐름을 본다. 원, 피고가 하는 얘기가 전체적으로 수긍이 가는지는 논리만의 문제가 아니다. 논리보다 넓은 범주로서 보편적 상식, 경험, 정서 등 다양한 요소들이 개입된다. 논증은 논리구조만을 본다면 수사학, 설득

---

7   관련한 학술논문으로는, 양소연, "법적 논증에서 서사의 기능", 저스티스 통권 177권, 2020. 4. 참조.

력은 스토리라인(storyline)의 전체적 개연성을 문제 삼는다.[8] 이는 법률 내지 재판의 '실질적 정당성'과도 관계된다. 논증이 논리전개의 타당성만을 본다면 수사학, 설득력은 사태의 현실적 개연성, 실질적 정당성까지 본다. 이처럼 설득력, 수사학은 논리학보다 넓은 개념이다. 실무가들이 사건의 디테일 하나하나에 섬세하게 신경쓰는 것도 바로 이러한 점 때문이다.

3. 가치의 문제, 보편적 정서, 직관

설득력이 문제되는 또 다른 이유는 법적 논증에서는 논리만이 아닌 가치판단 내지 규범적 평가가 문제되기 때문이다. 논리학의 이상적 형태는 수학이다. 연역논증은 논리학의 이상을 가장 잘 반영한 논증구조다. 하지만 법적 논증 특히 포섭논증은 연역논증 혹은 수학적 논리만으로 해결되지 않는다. 가치의 문제, 규범적 평가의 문제가 개입될 수밖에 없기 때문이다. 그런데 가치의 문제, 평가의 문제는 논리규칙보다는 직관에 의존하는 경우가 많다. 규범의 정당성 판단을 직관에 맡기는 것은 바람직한 것은 아니다. 그런 이유로 법이론가들은 논증의 이상적 규칙을 세우기 위해 많은 노력을 기울인다.[9] 하지만 적어도 실무에서 법적 판단, 특히 가치평가에 직관적 요소가 상당 부분 개입될 수밖에 없다는 점은 부인하기 어렵다. 그리고 그러한 직관적 판단에 영향을 미치는 것은 논리보다는 설득력이다. 앞서 언급한 것처럼 재판에서 설득력은 법적 논증에 종속되는 부차적인 지위에 있는 것은 사실이지만, 다른 한편으로 재판의 결론이 순수하게 논리적 추론과정만으로 환원될 수 없다는 점도 부인하기 어렵다. 그런 점에서 글쓰기의 설득력이 문제된다.

제2절에서는 설득력을 높이는 글쓰기 기법들을 5가지 주제로 살펴본다. 이는 설득력의 문제, 수사학의 문제의 최소한에 불과하지만, 더 심오한 문제들은 향후의 과제로 미루기로 한다.

---

8 재판실무에서 법적 논증이 아닌 사실관계 다툼이 주된 쟁점인 사건도 굉장히 많다. 이처럼 사실관계의 다툼이 핵심 쟁점인 사건에서는 논증보다는 설득력이 특히 중요한 역할을 할 수밖에 없다.

9 대표적으로, 로베르트 알렉시(Roberto Alexy), 변종필, 최희수, 박달현 역, 법적 논증 이론, 고려대학교출판부, 2007.

제 2 절 설득력 있는 글쓰기 5가지 원칙

제2절에서는 법률문장에서 설득력 있는 글쓰기를 위해 생각해 볼 점을 5가지 주제별로 살펴본다.

Ⅰ. 설득력 있는 글쓰기 제1원칙: 적절한 'redundancy'와 변주(變奏)

1. 서설: 이른바 'redundancy'의 필요성

글에는 적당한 'redundancy'[10]가 필요하다는 말이 있다. 'redundancy'란 "불필요한 중복"을 의미하는 영어단어다. 말 자체로 알 수 있듯이 부정적 뉘앙스의 단어다. 제2장에서 강조하였던 간결·명료성과 대비된다. 글쓰기에서 그토록 강조되는 간결·명료성을 해치는 요소가 어떻게 권장될 수 있다는 말인가? 그 이유는 다음과 같다. 제2장에서 본 군더더기 없애기는 독자의 독해 에너지 낭비를 없애는 작업이다. 원칙적으로 군더더기가 제거된 글은 좋은 글이다. 하지만 다음과 같은 문제가 있다.

첫째, 글의 모든 문장이 하나의 예외도 없이 꼭 필요한 정보들로만 구성되어 있다면 어떠할까? 경제학적 관점에서 "최적의 효율성(optimal efficiency)"을 갖춘 것으로 볼 수 있다. 하지만 왠지 각박하다. 여백의 미가 미덕으로 취급되는 이유를 생각해 볼 일이다. 100% 필요한 정보로만 구성된 글은 그림으로 비유하면 화폭의 모든 공간이 정물로 가득한 빡빡한 그림과 같다. 너무 숨

---

10 제5장에서 우리말다운 글쓰기에 대해 살펴본다. 외래어는 물론이고 한자어까지 배격하고 순수 우리글 쓰기를 주장하였던 이오덕 선생님이 아셨다면 호통을 치실 일이지만 이하에서는 굳이 영어 원문을 쓰고자 한다. 그 이유는 그 번역어인 '중언부언'과 같은 한국어를 쓰는 것보다 원어를 사용하되 " "를 표기해 두는 것이 필자의 의도를 가장 효과적으로 전달하는 방법이기 때문이다.

막히지 않을까? 그림이든 우리의 삶이든 다소간 여유가 필요하다. 글에도 다소간 'redundancy'가 필요한 첫째 이유다.

둘째, 현실적으로, 독자가 모든 문장을 하나 하나 곱씹어 읽으리라는 보장이 없다. 이 바쁜 시대에 속독을 선호하는 독자도 많다. 만일 어떤 글이 꼭 필요한 정보만으로 구성되어 있다면 핵심 정보가 온전히 전달될까? 그렇지 않을 가능성이 높다. 앞장에서 본 양괄식 역시 주장을 두 번 반복하는 것이다. 결국 핵심정보, 핵심주장은 적절히 반복할 필요가 있다.

셋째, 가장 본질적 문제로, 글쓰기의 목적이 설득에 있다면 간결·명료한 것이 능사가 아니다. 설득을 위해서는 때로는 간결·명료의 미덕을 버려야 한다. 다소 장황하더라도, 반복할 필요가 있다. 간결·명료한 글쓰기는 다툼이 없는 부분, 삭제하더라도 의미전달에 문제 없는 군더더기를 제거하라는 것이다. 필자의 핵심논지, 한창 논쟁이 벌어지는 주요쟁점, 독자가 받아들일 것 같지 않은 특이한 주장까지 간결·명료하게 한 문장으로 처리해서는 안 된다. 그런 글쓰기는 한마디로 설득을 포기하는 것이다. 결국 'redundancy'는 핵심정보, 논쟁적 쟁점, 필자의 논지에 해당하는 부분에 필요하다. 좋은 글은 군더더기를 제외하고 꼭 필요한 정보 100%와 핵심정보의 반복 20~30%로 구성된 글이다. 꼭 필요한 분량의 120%~130% 정도가 적당하다. 반면 못난 글은 꼭 필요한 정보는 간결·명료하고 불필요한 군더더기가 중언부언인 글이다. 글의 전체적 구성의 관점에서 군더더기와 'redundancy'의 관계를 끊임없이 고민해야 한다.

필자의 논지, 핵심정보	글의 주변부
적절한 'redundancy'	간결·명료한 기술

2. 'redundancy' 활용에서 주의할 점: 'rephrase'의 필요성, 변주곡의 느낌으로!

주의할 것은 효과적인 'redundancy'는 단순반복이 아닌 'rephrase'라는 점이다. 좋은 글의 필수요건 중 하나는 반복을 피하는 것이다. 같은 지면에서 같은 어휘를 반복해서는 안 된다. 반드시 다른 단어, 다른 표현으로 같은 논지를 되풀이해야 한다. 'redundancy'는 "같은 말을 반복하라"는 의미가 아니라, "같은 내용을 다른 언어로 반복하라"는 의미다. 앞서 언급한 PREP에서 Reason, Example도 같은 말을 반복하되, 다른 방식으로 rephrase하는 것이다. 다음 대법원 판결의 예를 보자. 같은 얘기를 5회 반복하고 있다(①~⑤는 필자가 추가함).

⬛ ⟵ 대법원 2017. 12. 21. 선고 2012다74076 전원합의체 판결 중 반대의견

① 법질서는 모순이 없어야 한다. ② 한쪽에서는 금지하고 다른 쪽에서는 허용한다면 수범자로서는 어느 법률을 따라야 할지 알 수 없다. ③ 법률에서 일정한 의무를 부과하거나 일정한 행위를 금지하면서 이를 위반한 법률행위를 유효라고 한다면 이는 법질서의 자기모순이라고 할 수 있다. ④ 이러한 현상은 특별히 인정해야 할 다른 이유가 없는 한 억제되어야 한다. ⑤ 따라서 법률을 위반한 법률행위의 효력을 판단하는 과정에서 위에서 본 여러 사정을 고려해서도 판단하기 어려운 사안에서는 원칙적으로 그 효력을 부정함으로써 법질서의 통일성과 일관성을 확보하는 것이 법치주의의 최후 보루로서 사법부가 해야 할 일이다.

위 글에서 ①~⑤는 사실상 같은 얘기를 다섯 번 반복한 것이다. 조금 더 구체적으로 분석해 보자.

①	법질서는 모순이 없어야 한다.
②	한쪽에서 금지하고 다른 쪽에서 허용하면 안 된다.
③	법률이 허용한 행위를 위법이라고 하는 것은 모순이다.
④	이러한 현상은 억제되어야 한다.
⑤	사법부는 법질서의 통일성을 추구해야 한다.

결국 ①은 일반론을 두괄식으로 제기하고, ②~④는 같은 얘기를 4번 변주한 것이다. 그러면서 논리논증, 정책논증을 제시하고, 사법부의 임무를 언급하며 마무리한다. 제2장에서 본 것처럼 현대형 문체의 판결문이다. 간결·명료한 끊어 쓰기를 하면서도 ①에서 ⑤로 갈수록 문장의 길이는 조금씩 늘어난다.

이러한 rephrase는 변주곡(變奏曲)에 비유할 수 있다. 변주곡은 같은 주제를 다른 조성, 다른 편성으로 반복하는 것이다. 그렇게 반복된 멜로디는 결국 독자의 머리에 각인된다. 클래식 음악을 좋아하지 않는 사람도 Beethoven 9번 합창교향곡 4악장 '환희의 송가'의 멜로디, 5번 운명교향곡 1악장 테마 정도는 알고 있다. 그 멜로디가 인상적이기 때문만은 아니다. 잘 들어보면 같은 주제의 멜로디가 반복, 변주된다. 이처럼 핵심주제의 rephrase는 독자에게 핵심논지를 각인시키는 장치다.

3. 법률문장과 'redundancy'

법률문장에서 어떠한 경우 'redundancy'가 필요한지 몇 가지 유형별로 살펴보자.

(1) 핵심 주장의 경우

이미 언급한 것처럼 필자의 '핵심 주장'은 반복하여 강조할 필요가 있다. 다음 예를 보자. 주가예측을 제대로 못하였으니 손해배상책임을 지라는 판결문에 대한 항소이유서다.

■ ── 예시

제1심은 피고가 주가예측에 실패하여 손해를 입게 하였으니 손해배상책임을 부담한다고 판단하였습니다.
그러나 미래 주가의 향방은 실로 많은 변수들에 의해 영향을 받는 것이어서 정확하게 예측하는 것은 사실상 불가능합니다. 따라서 피고들이 주가를 제대로 예상하지 못하였다고 하여 과실이 인정될 수 없습니다.

위 논지로 항소이유서를 쓰면서 위와 같이 핵심 논지를 간결·명료하게 적었으니 되었다고 생각하고 끝내겠는가? 아니다. 다음과 같이 집요하게 반복해야 한다. 물론 rephrase가 필요하다.

■ ←── 고친 글 1

제1심은 피고가 주가예측에 실패하여 손해를 입게 하였으니 손해배상책임을 부담한다고 판단하였습니다.

그러나 미래 주가의 향방은 실로 많은 변수들에 의해 영향을 받는 것이어서 아무리 노련하고 유능한 전문가라고 하더라도, 정확하게 예측하는 것은 사실상 불가능합니다. 따라서 피고들이 주가를 제대로 예측하지 못하였다고 비난하는 것은 타당하지 않습니다.

좀 더 살을 붙여보자(아래의 (1), (2) 부분).

■ ←── 고친 글 2

그러나 미래 주가의 향방은 실로 많은 변수들에 의해 영향을 받는 것이어서 아무리 노련하고 유능한 전문가라고 하더라도, 당해 회사에 대해 아무리 많은 지식을 갖고 있다고 하더라도, 정확하게 예측하는 것은 사실상 불가능합니다.

(1) 만일 그것이 가능하다고 하면 주식으로 재산을 탕진한 사람이 그렇게 많지는 않았을 것이고, 또 훨씬 더 많은 사람들이 주식을 통하여 거부가 되었어야 합니다. 그러나 현실이 그렇지 않다는 점은 주가 예측이 얼마나 어려운 일인지를 잘 보여주는 것입니다. 주식으로 성공한 사례들이 인구에 회자되지만, 이는 극히 예외적인 경우이며 실제로는 재산을 탕진한 사람들이 훨씬 더 많습니다.

(2) 법은 불가능한 것의 이행을 요구할 수 없습니다. 전문가들도 주가의 향방을 예측하기 어려운데, 피고들과 같이 주식 전문가도 아닌 사람들에게 주가향방을 예측하지 못한 것에 대해 손해배상책임을 부담케 한다면 이는 불가능한 것을 강요하는 것에 다름 아니라는 점에서도 부당합니다.

따라서 피고들이 주가를 제대로 예측하지 못하였다고 비난하는 것은 타당하지 않습니다.

추가한 (1), (2)는 귀류법,[11] 예증법, 정책논거 등으로 논지를 다시 표현(rephrase)한 것이다. 이와 같이 반복된, 그러나 다른 방식으로 표현된 글을 통

---

11 특정 주장을 인정할 경우 발생하는 모순을 지적함으로서 그 주장을 반박하는 논증법을 의미한다.

해 설득력을 높여야 한다. 독자는 같은 논지지만 다른 언어로 반복되는 논증을 거듭 읽으며 고개를 끄덕일 수 있다.

어느 정도로 반복할지는 그 주장이 독자들에게 받아들여지는 정도에 따라 다를 수 있고, 또 달라야 한다. 주장이 이미 친숙한 내용이거나 독자들도 충분히 이해하고 있는 내용이라면 굳이 반복할 필요 없다. 반면 독자에게 낯선 주장이나 통념에 반하는 주장이라면 반복해서 강조할 필요가 있다.

(2) 난해한 주장 쉽게 설명하기

다음으로 이해하기 어려운 주장의 경우다. 법률가의 글쓰기건 일반적 글쓰기건 누가 읽더라도 쉽게 이해하기 어려운 주장을 전개하면서 단 한마디로 끝내버리는 것은 설득을 포기하는 것이다. 예를 들어보자.

▪ ──── 예시 1

전건 부정의 오류(fallacy of negating the antecedent)란 전건 부정 추리에서 후건 부정을 타당한 결론으로 받아들이는 오류를 의미합니다. A의 주장은 전건부정의 오류를 범한 것이므로, 더 나아가 살필 필요 없이 잘못된 것입니다.

전건부정의 오류는 그 의미를 아는 사람에게는 어려운 개념이 아니다. 그러나 논리학을 모르는 독자에게는 그렇지 않다. 다음과 같이 예를 들어 반복, 설명해 주면 독자는 쉽게 논지를 이해할 수 있다.

▪ ──── 고친 글

전건 부정의 오류(fallacy of negating the antecedent)란 전건 부정 추리에서 후건 부정을 타당한 결론으로 받아들이는 오류를 의미합니다.
예들 들어 "비가 오면 땅이 젖는다"라는 명제는 맞지만, "비가 오지 않았으므로 땅이 젖지 않았다"고 말하는 것은 오류라는 것입니다. 비가 안 오더라도 아침에 살수차가 지나갔다거나 수도관이 터져서 땅이 젖을 수 있기 때문입니다.
A의 주장은 전건부정의 오류를 범한 것으로서 부당한 주장임이 분명합니다.

전문가들의 글을 보면 불친절한 글쓰기로 가득하다. 당신이 이해하든 말든 그것은 당신 문제이고, 나는 내 생각만 쓰면 그만이라는 식이다. 당신이 세계적 석학이어서 당신이 무슨 말을 하든 독자들이 오매불망 학수고대하고 있다면, 그 난해한 글에 수많은 주석서가 쏟아져 나올 상황이라면, 그렇게 써도 된다. 하지만 그 정도 경지에 있지 않다면 그렇게 써서는 안 된다. 새로운 개념이 나온다면 중언, 부언으로 독자가 그 의미를 이해할 수 있도록 하는 노력이 필요하다. 이번에는 법률개념의 예를 보자.

▮ ⎯⎯ 예시 2

로마법의 원칙 중 오표시 무해의 원칙(falsa demonstratio non nocet)이 있습니다. 이는 표의자가 잘못된 의사표시를 하였음에도 상대방이 그 진의를 올바르게 인식한 경우 표의자가 의도했던 대로 법률효과가 발생하는 것을 의미합니다.
이 사건의 경우 원고와 피고는 원고의 오표시에도 피고가 그 의미를 이해하였으므로, 위 원칙에 따라 어떠한 착오가 있었다고 볼 수 없습니다.

'오표시 무해의 원칙'은 법률가에게는 어려운 개념은 아니다. 알고 보면 초등학생도 이해할 수 있을 쉬운 개념이다. 그러나 알지 못하는 사람이 개념 정의만으로 그 의미를 이해하기 어렵다. 독자가 그 의미를 당연히 아는 경우가 아니라면, 다음과 같이 첨언해 주는 것이 좋다.

▮ ⎯⎯ 고친 글

로마법의 원칙 중 오표시 무해의 원칙(falsa demonstratio non nocet)이 있습니다. 이는 표의자가 잘못된 의사표시를 하였음에도 상대방이 그 진의를 올바르게 인식한 경우 표의자가 의도했던 대로 법률효과가 발생하는 것을 의미합니다.
예를 들어 당사자들이 "물건"이라는 용어를 사용하였는데, 알고 있는 사람들 사이에는 "마약"을 의미하는 것이고, 쌍방 모두 그렇게 이해했다면, "물건 20g"이라고 얘기하더라도 마약 20g으로 해석될 수 있다는 것입니다.
이 사건의 경우 원고와 피고는 계약서 기재에 오기가 있었지만 원고의 오표시에도 피고가 그 의미를 이해하였습니다. 따라서 어떠한 착오가 있었다고 볼 수 없습니다.

실용적 글쓰기는 글쓰기 자체가 아니라 의사전달이 목적이다. 독자 중심의 글쓰기가 필요하다. 위와 같은 중언부언은 '독자 친화적' 글쓰기다.

(3) 확립된 통설, 기존의 견해에 반하는 주장을 개진하는 경우

다음으로 통설적 견해, 확립된 견해를 뒤집으려는 경우다. 많은 사람들이 A라고 믿는 상황에서 A라고 주장하는 것에 긴 설명이 필요하지 않다. 그러나 A가 통념인 상황에서 B가 맞다고 주장하려면 간결하게 써서는 안 된다. 위에서 본 예시와 같이 다양한 논증을 동원하여 그 주장을 되풀이, 또 되풀이할 필요가 있다.

대법원 2018. 5. 17. 선고 2016다35833 전원합의체 판결의 별개의견은 그러한 수사적 반복을 잘 보여준다.[12] 이 판결은 변호사 성공보수 약정이 과다한 경우 법원이 감액할 수 있는지가 문제된 사안이다. 대법원은 일관되게 감액이 가능하다는 입장을 취하고 있다. 변호사의 과다한 수입에 대한 반감을 고려하면 성공보수를 감액할 수 없다는 주장은 일반인의 정서에 반할 수 있다. 필자 역시 다수설에 찬성하고, 막상 별개의견을 읽기 전에는 이론의 여지가 없는 문제라고까지 생각했다. 그러나 막상 별개의견을 읽고 난 후 그리 단순한 문제가 아닐 수 있다는 생각을 하게 되었다. 수사적 설득력이 있는 글의 힘이다. 별개의견은 아래의 문장으로 반론의 포문을 연다.

> 그러나 다수의견은 계약을 지키지 않겠다는 당사자의 손을 들어주어 우리 민법의 기본 원리인 사적 자치의 원칙과 법적 안정성을 해치고, 법원 즉 국가에 계약을 수정할 권한을 인정하는 결과가 되어 자유민주주의와 시장경제질서를 천명한 헌법 원리에 어긋나는 문제점을 드러내고 있다.

다수의견은 형평의 관념을 근거로 감액을 인정하였지만, 달리 보면 이 사

---

12 반대의견이 아닌 별개의견인 이유는 결론에 이른 논증구조는 다르지만 최종 결론은 같기 때문이다. 위 대법원 판결의 별개의견은 조희대 대법관, 김신 대법관의 의견이다.

건은 특정 금액으로 성공보수를 지급하겠다고 서면으로 약정한 당사자가 그 약속을 정면으로 부정하면서 시작된 것이다. 별개의견은, "법원이 그러한 배신적 행태를 보인 당사자 편을 들어주어야 한다"는 것이 다수의견의 요지라고 비판하면서, 사적자치 원칙, 자유민주주의 이념 등 묵직한 개념어를 끌어들인다. 이어서 같은 내용을 다음과 같이 'rephrase'한다.

당사자가 체결한 계약의 실현을 보장하는 것은 법원의 사명이다. 계약을 이행하겠다고 하는 당사자와 이행하지 못하겠다고 하는 당사자 사이에서 법원은 계약을 이행하지 않겠다고 하는 당사자에게 이행을 명함으로써 계약을 이행하고자 하는 당사자를 보호해야 한다. 이 사건에서 원고는 계약을 그 내용대로 이행하여야 한다고 주장하고, 피고 1은 자신이 체결한 계약에 법이 정한 무효 또는 취소 사유가 없는데도 이를 이행하지 않겠다고 다툰다. 이런 상황에서 원심은 계약을 지키지 않겠다고 하는 위 피고의 손을 들어주었다. 법원은 그 역할에 충실하지 못했고 오히려 그 역할에 반하는 결론을 내렸다고 볼 수밖에 없다.

이어서 별개의견은 또다시 다른 언어로 같은 내용을 반복한다.

약속을 지키지 않고 약정보수액의 감액을 요구하는 당사자의 주장은 약속이 지켜지리라고 믿은 상대방의 신뢰보다 우선할 수 없고, 신의칙이 그 도구가 되어서도 안 된다. 자신이 지급하기로 약정한 대가를 지급하지 않으려는 의뢰인의 행태야말로 신의칙에 반하는 것이다.

세 문단은 각기 다른 언어로 표현되어 있지만 실은 모두 같은 내용이다. 필자는 같은 얘기를 반복하지만, 사적 자치의 원칙, 자기책임의 원칙 등 각기 다른 법원리를 동원하여, 같은 내용이 반복된다는 느낌을 주지 않는다. 그러면서도 독자들로 하여금 논지를 세뇌시키는 효과를 얻고 있다. Mozart의 변주곡을 듣는 느낌이다. 이어서 다음의 3가지 강력한 정책논거(policy rationale), 원리논거(평등의 원칙에 근거한 논거)를 제시한다.

■ ◄—— 정책논거, 원리논거

① 다수의견에 따르면 법원은 성공보수를 감액해야 하는데, 도대체 어느 정도를 감액할 지 기준이 모호하다. 판사마다 생각이 다를 수밖에 없어 법적 혼란이 우려된다.
② 다수의견은 변호사와 다른 직역을 합리적 이유 없이 차별하는 것이다. 판사들이 상대적으로 익숙한 변호사 직역에 대해서만 부당한 제한을 가하는 것이 아닌가?
③ 이러한 입장을 확립한다면 변호사 보수 외에 다양한 서비스직역의 용역계약도 감액 주장이 우후죽순 나올 수 있다. 다른 서비스직역에서도 유사한 문제가 발생하지 않으리라는 보장이 없다.

제3장 제6원칙에서 언급한 논거분석에 의할 때 ①항은 제도운용 상 문제점에 관한 정책논거, ②는 헌법상 평등원칙에 의한 원리논거, ③항은 논리학에서 말하는 "미끄러운 경사길(slippery slope)" 논거다.13 이처럼 **다양한 논거 내지 논증으로 설득력을 배가하고 있다.**

비록 별개의견이 다수의견이 되지는 못했지만, 대법원 전원합의체 판결의 어느 소수의견들에 비해 수사적 강렬함으로 다수의견을 비판하는 설득력이 있다. 그러한 설득력의 배경에는 간결함에 배치되는 반복과 강조, 수사적 필체 등이 있다.

미국 로스쿨에서 교수들은 간혹 "Brandeis Brief"라는 것을 언급한다. 미국의 역대 대법관 중 홈즈(O. W. Holmes) 대법관 다음으로 존경을 받는다는 브랜다이스(Lewis Brandeis)가 1908년 변호사로 활동하던 시절 연방대법원에 제출한 상고이유 답변서다.14 이 서면은 미국 법조 역사에서 가장 유명한 준비서

---

13 하나를 허용하기 시작하면 마치 도미노현상처럼 부정적 현상들이 우후죽순처럼 뒤따를 수 있다는 논증방법을 의미한다. 이 역시 정책논증의 일종이다.
14 Muller v. Oregon, 208 U.S. 412 (1908).

면이라고 할 수 있다. 지금도 인터넷에서 전문을 확인할 수 있다. 사건의 쟁점은 여성 노동자의 근로시간을 제한하는 Oregon 주법의 위헌 여부였다. 합헌을 주장하는 브랜다이스(L. Brandeis)는 무려 112면에 걸쳐 같은 얘기를 다양하게 반복, 변주한다. 위 상고이유 답변서의 목차만 보면 다음과 같다.

☑ Brandeis의 상고이유 답변서 목차

Laws of the Several States in Force Limiting the Hours of Labor of Adult Women	1–8
FIRST PART – Legislation Restricting the Hours of Labor for Women	11–17
Ⅰ. THE FOREIGN LEGISLATION	11–15
Ⅱ. THE AMERICAN LEGISLATION	16, 17
PART SECOND – The World's Experience upon which the Legislation Limiting the Hours of Labor for Women is Based	18–112
Ⅰ. THE DANGERS OF LONG HOURS	18–55
A. CAUSES	18–27
B. BAD EFFECT OF LONG HOURS ON HEALTH	28–46
C. BAD EFFECT OF LONG HOURS ON SAFETY	42–44
D. BAD EFFECT OF LONG HOURS ON MORALS	44–46
E. BAD EFFECT OF LONG HOURS ON GENERAL WELFARE	47–55
Ⅱ. SHORTER HOURS THE ONLY POSSIBLE PROTECTION	56
Ⅲ. THE GENERAL BENEFITS OF SHORT HOURS	57–64
A. GOOD EFFECT ON THE INDIVIDUAL HEALTH, HOME LIFE, ETC	57, 58
B. GOOD EFFECT ON THE GENERAL WELFARE	59–64
Ⅳ. ECONOMIC ASPECT OF SHORT HOURS	65–84
A. EFFECT ON OUTPUT	65–77
B. EFFECT ON REGULARITY OF EMPLOYMENT	77–79
C. ADAPTATION OF CUSTOMERS TO SHORTER HOURS	79, 80
D. INCENTIVE TO IMPROVEMENTS IN MANUFACTURE	80–82
E. EFFECT ON SCOPE OF WOMEN'S EMPLOYMENT	82–84
Ⅴ. UNIFORMITY OF RESTRICTION	85–91
A. ALLOWANCE OF OVERTIME DANGEROUS TO HEALTH	85, 86
B. UNIFORMITY ESSENTIAL FOR PURPOSES OF ENFORCEMENT	86–88
C. UNIFORMITY ESSENTIAL TO JUSTICE TO EMPLOYERS	89–91
Ⅵ. THE REASONABLENESS OF THE TEN–HOUR DAY	92–103
A. OPINIONS OF PHYSICIANS AND OFFICIALS.	92–99

이 상고이유 답변서는 법률적 쟁점을 논하는 부분은 1~17면까지이고 18~112면은 법적 논증이 아니라 사회과학 논증이다. 여성 노동을 제한하지 않을 경우 건강, 안전, 도덕, 사회복지 등에 부정적 영향을 미치고, 반대로 노동시간을 10시간 이하로 제한할 경우 건강, 안전, 도덕, 사회복지 등에 긍정적 영향을 미친다는 취지다. 이러한 사회과학적 접근방법은 실용주의(pragmatism)에 기반한 미국식 법률문화를 배경으로 한 것인데, 그 이후 미국 법적 논증 방식에 상당한 영향을 미쳤다. 미국 역사에서 인종차별을 철폐한 위대한 판결로 알려진 1954년 Brown v. Board of Education of Topeka 판결[15] 역시 위 Brandeis 상고이유 답변서를 모델로 하였다고 한다.

글쓰기 관점에서 보면 이 상고이유 답변서는 같은 얘기를 끊임없이 다른 언어로 반복하여 설득력을 배가한 사례다. 만일 위 상고이유 답변서를 핵심 논지 위주로 20~30면으로 간략하게 적었다면 과연 연방대법원이 그러한 주장을 받아들였을까? 알 수 없는 일이지만 필자는 아닐 가능성이 높다고 본다. 특히 당시는 복지국가, 사회국가의 이념이 등장하기 이전 극단적 자유주의가 지배하던 시절이었다. 미국 연방대법원은 1905년 Lochner 판결[16]에서 근로자들의 노동시간을 제한하는 주법이 헌법상 계약의 자유를 침해한다고 보아 위헌 판결을 하였다(이 판결은 미국 연방대법원 판결 중 최악의 판결 중 하나로 알려져 있다).

---

15 Brown v. Board of Education of Topeka, 347 U.S. 483 (1954).
16 Lochner v. New York, 198 U.S. 45 (1905).

이 판결은 Lochner 판결의 취지와 배치된다. 연방대법원 역시 그 점을 인식하여 판결이유에서 이 사안은 "여성 노동에 관한 것이므로 Lochner 판결과 구별된다"고 하였다. 판례 위반이 아니라는 것인데, 의문이다. 이 판결은 당시 미국 연방대법원 판결의 전체적 흐름에서 아주 이례적 판결이다. 그런 점에서 상고이유 답변서의 설득력이 결론에 영향을 미쳤다고 볼 여지가 충분하다. 수사적 힘이 있는 글이 인류 역사에 진보를 이끌어낸 사례라고도 말할 수 있겠다.

4. 소결

설득력 있는 글쓰기 제1원칙은 다음과 같다.

> 핵심적 논지, 상대방이 쉽게 동의할 것 같지 않은 논지, 상대방이 쉽게 이해하기 어려운 주장, 통념에 반하는 주장 등은 3~4회 정도 반복하라. 다만 같은 말을 반복하는 것이 아니라 변주곡을 연주하듯 다른 언어로 같은 취지를 반복해야 한다.

II. 설득력 있는 글쓰기 제2원칙: 촘촘한 설명, 의문 없애기

1. 서설: 개연성의 척도로서 촘촘한 설명

좋은 글, 타인을 설득하는 글의 특징은 글을 읽어 내려가면서 물 흐르듯 끊기지 않는다는 점이다. 읽는 도중에 고개를 갸우뚱하게 하는 의문이 없어야 한다. 도입부에서는 "과연 그럴까?"라는 의문이 들어도, 본론을 지나 최종 결론에 이를 때에는 "아, 그렇군!"이라고 고개를 끄덕일 수 있어야 한다. 그러기 위해서는 중간 중간에 생기는 의문들이 해소되어야 한다. 글을 읽으면서 중간 중간에 생긴 의문이 해소되지 않으면 결론까지 읽어도 선뜻 동의되지 않는다. 반면 의문들이 그때 그때 해소되면 독자는 마지막 페이지를 넘기면서 필자의 결론에 설득될 수 있다. 의문이 생긴다는 것은 무엇인가?

인간사에는 "사물의 자연스런 흐름"이 존재한다. 남자는 여자를 좋아하고, 부모는 자식의 안위를 걱정하며, 상인은 이윤을 추구하는 식이다. 글이 설득력이 있다는 것은 첫째, 그러한 사물의 자연스런 흐름에 부합하는 것이거나, 둘째, 그것이 아니라면 왜 아닌지가 설명되어야 한다는 것이다. 인간사에는 자연스럽게 이해될 수 있는 사건의 흐름이 있지만, 다른 한편으로 예외적인 일도 많다. 글의 흐름이 자연스런 흐름에 부합하면 그 자체로 설득력이 있다. 만일 예외적인 경우라면 통상의 경우와 왜 다른지가 설명되어야 한다. 예를 들어보자. 정치인, 연예인들의 비리 관련 기사들은 늘 비슷하다. 전혀 그럴 것 같지 않던 정치인, 연예인들의 비리, 스캔들이 폭로된다. 이들은 "사실무근", "법적 대응 불사"로 대응한다. 그 이후 변호사가 선임되고, 어떠어떠한 해명기사가 나온다. 그것으로 해명이 되는 경우도 있지만, 많은 경우 "풀리지 않는 해명", "꼬리를 무는 의문들", "도대체 왜?"와 같은 기사들이 이어진다. 해명에 빈 공간들이 많고 엉성하기 때문이다. 촘촘한 설명은 사물의 자연스런 흐름에 맞는 설명, 모든 의문들을 해소하는 설명이다.

이러한 사물의 자연스런 흐름은 논증 내지 논리보다 훨씬 더 넓은 범주다. 이성을 좋아하고, 부모가 자식을 걱정하고, 상인이 이윤을 추구하는 것은 일반적이고 자연스러운 일이지만 논리필연적인 것은 아니다. 글에 설득력이 있다는 것은 논리적인 것보다 넓은 개념이다. 우리의 보편적 상식이나 정서에 맞아야 하고, 그렇지 않은 사실관계라면 왜 아닌지가 촘촘하게 설명되어야 한다. 설득력 있는 글쓰기는 논리적 글쓰기를 넘어서는 것이다. 이하에서 구체적 사례를 통해 살펴보자.

2. 법률문장과 촘촘한 설명

법률문장에서 촘촘한 설명이 필요한 경우는 다양하다. 다음과 같이 6가지 세부 유형으로 나누어 살펴본다.

(1) 법적 논증과 개연성 있는 스토리라인

재판을 비롯한 법적 분쟁은 항상 특정한 사실관계에서 출발한다. 그런데 사실관계는 섬처럼 고립된 것이 아니다. 원, 피고 및 주변사람들을 둘러싼 일련의 사건의 흐름 속에서 발생한다. 그렇기 때문에 재판의 전제가 되는 사실관계에는 어떠한 '스토리라인(stroyline)'이 존재한다. 실무에서는, 사건마다 차이가 있기는 하지만 논증의 논리적 완성도 외에 그러한 '스토리라인'의 개연성도 중요하다. 이 점을 아주 간단한 예로 살펴보자.

◀——— 예시 1: 등기말소청구 사례

피고 명의 등기는 무효입니다. 위 등기는 원래 소유자인 A의 아들인 B가 아버지 허락 없이 무단으로 서류를 위조하여 마쳐준 것이기 때문입니다.

위 문장은 전형적인 논증이다. 논리구조는 다음과 같다.

주장	피고 명의의 등기는 무효다.
근거	위조서류로 마쳐진 등기이기 때문이다.

논리적으로 아무런 문제가 없다. 완벽한 논증이다. 민법 제214조의 법리에도 맞다.[17] 하지만 의문이 든다. A의 아들 B는 왜 그런 무리한 일을 하였을까? 부동산 가액이 수십 억 원이고, 만일 B가 평소 행실이 바르고 재산도 많은 사람이라면, 원고의 주장(논증)은 믿기 어려울 수 있다. 논리적으로는 완벽하지만 설득력은 떨어질 수 있다. 여기서 다음과 같은 하나의 문구를 추가해보자.

---

17 소유자는 소유권에 기한 방해배제청구권으로 무효인 등기의 말소를 구할 수 있다(민법 제214조).

피고 명의 등기는 무효입니다. 위 등기는 원래 소유자인 A의 아들인 B가 주식투자로 거금을 날린 이후 아버지 허락 없이 무단으로 서류를 위조하여 마쳐준 것이기 때문입니다.

추가된 문구는 사실관계에 따라 달라질 수 있다. 하지만 원고 주장이 사실이라면, 그것이 무엇이든 설명 가능한 동기 내지 경위가 존재할 것이다. 설득력 있는 글쓰기는 그 점을 밝히는 것이다. 제1절에서 언급한 것처럼 논리학은 논증의 완결성만을 묻지만, 설득력은 당해 주장이 현실적으로 수긍가능한 것인지까지 묻는다. 논리학은 추론, 논증으로 끝나지만, 설득력은 개연적인 스토리라인, 서사의 자연스러움을 요구한다. 논리학이 형식만을 본다면 설득력은 실질까지 본다. 로스쿨 교재, 변호사 시험 답안은 논리적 타당성만 갖추면 되지만 실무의 법률문서는 독자가 수긍할 수 있는 개연성도 갖추어야 한다. 한 가지 예를 더 보자.

A회사인 이사들인 피고들은 A회사와 B회사와 거래를 하면서 거래조건을 A회사에게 불리하게 하고 B회사에게 유리하게 함으로써 A회사에게 손해를 입혔습니다. 따라서 피고들은 A사에 대해 손해배상책임을 부담합니다.

이사는 회사의 이익에 반하는 행위를 해서는 안 된다. A회사의 이사인 피고들은 왜 A사가 아닌 B사에게 유리한 행동을 하였는가? 통상의 경우라면 A회사 이사인 피고들이 A회사의 이익에 반하는 행동을 할 이유는 없을 것이다. 그러므로 다음과 같은 설명이 추가되어야 스토리라인이 완성되고, 설득력 있는 이야기가 된다.

A회사인 이사들은 A회사와 B회사를 거래를 하면서 거래조건을 A회사에게 불리하게 하고 B회사에게 유리하게 함으로써 A회사에게 손해를 입혔습니다. 최근 감사에서 위 이사들은 B회사의 임원들에게 모종의 커미션을 수수한 것으로 드러났습니다. 따라서 피고들은 A사에 대해 손해배상책임을 부담합니다.

위 예시들은 설명의 편의를 위해 단순화한 것이다. 하지만 까다로운 소송사건에서는 많은 사람들이 등장하고, 시간적으로도 수년에 걸친 복잡한 사실관계가 분쟁의 배경이 된다. 그 경우 그러한 사실관계를 자연스럽게, 사소한 의문 없이 설명하는 것은 고도의 기술을 요한다. 아주 미묘한 부분까지도 의문이 생기지 않는 스토리라인을 구성하기 위해 정성과 수고를 들일 필요가 있다.

(2) 법률요건을 넘어서는 실질적 정당성

두번째로 법적 논증의 '실질적 정당성'의 문제다. 법률가들은 법을 공부하면서 '법률요건'이라는 것을 금과옥조처럼 배운다. 법률요건을 입증하면 그에 따른 법률효과가 부여되기 때문이다. 소송에서 요건사실을 입증하는 것은 지상과제다(제3장에서 살펴본 포섭논증). 하지만 사건에 따라 요건사실을 입증하는 것만으로는 충분하지 않은 경우도 있다. 법률요건에 따라 판단하면 그 뿐이라는 판사도 있지만, 그 결론이 실체 정의에 맞는지까지 고려하는 판사도 있다.[18] 예를 들어 보자. 위약금 청구사건에서 위약금 약정 및 계약위반 사실이 요건사실이다. 하지만 정말 그것만 입증하면 충분할까? 다음 예를 보자.

이 사건 계약에 따르면 피고가 영업양도, 합병 등 주요 의사결정시 원고의 사전동의를 받아야 합니다. 계약 제33조는 피고의 약정 위반시 30억 원의 위약금을 지급할 것

---

18 법실증주의와 자연법이론의 오랜 법철학적 논쟁도 결국 이러한 문제에 관한 다툼이다.

을 규정하고 있습니다. 그런데 피고는 영업양도 전에 원고의 동의를 구하지 않았습니다. 따라서 피고는 원고에게 30억 원을 지급할 의무가 있습니다.

피고가 계약을 위반하였으니 위약금 약정에 따라 위약금을 지급해야 한다는 것이다. 논증으로 아무런 문제가 없다. 하지만 뭔가 부족하다. 피고는 왜 약정을 위반한 것인가? 약정위반으로 원고가 입은 손해는 무엇인가? 실질적 의미에서 손해가 없다면 과연 30억 원이라는 거액의 손해배상책임을 부담하도록 하는 것이 정당한가? 단순히 법조항, 계약 내용을 넘어 정의와 형평을 고려하는 판사라면 그런 점들을 궁금해할 것이다. 주어진 사실관계에서, 원고가 가령 다음과 같이 피고가 약정을 위반한 이유와 자신의 손해를 설명할 수 있다면 이러한 의문들이 해소된다.

■ ──── 고친 글

이 사건 계약에 따르면 피고는 영업양도, 합병 등 주요 의사결정시 원고의 사전동의를 받아야 합니다. 또한 계약 제33조는 피고의 약정 위반시 30억 원의 위약금을 지급할 것을 규정하고 있습니다. 그런데 피고는 영업양도 전에 원고의 동의를 구하지 않았습니다. 따라서 피고는 원고에게 30억 원을 지급할 의무가 있습니다. 이 사건 영업양도의 상대방은 피고가 지배하는 B사입니다. 영업양도의 조건도 상대방인 B사에게 유리한 것이었습니다. 그로 인해 피고 역시 많은 이익을 얻었습니다. 반면 A사 주주인 원고는 회사가치의 하락으로 손해를 입었습니다. 피고가 원고의 동의를 구하지 않은 것도 바로 그런 이유 때문입니다.

대부분 위와 같은 분쟁에는 이러한 배경 사실이 존재한다. 단순히 피고가 착오로 동의를 받는 것을 잠시 잊은 것이라면 소송까지 가지 않았을 가능성이 높다. 위와 같은 설명이 더해지면 피고가 약정을 위반한 이유나 원고의 손해가 무엇인지 설명된다. 원고의 청구는 더 설득력 있으며, 실질적 의미의 정당성을 갖는다.

(3) 개연성이 떨어지는 사실관계에 대한 보충

개연성이 떨어지는 사실관계에도 설명이 필요하다. 그 자체로 개연성이 떨어지는 사실에 독자가 설득될 리 없다. 예를 들어 보자.

■ ──── 예시

참고로, 원고는 피고가 2010년 발생하였던 100만 원 횡령사고에도 관여하였을 것이라고 주장합니다. 그러나 피고는 위 횡령사고와 아무런 관련이 없으며, 피고가 알기로는 당시 회장 아들인 A가 위 횡령사고의 주범으로 알고 있습니다.

횡령은 내가 아닌 회장님 아들 A가 한 것이라는 얘기다. 위 주장이 정말 사실이라고 하더라도, 독자는 쉽게 수긍하기 어렵다. 재벌회장 아들이 굳이 100만 원 정도를 횡령할 이유가 있었을까? 하지만 그것이 사실일 수도 있다. 이처럼 개연성이 떨어지는 사실을 주장할 때에는 좀더 촘촘한 설명이 필요하다. 다음과 같은 식이다.

■ ──── 고친 글

참고로, 원고는 피고가 2010년 발생하였던 100만 원 횡령사고에도 관여하였을 것이라고 주장합니다. 그러나 피고는 위 횡령사고와 아무런 관련이 없으며, 피고가 알기로는 당시 회장 아들인 A가 위 횡령사고의 주범으로 알고 있습니다. A가 회장 아들이기는 하지만, 회장님은 금전문제에 관하여 자식들에게 아주 엄격하였고, 특히 과거 도박으로 거금을 탕진한 전력이 있는 A에 대해서는 더욱 그러하였습니다.

재벌회장 아들의 100만 원 횡령 사건은 사물의 자연스러운 흐름에 반하는 상황이다. 그런 사실관계일수록 왜 그런 이례적인 일이 발생하였는지 구체적인 설명이 필요하다.

(4) 사소하지만 의문의 남을 수 있는 사실

사소하지만 의문이 남을 수 있는 사실 역시 정확하게 설명해 주는 것이 좋다. 그러한 의문이 해소되면 설득력이 높아진다.

◼ ⟵ 예시

A는 B사 제품에 하자가 있다고 주장하나, 유사한 쟁점이 다투어진 선행소송 5건에서 1건을 제외하고는 모두 그러한 유사한 청구들이 배척되었습니다.

5건 중 4건에서 승소하였으니 확률적으로 유리하다고 만족하고 끝낼 것인가? 그보다는 나머지 1건에 대해서도 (가능하다면) 이유를 설명해 주는 것이 좋다. 독자는 나머지 1건은 왜 다를까? 의문을 가질 수 있다.

◼ ⟵ 고친 글

A는 B사 제품에 하자가 있다고 주장하나, 유사한 쟁점이 다투어진 선행소송 5건에서 1건을 제외하고는 모두 그러한 청구들이 배척되었습니다(그 한 건의 경우도 패소가 아닌 제소기간 도과로 각하된 것이었습니다).

(5) 쟁점이 아니지만 불리한 사실관계 설명

재판에서 핵심 쟁점은 아니지만 불리한 정황도 설명되어야 한다. 소송에서 쟁점과 관련 없지만 상대방의 도덕성을 흠집낼 수 있는 사실관계를 언급하는 경우가 많다. 이러한 주장은 쟁점과 관련 없으므로 재판 결과에 영향을 미치지 않아야 한다. 하지만 실제는 그렇지 않다.[19] 마지막까지 결론을 내리기

---

19 배심원들이 사실인정을 하고, 증거법이 발달한 미국의 경우 이러한 증거들은 증거제출 자체가 금지된다(이른바 "character evidence rule"). 그러나 우리나라 재판에는 이러한 제한이 없다.

어려운 사안에서 사소하더라도 부정적 인상이 재판결과에 영향을 미치지 않으리라 단정하기 어렵다. 다음 예를 보자.

■　──── 예시

원고는, 피고가 과거 횡령죄로 기소된 사실이 있다고 주장합니다. 그러나 이 사건의 쟁점은 2019. 1. 1. 체결된 계약이 그 이후 원고의 채무불이행으로 해제된 것인지 여부이므로, 무려 7년전 피고의 횡령 사실은 이 사건의 쟁점과 아무런 관련이 없습니다.

위 사안에서 가능하다면, 다음과 같은 설명이 추가되어야 한다.

■　──── 고친 글: 보충

위 횡령사건은 이 사건의 쟁점과 관련이 없을 뿐만 아니라 피고로서는 수긍하기 어려운 판결이었습니다. 당시 피고는 ○○회사 경리사원이었으며, 매월 수천만 원을 자금을 담당하였는데, 50만 원 정도 공백이 생겼습니다. 피고는 아무리 계산해도 50만 원의 행방을 알 수 없었는데, 당시 피고와 경쟁에서 밀린 갑이 이 점을 집요하게 문제 삼으며 검찰에 고발까지 하여 벌금 30만 원의 유죄판결에 이른 것이었습니다.

(6) 그 자체로 공백이 있는 사실관계

상대방이 문제삼는 사정이 아니더라도, 내가 쓰는 글에도 공백이 있으면 설득력이 떨어진다. 다음과 같은 예가 그러하다.

■　──── 예시

원고는 피고가 이미 원고로부터 조합지분을 이전받았다는 취지로 주장합니다. 그러나 원고는 피고에게 지분을 이전해 주지 않았습니다. 피고가 조합원 60%의 조합지분을 이전받은 것은 사실이지만 여기서 원고 지분은 포함되어 있지 않습니다.

설명이 부족하다. 다음과 같이 보충되어야 한다.

> ← 고친 글
>
> 원고는 피고가 이미 원고로부터 조합지분을 이전받았다는 취지로 주장합니다. 그러나 원고는 피고에게 지분을 이전해 주지 않았습니다. 피고가 조합원 60%의 조합지분을 이전받은 것은 사실이지만 여기에 원고 지분은 포함되어 있지 않습니다. 위 60%는 A(20%), B(20%), C(10%), D(10%)이고, 원고 지분은 관련이 없습니다.

친절한 글쓰기는 독자의 입장이 되어, 독자라면 궁금해 할 수 있는 사항들을 미리 설명을 해주는 것이다.

3. 소결

설득력 있는 글쓰기의 제2원칙은 다음과 같다.

> 설득력 있는 글에는 빈 공간이 없어야 된다. 독자들이 읽으면서 의문을 가질 수 있는 빈 공간들에 대해서는 촘촘한 설명이 필요하다. 법률요건을 넘어서는 스토리라인, 사태의 실질적 정당성, 사소한 의문, 부정적 간접사실, 공백이 있는 사실관계 등에 주목할 필요가 있다.

Ⅲ. 설득력 있는 글쓰기 제3원칙: 비유와 예시 활용하기

1. 비유와 예시

> 깊은 강물은 돌을 던져도 흐려지지 않는다. 모욕을 당했다고 화를 내는 사람은 얕은 사람이다. ― 레프 톨스토이 ―

적절한 비유와 예시는 논지의 설득력을 배가한다. "말을 잘하는 사람은 비유를 잘하는 사람"이라는 말이 있다. 비유와 예시는 논지를 순식간에 전달하는 힘이 있다. 동서양의 고전들을 보면 비유와 예시가 가득하다. 성서를 보면 예수님도 끊임없이 비유로 가르친다. 노자, 장자, 공자 등 동양의 성현들도 수많은 비유로 논지를 전개한다.

- ▸ 성서의 비유
  - 새 술은 새 부대에 (마태복음 9장 17절)
  - 부자가 천국에 가는 것은 낙타가 바늘구멍에 들어가는 것보다 어렵다. (마가복음 10장 2절)
  - 가이사르의 것은 가이사르에게 (마태복음 22장 21절)
  - 좁은 문으로 들어가라 (마태복음 7장 13절)

- ▸ 노자의 비유
  - 상선약수(上善若水): 가장 좋은 선은 물과 같이 되는 것이다
  - 치망설존(齒亡舌存): 혀가 남는 것은 약하기 때문이고, 이빨이 사라진 것은 강하기 때문이다.
  - 당기무 유기지용(當其無 有器之用): 그릇은 비어야 쓰임이 있다.

▶ 장자의 비유
- 물이 고여 깊지 않으면, 큰 배를 띄울 수 없다(水之積也不厚, 則其負大舟也 無力).
- 胡蝶春夢(호접춘몽) 莊周之夢(장주지몽): 인생은 봄날 나비의 꿈과 같다.
- 우물 안의 개구리에게 세상은 우물 테두리이고, 여름 메뚜기에게 겨울을 설명할 수 없다.

작고한 정치인 노회찬은 비유의 달인이었다. 논리적으로 말 잘하는 논객들은 많다. 하지만 노회찬처럼 비유를 적절하게 사용하는 사람은 많지 않다. 지금도 노회찬의 비유는 인터넷 블로그에 잘 정리되어 있다.

▶ 2017년 공수처 설치를 반대한 자유한국당을 비판하며,
"동네에 파출소 생긴다니까 폭력배들이 싫어하는 것과 같습니다. 모기들이 반대한다고 에프킬러 사지 말아야 합니까?"

▶ 대선 제보조작 사건을 당원 이유미의 단독 범행이라고 주장한 국민의 당을 향해,
"냉면집 주인이 '나는 대장균에게 속았다. 대장균 단독 범행'이라고 얘기하는 꼴입니다."

성희롱, 성폭행을 저지른 피고인들은 십중팔구 술기운에, 혹은 좋은 분위기에 잠시 이성을 잃었다고 범의를 부인한다. 그러나 본질적 원인은 상대의 동의 없이 신체접촉을 하는 것이 범죄행위라는 생각이 없기 때문이다. 필자는 다음과 같은 비유를 들은 적이 있다. 성희롱, 불륜이 타인에게는 뼈아픈 피해를 주는 범죄행위일 수 있다는 점에 대한 좋은 비유다.

술자리에서 후배 여직원이 매력적으로 보여 무단으로 신체접촉을 시도하는 것은 그

녀에게 흉기를 휘두르는 것과 같다. 그 여성도 동의하여 함께 애정행각을 벌이는 것은 두 사람이 공범으로 당신의 배우자에게 흉기를 휘두르는 것과 같다.

법률문장에서 비유와 예시는 큰 의미가 없을 것이라고 생각할 수도 있다. 법률문장의 기본구조가 사실관계를 법령에 적용하여 법률효과를 주장하는 논증과정이기 때문이다. 그러나 법률가의 글쓰기가 논증에 한정되는 것은 아니다. 다양한 도덕적, 인문학적, 사회과학적 논리가 동원되기도 하고, 서사적 글쓰기도 필요하다. 따라서 적절히 활용된 비유와 예시는 논지의 설득력을 높일 수 있다. 이하에서는 비유와 예시를 나누어 살펴본다.

2. 법률가의 글쓰기와 비유

예시에 비해 비유는 수준 높은 수사적 표현이다. 법원 판결문에서 사용된 비유를 몇 가지 보기로 한다. 우선 비교적 오래전 판결이기는 하지만 다음과 같이 멋진 비유가 지금까지 전해온다. 지금은 비록 소수의견이지만 언젠가는 다수의견이 될 수 있을 것이라는 신념이 느껴진다.

▪ ◀── 대법원 1977. 9. 28. 선고 77다1137 전원합의체 판결 중 소수의견 결론
　　　부분

한 마리의 제비로서는 능히 당장에 봄을 이룩할 수 없지만 그가 전한 봄, 젊은 봄은 오고야 마는 법, 소수의견을 감히 지키려는 이유가 바로 여기에 있는 것이다.

다음 판결은 한보그룹의 정치자금법 위반 사건 판결의 일부다. 정치자금을 받은 정치가와 정치자금을 뇌물로 제공한 기업 중 누구의 책임이 중한가가 문제되었다. 서울고등법원은 다음과 같이 지하수의 비유로 논지를 전개하였다.

■ ←── 서울고등법원 1996. 12. 16. 선고 96노1893 판결

문제는 이러한 법들이 규정하고 있는 정상적인 흐름을 벗어난 돈의 흐름이다. 비유하자면 지상의 수로를 따라 흘러야 할 물이 지하의 미로로 흐르는 경우인 것이다. 바로 정치자금으로 또는 그러한 명목으로 주고 받는 뇌물이 이에 해당한다. 지상의 수로로 흘러야 할 물이 지하의 미로로 흐르게 한 책임은 누가 져야 하는가. 지상의 수로를 막거나 좁혀 놓고 대신 지하의 미로로 물길을 열어 놓은 사람, 그리고 지하의 미로의 폭을 넓혀 놓은 사람이 져야 할 것이다. 어차피 물은 흘러야 하는데 지상의 수로는 막혀 있고 대신 지하의 미로가 열려 있다면 물은 지하로 흐를 수밖에 없는 것이다. 물이 흐르는 통로와 양을 결정할 수 있는 위치에 있는 사람, 그러면서 지상의 수로는 좁혀 놓고 대신 지하의 미로를 넓혀 놓은 사람, 그 사람이 책임을 질 수 밖에 없는 것이다.

지하의 통로가 열려있다 하여 그 곳으로 돈을 쏟아부은 기업가들에게도 책임이 없는 것은 물론 아니다. 그들은 그렇게 함으로써 자기들의 안전 내지 이익의 극대화를 동시에 도모한 점을 부인할 수 없기 때문이다. 그러나 기업의 이익과 안전을 최우선으로 생각하는 기업가들에게, 열려있는 지하의 통로를 외면하고, 그 대신 지상의 수로가 개통되고 확장되도록 노력하고 그렇게 될 때까지 기다리라고 요구하는 것은 무리한 일이다. 법이 지배하는 것이 아니라 권력의 의지가 지배하는 정치후진국에서, 권력이 개설한 지하의 별도 통로를 이익추구에 민감한 사람들이 외면하기는 어려운 일이므로 그들이 현실적으로 가질 수 있는 선택의 폭과 기회는 좁고 적을 수밖에 없다.

최근 대법원 판결로 양심적 병역거부가 인정되기까지, 많은 하급심 판사들은 상급심에서 뒤집힐 것을 알면서도 무죄를 선고하였다. 이러한 판결들은 양심적 병역거부를 인정해야 하는 다양한 근거들을 설시하는데, 다음 판결의 판시이유가 흥미롭다.

■ ←── 광주지방법원 2016. 10. 18. 선고 2015노1181 판결

그 결과 피고인으로서는 자신의 양심을 지키기 위하여 최소한 1년 6개월 이상의 징역형이라고 하는 무거운 형벌의 감수 외에 다른 대안이 없는 반면, 국가

는 양심의 자유와 병역의 의무를 합리적으로 조정해야 하는 헌법적 의무와 아울러 그러한 권한과 가능성까지 가지고 있음에도 불구하고 그러한 의무나 권한을 행사하지 않고 있다. 국가가 나서서 충분히 해결할 수 있음에도 이러한 갈등상황을 방치하는 것은 우리 헌법 제10조에 따른 국가의 국민에 대한 기본권보장 약속을 저버리는 것이고 다수가 실질적 민주주의를 외면하는 것이다. 비유하자면, 도로의 설계가 잘못되어서 다수가 이용하는 한 방향만 통행이 가능하고 소수가 이용하는 다른 방향은 그 이용이 불가능한데도 국가는 도로의 잘못된 설계를 바로잡을 생각 없이 무조건 소수에게만 인내를 요구하거나 생각을 바꾸어 다수에 합류하라고만 하고 있다.

판결문 기재 방식이 자유로운 미국의 경우 우리나라에 비해 더 자유롭게 비유가 사용된다. 20세기 자유민주주의 헌법의 기본 이념 중 하나인 표현의 자유는 '사상의 자유시장 이론(the marketplace of ideas theory)'이라는 비유로 잘 알려져 있다. 이 비유의 연원은 1644년 John Milton의 「아레오파지티카(Areopagitica)」로 거슬러 올라가지만, 그 사상이 현실화한 것은 1919년 Holmes 대법관의 다음 판시를 통해서다.

—— Abrams v. U.S. 549 U.S. 1145 (1919) 중

"그러나 인간이 시간의 흐름에 따라 대립하는 신념들이 뒤바뀌었다는 점을 깨닫는다면, 인간은 실제 이상으로 궁극적인 선은 사상의 자유로운 교환의 의해 달성된다는 것, 즉 진실에 대한 최선의 시금석은 그것이 경쟁하는 시장에서 받아들여질 수 있는 힘을 갖고 있는지 여부라는 점을 믿게 될 것이다."[20]

---

20 "But when men have realized that time has upset many fighting faiths, they may come to believe even more than they believe the very foundations of their own conduct that the ultimate good desired is better reached by free trade in ideas … that the best test of truth is the power of the thought to get itself accepted in the competition of the market, and that truth is the only ground upon which their wishes safely can be carried out."

Holmes 대법관은 또한 표현의 자유의 한계로서 "명백, 현존하는 위험의 법리"를 제시한 것으로도 유명하다. 이는 우리 대법원 판결을 포함하여 많은 선진국에서 받아들인 너무도 유명한 법리인데, 그는 다음과 같은 "극장에서 불이야" 비유로 명백, 현존하는 위험의 법리를 표현하였다.

■ ──── Schenck v. United States, 249 U.S. 47 (1919) 중

"… 그러나 모든 행위의 특징은 그것이 행해진 상황에 의존한다. 가장 엄격한 표현의 자유 보호 입장을 취한다고 하더라도 극장에서 '불이야'를 외침으로써 대혼란을 야기하는 그러한 표현행위를 보호하지는 않을 것이다. 모든 사안에서의 문제는 당해 상황에서 사용된 표현행위가 의회가 예방해야 하는 실질적인 해악을 야기할 명백하고 현존하는 위험을 창출하는지 여부이다."21

Robert Jackson 대법관의 다음과 같은 판시 내용도 미국 수정헌법 제1조의 정신을 압축적으로 표현한 것으로 잘 알려진 수사(修辭)다.

■ ──── West Virginia State Board of Education v. Barnette, 319 U.S. 624 (1943) 중

"우리 헌법이라는 별자리에서 움직이지 않는 별이 있다면, 그것은 지위 고하를 막론하고 정부관료는 정치, 민족주의, 종교 기타 다른 의견에서 정통을 규정하여 말 또는 행동으로 시민들이 이를 고백하도록 강제할 수 없다는 것이다."22

---

21 "But the character of every act depends upon the circumstances in which it is done. The most stringent protection of free speech would not protect a man in falsely shouting fire in a theatre and causing a panic. The question in every case is whether the words used are used in such circumstances and are of such a nature as to create a clear and present danger that they will bring about the substantive evils that Congress has a right to prevent."

22 "If there is any fixed star in our constitutional constellation, it is that no official, high or petty, can prescribe what shall be orthodox in politics, nationalism, religion, or other matters of opinion, or force citizens to confess by word or act."

법원에 제출하는 변호사들의 준비서면에서는 이러한 수사법이 더 자유롭게 쓰일 수 있다. 필자가 읽은 어느 준비서면의 일부다.

▌ ───── 명예훼손 표현의 유해성을 산림(山林)에 비유

피고의 명예훼손적 표현으로 원고의 삶은 극도로 피폐해졌습니다. 한 개인이 쌓은 사회적 명예는 휴양림과 같습니다. 가꾸는 데에는 수십년이 걸리지만 순간의 실수로 발생한 화재로 잿더미가 되는 것은 순식간입니다. 피고는 공익적 목적이었다고 주장하지만 사실관계를 제대로 확인하지 않고 함부로 허위사실을 공표한 피고의 행위는 수십년 가꾼 휴양림을 순식간에 불태운 불씨와도 같은 것이었습니다.

어렵고 딱딱한 논문에서도 가끔 참신한 비유가 등장한다.

▌ ───── 권영준, "불법행위의 과실판단과 사회평균인"23 중

법관은 수많은 사건에 직면하여 사회평균인을 기준삼아 과실 판단을 한다. 따라서 사회평균인에 대한 이해는 불법행위의 과실 판단에서 핵심 과제이다. 그런데 사회평균인의 정체는 과연 얼마나 알려져 있는 것일까? 혹시 사회평균인은, 엘리베이터에서 자주 만나 가벼운 눈인사는 나누지만 막상 깊이 있게 알지 못하는 낯선 이웃 같은 존재가 아닐까?

좋은 비유는 그 자체로 새로운 사실을 증명하는 것은 아니지만, 논지의 설득력을 배가한다. 좋은 글쓰기에 관심을 갖는다면 적절한 비유, 논지를 부각시키는 비유에 관심을 가질 일이다.

다만 주의할 점이 있다. 비유는 정확해야 하고, 남용해서는 안 된다는 점이다. 비유의 본질은 두 대상의 공통점으로 사태의 본질을 포착한다는 점이다. 만일 비유가 정확하지 않으면 오히려 사태를 왜곡할 수 있다. 따라서 결정적으로 중요한 포인트에서 정확하고 절제된 사용이 필요하다.

---

23 비교사법, 통권 68호, 2015.

3. 법률가의 글쓰기와 예시

법률문장에서 비유는 통상의 글쓰기에서 다소 벗어난 멋부림의 측면이 있다면 예시는 반드시 필요한 'redundancy'이자, 명료한 글쓰기, 독자 친화적 글쓰기 방법이다. 예시가 필요한 경우를 유형화하여 살펴보자.

(1) 어려운 개념의 경우

어려운 개념의 경우 쉬운 말로 풀어주는 것이 좋은데, 이 경우 예시보다 더 훌륭한 도구는 없다. 이 점에 대해서는 제1원칙 부분에서 자세히 보았다 (전건부정의 오류, 오표시 무해의 원칙 사례 참조). 최근 대법원 판결에서 사용된 예시 하나만을 더 소개하면 다음과 같다. 예시를 통해 논지의 결론을 쉽게 풀어 설명하고 있다.

> ◀──── 대법원 2020. 8. 27. 선고 2019도14770 전원합의체 판결 중 반대의견
>
> 법리적인 판단에 앞서 간단한 예를 들어보고자 한다. 고려청자에 동산담보권을 설정했다고 하자. 담보권설정자가 담보권자와 고려청자에 관한 담보권을 설정하기로 약정하고 담보권자 앞으로 동산담보등기를 한 것이다. 그 후 담보권자가 빚을 갚으라고 독촉하자, 담보권설정자가 고려청자를 다른 사람에게 처분하여 회수할 수 없도록 하였다. 이러한 경우에 담보권설정자를 배임죄로 처벌해야 한다는 것이 여기에서 주장하고자 하는 내용이다.

(2) 개념 자체가 추상적이어서 실제 사례를 통해서만 구체화될 수 있는 경우

개념의 의미가 추상적이어서 예시를 통해서만 구체화될 수 있는 경우다. 법률이론, 법규정에는 추상적 개념이 많다. 이 경우 그 정확한 의미는 구체적 사례를 통해 역으로 추론해 들어갈 수밖에 없다.

◀—— 불법행위법상의 중과실

불법행위법에서 경과실과 대비되는 '중과실'이란 주의의무의 위반이 현저한 경우, 즉 극히 근소한 주의만 하였더라도 결과발생을 예견할 수 있었음에도 부주의로 이를 예견하지 못한 경우를 의미한다.
예를 들어 (i) 등기공무원이 근저당권자로 기재할 것을 근저당권설정자로 기재한 경우(대판 91다6764), (ii) 긴급출동한 경비업체 직원이 잠금장치가 파손되는 등 이상 조짐이 많았음에도 점포 내부를 확인하지 않고 철수한 경우(대판 96다 37589) 등이 그러하다.

◀—— 기타 혼인을 계속하기 어려운 중대한 사유

이혼사유인 '혼인을 계속하기 어려운 중대한 사유가 있을 때'란 혼인의 본질에 상응하는 부부공동생활관계가 회복할 수 없을 정도로 파탄되고 그 혼인생활의 계속을 강제하는 것이 일방 배우자에게 참을 수 없는 고통이 되는 경우를 의미한다.
예를 들어 (i) 배우자 일방이 불치의 정신병으로 가족 구성원의 고통이 극심한 경우(대판 95므90), (ii) 처가 신앙생활에만 매달려 가사일을 완전히 도외시하는 경우(대판 96므851) 등이 그러하다.

이는 법이론 측면에서도 매우 중요하다. 추상적 법개념이 구체적 사례를 통해서 그 모습을 찾아가는 것, 즉 구체적 사례를 통한 **법형성** 과정을 보여준다(이른바 "해석학적 순환모델").

(3) 수치와 사례로 설명해야 비로소 이해되는 개념

세법과 같이 전문 법령들에는 수치로 예를 들어야 그 의미를 알 수 있는 어려운 개념들이 많다. 다음 예를 보자.

선입선출법(first-in first-out, 先入先出法)이란 회계학적 개념으로 여러 단가의 재고품이 실제로는 어떤 순서로 출고되든, 장부상 먼저 입고된 것부터 순차적으로 출고되는 것으로 간주하여 출고단가를 결정하는 원가주의 평가방법이다. 소득세법도 양도소득세 신고와 관련하여 선입선출법을 채택하고 있다(소득세법 제162조 제5항, 소득세 집행기준 98-162-20 참조).

늘 그렇듯이 이러한 전문용어는 알고 나면 그리 어려운 개념은 아니다. 하지만 알기 전에는 어렵다. 다음과 같이 친절한 예시가 필요하다.

가령 당신이 A 회사 주식을 3회에 걸쳐 다음과 같이 취득하였다고 가정합니다.

	취득주식수	단가
1	200주	15,000원
2	150주	20,000원
3	300주	30,000원

그 이후 당신이 150주를 40,000원에 양도하였다고 하면, 그에 대한 양도소득세는 1회 취득시 취득한 200주 중 150주를 매도한 것으로 간주한다는 것입니다. 주식은 돈과 같이 꼬리표가 없어 특정이 불가능하므로, 과세의 편의상 먼저 취득한 주식부터 양도하는 것으로 본다는 의미입니다.

4. 결론

설득력 있는 글쓰기의 제3원칙은 다음과 같다.

비유와 예시를 활용하라. 비유와 예시는 논지를 쉽게 전달하여 글의 설득력을 높인다. 특히 어려운 개념, 추상적 개념 등에는 적절한 비유와 예시가 필요하다.

IV. 설득력 있는 글쓰기 제4원칙: 세련된 개념어 사용하기

제4원칙에서는 개념어의 문제를 살펴본다. 개념어는 특정 현상의 핵심을 포착하여 압축적으로 드러내는 표현을 의미한다. 개념어는 인간 사고와 언어의 미묘한 관계를 드러낸다. 개념어는 수사학과 논리학이 교차하는 지점에 있다. 개념어의 시작은 수사학이지만 그 끝은 논리학이다. 개념어는 별과 같다. 개념어는 인간 사고를 표현하는 빛나는 아름다움으로 등장하지만 시간의 경과에 따라 결국 인간 사고를 방해하는 존재로 소멸하기도 한다. 그리고 그 소멸은 논리학의 몫이다. 무슨 말일까? 아래에서 차근차근 살펴본다.

1. 개념어란 무엇인가?

(1) 사고의 전달과정에서 언어의 기능

글쓰기는 **언어로** 생각, 경험, 감정 등을 표현하는 작업이다. 인간의 사고와 감정을 전달하는 가장 기본적 수단은 **언어다.**[24] 그런데 같은 생각과 감정이라도 좀 더 세련된 단어, 좀 더 세련된 표현을 사용한다면 전달력이 훨씬 높다. 세련된 어휘, 통찰력 있는 표현은 독자의 마음을 움직인다. 미묘한 문제상황을 예리하게 포착하는 개념어는 아름답다. 아름다울 뿐만 아니라 인간 사고에 새로운 틀을 제공하고, 궁극적으로 문명 발전에 기여한다. 예를 들어보자. 필자는 **"감정노동"**이라는 말을 처음 들었을 때, 단어 자체만으로 뭉클한 감동 같은 것을 느꼈다. 찾아보니 이 개념어는 1983년 미국의 사회학자 Arlie R. Hochschild가 그의 저서 "The Managed Heart"라는 책에서 처음 사용한 용어라고 한다. 이 개념어를 사용하기 전까지 사람들은 전화상담원, 교환원과 같이 비대면 고객들을 상대하는 근로자들의 정신적 고통을 알지 못했다. 이 개념어에 의해 그러한 직역에 종사하는 근로자들의 고통이 세상에 드러났다.

---

[24] 인간의 생각과 감정은 음악, 미술, 영상, 시각적 기호로도 전달될 수 있지만, 언어의 비중은 압도적이다.

그들의 고통을 줄이자는 목소리도 높아지고, 그에 동참하는 사람도 많아졌다. 하나의 개념어가 사회에 긍정적 영향을 미친 좋은 예다. 최근 문제된 "성인지 감수성" 같은 표현도 마찬가지다. 이 개념어는 우리 사회에서 여성문제를 대하는 태도에 혁명적인 변화를 가져왔다. "갑질", "위험의 외주화" 같은 개념어들도 비슷하다. 이 개념어들은 우리 사회의 약자들 내지 소외된 노동자들의 고통을 드러낸다. 이런 이념적 개념어가 아니더라도 가령 "워라밸" 같은 표현은 최근 젊은 세대들이 지향하는 삶의 방식을 잘 보여준다. "블랙컨슈머"는 소비자 권리를 악용하는 부도덕한 사람들의 행태를 드러낸다. 개념어는 실로 다양한 방식으로 우리의 삶과 사회에 영향을 미친다.

(2) 개념어의 한계

하지만 이러한 개념어들이 항상 긍정적인 기능만을 하는 것은 아니다. 새로운 개념어들은 새로운 현상을 설명하기 위해 만들어진다. 그런데 그 개념어가 일반적으로 받아들여지고 나면 사람들은 그 이후부터 그 개념어로 세상을 바라보고, 세상을 이해한다. 보편적 용어로 받아들여진 이후에는, 외계(外界)의 현상을 설명하고자 만들어진 그 개념어가 인간 사고를 지배하는 역전 현상이 일어난다. 모든 것을 그 틀로 바라보기 시작한다. 지적으로 게을러지기 시작하는 것이다. 그 틀로 세상을 바라보면서, 섬세한 차이를 간과하게 된다. 나아가 그 개념어에 포섭될 수 없는 사안까지 무리하게 끌어들이기도 한다. 그 경우 개념어는 이데올로기적 폭력성을 갖는다. 가령 "을질"이라는 표현은 "갑질"이라는 용어가 본래적 의미를 넘어 악용된 경우에 저항하기 위해 만들어진 또다른 개념어다. 미국 법이론에 거대한 족적을 남긴 카르도조(B. Cardozo) 대법관의 은유적 표현에 대한 다음과 같은 지적은 바로 그러한 역전현상을 날카롭게 지적한다.

■ ── B. Cardozo

"법에서 은유는 주의 깊게 살펴야 한다. 개념형성의 초기에는 인간의 사고를 해방시키는 기능을 하지만, 종국에는 인간 사고를 노예로 만들기도 하기 때문이다"
(Metaphors in law are to be narrowly watched, for starting as devices to liberate thought, they end often by enslaving it.)[25]

이러한 지적은 은유 내지 비유에 관한 것이지만, 개념어에도 적용될 수 있다. 은유 내지 비유는 어떠한 두 사물에 공통되는 특성을 추출하여 표현하는 방식이다. 그런데 그 과정에서 공통되지 않은 요소는 탈각될 수밖에 없다.[26] 은유와 비유로 세상을 인식하는 것은 특정한 요소만을 보고 그 나머지 요소들에는 눈을 돌리게 만들 위험이 있다. 이 점은 개념어도 마찬가지다. 모든 개념어는 일반성, 추상성, 보편성을 갖는다. 이는 개별 사물의 공통된 특성을 추출하여 만든 '개념(concept)'의 특성이기도 하고, 법의 본질이기도 하다. 반면 개별 사안은 각기 다르다. 개념어에 포섭되는 부분도 있지만, 이를 벗어난 특이성을 가질 수도 있다. 게으른 지성은 그런 차이를 보려고 하지 않는다. 반면 날카롭고 부지런한 지성은 개념어의 일반성에 매몰되지 않고 개별 사안의 특수성을 분명하게 드러내려고 한다.

새로운 현상을 새로운 언어로 표현하는 개념어가 **수사학 영역**이라면, 그 개념어의 정확한 의미 내지 경계를 설정하여 과도한 남용에 저항하는 것은 **논리학 영역**이다. 개념어는 인간 사고의 진보를 가져온다. 하지만 다른 한편으로 잠재적 위험성을 안고 있다. 그 위험을 지적하는 것은 다시 논리학 내지 논증의 몫이다.

2. 법학에서 사용되는 개념어들

(1) 법학을 우주에 비유하면, 개념어는 우주를 구성하는 수천억 개의 별과 같다

개념어의 사용과 정교화는 법학의 시작과 끝이다. 법학을 처음 공부하는 학생들은 끊임없이 쏟아져 나오는 개념어의 홍수에 허덕인다. 소유, 점유, 물권, 채권과 같은 기본개념에서 자주점유, 간접점유, 점유매개관계, 점유개정, 담보물권, 부종성, 수반성, 견련성, 사해행위, 채권자대위, 미필적 고의, 중지

---

25 Berkey v. Third Ave. Ry. Co., 155 N.E. 58, 61 (N.Y. 1926). 판결문의 판시이유 중.

26 G. Lakoff, M. Johnson, Metaphors We Live By, The University of Chicago Press, 1992, 10~11면.

미수, 실행미수, 금지착오, 허용착오 등등 … 무수한 민, 형법의 기본개념들은 고대 게르만, 로마법을 거쳐 형성되고, 근현대를 거치면서 확장되었다. "경영판단의 원칙(Business Judgment Rule)",27 "독수독과이론(fruit of the poisonous tree theory)"28과 같이 근대 영미법에서 형성된 개념어들도 있다. 로스쿨 학생들에게는 이러한 개념어들은 학습의 대상이지만, 그 시초는 누군가 만들어낸 것이다. 그 누군가가 누구인가? 다름 아닌 법률가들이다. 새로운 현상, 새로운 상황을 설명하기 위해 만들어낸 표현이 굳어져서 하나의 개념어로, 법리로 정착한 것이다. 우리가 배운 개념어들 가운데 태초부터 존재하였던 것은 하나도 없다. 과거 특정 시점에 당면한 문제를 해결하는 과정에서 고안된 것이다. 그렇게 고안된 개념어들이 법률용어로 축적되고, 법학이라는 거대한 학문체계를 이룬 것이다.

(2) 인간의 사고, 개념어 사이의 불균등 발전은 법학의 역사 그 자체다

법학의 발전사는 인류역사의 발전과 법적 개념어의 **불균등 발전의 역사**다. 특정 시대에 당면한 문제를 해결하기 위해 만들어진 법개념이 사회변화나 새로운 현상을 더 이상 해결하지 못할 때, 개념어의 수정이 이루어진다. 따라서 그 과정은 불균등 발전의 양상을 띨 수밖에 없다. 느리지만 천천히, 끊임없이 변화하는 사회현상과 수십, 수백 년 주기로 변화하는 개념어의 엇박자다. 언어학 용어로 말하면 기표(signifier)와 기의(signified)의 영원한 mis-matching 문제를 해결하는 과정이다.29 구체적 사례로 설명해보자.

불법원인급여(민법 제746조)는 위법한 금전거래 약정에 국가가 조력하지 않겠다는 취지로 만들어진 개념어다. 예를 들어 도박꾼들 사이에 도박자금을

---

27 이사들이 당시까지 주어진 자료로 합리적으로 의사결정을 하였다면 결과적으로 실패하였다고 하더라도 책임을 물을 수 없다는 법리를 의미한다. 미국 법원이, 자유로운 기업가정신을 고취할 목적에서 인정한 법리로, 현재는 전세계 선진자본주의 국가들이 수용하여 현대 회사법의 핵심법리가 되었다.

28 위법하게 수집된 증거의 증거능력을 인정하지 않는 법리를 의미한다. 역시 미국에서 나온 법리로 수사기관의 위법한 증거수집관행에 제동을 걸 목적에서 인정된 법리이다.

29 기표(記標, signifier)란 기호 자체를 의미하고, 기의(記意, signified)란 기호가 표상하는 의미체계를 의미한다.

빌려주었는데 그 상대방이 갚지 않았다. 빌려준 자가 소송으로 반환청구를 할 경우 법원은 청구를 기각해야 한다는 것이다. 법원판결은 불이행시 공권력을 통해 강제집행까지 할 수 있다. 그런데 그런 불법적 거래까지 국가가 조력할 수는 없다는 취지다. 돈을 받은 자가 부당한 이익을 얻는 문제가 있지만, 그래도 어쩔 수 없다는 얘기다. 뇌물로 준 돈을 돌려달라고 할 경우, 범죄자금에 관한 약정 등도 마찬가지다.

한편 '불법성비교론'은 이러한 개념어의 적용에 제한을 가하는 새로운 개념어다. 문제된 사실관계는 이렇다. 성매매업소의 여종업원은 화대를 포주에게 보관시켰다. 일정기간 이후 여종업원이 반환을 요구하였다. 포주가 반환을 거부하였다. 여종업원은 포주를 상대로 소송을 제기하였다. 법원은 청구를 기각하였다. 불법원인급여기 때문이다. 이러한 결과가 정당한가? 그렇지 않다. 앞서 언급한 것처럼 불법원인급여는 그 상대방이 부당이득을 취한다는 본질적 문제가 있다. 그런데 그놈이 그놈인 도박꾼들 사이에는 그 결론에 큰 문제가 없다. 하지만 사회의 최약자인 여종업원과 불법적 영업으로 돈을 버는 포주의 관계는 다르다. 그럼에도 불법성비교론 이전에는 기존의 개념어에 따라 포주의 손을 들어주었을 것이다. 개념어의 무비판적 적용이 갖는 폭력성이다. 이 점을 세밀하게 논증하는 과정에서 새로운 개념어가 등장한다. 논증에 의해 창조된 새로운 개념어는 인간 사고를 변경, 수정, 분화, 확장하는 기능을 한다.

또 다른 예를 보자. 미국 형사소송법에서 발전한 '독수독과 이론'은 위법한 방법으로 수집한 증거의 증거능력을 배제하는 법리다. "독 있는 나무에서 나온 과실도 독이 있다"라는 은유로 표현된 법리다. 미국 연방대법원이 확립한 이 법리는 수사기관이 편법으로 증거를 확보하는 관행에 제동을 걸었다. 그 취지는 훌륭하지만 제도 운용과정에서 문제점이 드러났다. 엄청난 중죄인이고, 범죄사실이 명백함에도 무죄로 방면되는 어처구니 없는 사태가 발생하였다. 그러한 사안들이 많아지자 미국 법원도, 우리나라 대법원도 예외를 인정하였다. 미국 연방대법원은 **"불가피한 발견 법칙(Inevitable discovery rule)"**과 같은 개념어를,[30] 우리나라 대법원은 **"실체적 진실 규명을 통한 정당한 형벌권의 실현"**과 같은 표현을 사용하였다.[31] 개념어의 적용범위를 제한하는 새로운 개념어다.

3. 법학에서 개념어 사용의 예시: 최근 대법원 판결의 몇 가지 사례들

이제 본격적으로 글쓰기 문제를 보기로 한다. 이러한 개념어의 창조, 변경, 수정은 그 범위가 생각보다 훨씬 넓다. 우리가 날마다 접하는 현상들, 그러한 현상들 속에서 발생하는 분쟁들은 모두 비슷하면서도 한편으로는 조금씩 다르다. 나날이 발생하는 현상들, 지금 법원에서 다투고 있는 바로 그 사건에서도 새로운 개념어가 필요할 수 있다. 당해 사건의 사실관계를 확립된 법리로 해결하는 것은 법적 논증의 본질이다. 법률의 본질은 과거의 경험을 통해 축적한 일반화된 규칙이고, 법적 논증은 그렇게 정립된 법리를 새로운 사안에 적용하는 것이다. 이러한 법적 논증의 본질을 무시할 수는 없지만, 새로운 사건의 섬세한 차이를 무시하고 무조건 기존 법리로만 해결하려는 태도는 지적으로 게으르다. 교과서에 나온 법리의 틀에만 매몰되지 말고, 항상 당해사건, 그 특수성과 구체성에 주목할 필요가 있다.

이하에서는 최근 대법원 판결들을 통하여 개념어들이 어떻게 활용되는지 살펴본다. 새로운 현상을 앞에 두고 기존 언어에 안주하지 않고 당해 사안의 특성을 설명하는 설득력 있는 글쓰기가 어떠한 것인지를 보려는 것이다.

(1) 새로운 현상을 설명하기 위한 개념어

대법원 2017. 10. 26. 선고 2012도13352 판결은 로스쿨 교수이자 방송통신위원회 심의위원인 피고인이 블로그에 올린 게시물이 문제된 사안이다. 피고인은 방통위에서 음란물로 의결한 표현물을 자신의 블로그에 게재하였다.

---

30 적법절차원칙를 지켰더라도 어차피 발견되었을 증거의 예외를 인정한다는 의미이다. Nix v. Williams, 467 U.S. 431 (1984) 참조.

31 대법원 2007. 11. 15. 선고 2007도3061 전원합의체 판결 "다만, 법이 정한 절차에 따르지 아니하고 수집한 압수물의 증거능력 인정 여부를 최종적으로 판단함에 있어서는, 실체적 진실 규명을 통한 정당한 형벌권의 실현도 헌법과 형사소송법이 형사소송 절차를 통하여 달성하려는 중요한 목표이자 이념이므로, 형식적으로 보아 정해진 절차에 따르지 아니하고 수집한 증거라는 이유만을 내세워 획일적으로 그 증거의 증거능력을 부정하는 것 역시 헌법과 형사소송법이 형사소송에 관한 절차 조항을 마련한 취지에 맞는다고 볼 수 없다."

문제의 표현물은 남성의 성기를 드러낸 표현물이었다. 대학교수인 피고인은 개인 블로그에 이러한 정도의 표현물은 사상의 자유시장에서 당부판단을 받도록 할 것이지 국가기관이 검열할 것을 아니라고 비판하였다. 검찰은 피고인을 정보통신망법상 음란물유포 혐의로 기소하였다. 대법원은 다음과 같이 판시하며 무죄를 선고하였다.

> **대법원 2017. 10. 26. 선고 2012도13352 판결**
>
> 음란성에 관한 논의는 자연스럽게 형성·발전되어 온 사회 일반의 성적 도덕관념이나 윤리의식 및 문화적 사조와 직결되고, 아울러 개인의 사생활이나 행복추구권 및 다양성과도 깊이 연관되는 문제로서, 국가 형벌권이 지나치게 적극적으로 개입하기에 적절한 분야가 아니다. 이러한 점을 고려할 때, 특정 표현물을 형사처벌의 대상이 될 음란 표현물이라고 하기 위하여는 표현물이 단순히 성적인 흥미에 관련되어 저속하다거나 문란한 느낌을 준다는 정도만으로는 부족하다. <u>사회통념에 비추어 전적으로 또는 지배적으로 성적 흥미에만 호소할 뿐 하등의 문학적·예술적·사상적·과학적·의학적·교육적 가치를 지니지 아니한 것</u>으로서, 과도하고도 노골적인 방법에 의하여 성적 부위나 행위를 적나라하게 표현·묘사함으로써, 존중·보호되어야 할 인격체로서의 인간의 존엄과 가치를 훼손·왜곡한다고 볼 정도로 평가될 수 있어야 한다.

음란성에 관한 이러한 문구는 과거에 비해 완화된 기준이다. 미국 연방대법원 판결의 판단기준을 받아들인 것이다.[32] 이어서 나오는 대법원 판결의 다음 문장에 주목해 보자.

---

32 위 대법원 판결의 문언은 미국 연방대법원의 1973년 Miller v. California, 413 U.S. 15 (1973) 판결이 제시한 기준에서 가져온 것이다. Miller 케이스는 표현의 자유의 보호대상에서 제외되는 음란물의 요건으로 "전체적으로 오로지 성적 흥미에만 호소할 뿐(taken as a whole, appeals to the prurient interest)" "진지한 문학적, 예술적, 정치적, 과학적 가치가 없는 것(which lacks "serious literary, artistic, political, or scientific value)"이라고 판시하였다.

음란물이 그 자체로는 하등의 문학적·예술적·사상적·과학적·의학적·교육적
가치를 지니지 아니하더라도, 음란성에 관한 논의의 특수한 성격 때문에, 그에 관
한 논의의 형성·발전을 위해 문학적·예술적·사상적·과학적·의학적·교육적 표
현 등과 결합되는 경우가 있다. 이러한 경우 음란 표현의 해악이 이와 결합된 위와
같은 표현 등을 통해 상당한 방법으로 해소되거나 다양한 의견과 사상의 경쟁메
커니즘에 의해 해소될 수 있는 정도라는 등의 특별한 사정이 있다면, 이러한 결합
표현물에 의한 표현행위는 공중도덕이나 사회윤리를 훼손하는 것이 아니어서, 법
질서 전체의 정신이나 그 배후에 놓여 있는 사회윤리 내지 사회통념에 비추어 용
인될 수 있는 행위로서 형법 제20조에 정하여진 '사회상규에 위배되지 아니하는
행위'에 해당된다.

표현의 자유와 관련하여 "사상의 경쟁메커니즘"과 같은 표현이나 미국
Miller 판결이 제시한 기준인 "진지한 문학적, 예술적, 정치적, 과학적 가치가
없는 것"과 같은 개념어는 역사가 오랜 표현이다. 하지만 "**결합표현물**"은 이
사건의 특수성을 설명하기 위해 고안된 개념어. 피고인이 문제의 게시물을
올린 것은 음란한 게시물을 게재하기 위한 것이 아니었다. 그러한 게시물을
규제하는 것을 비판하기 위한 것이었다. 이 개념어는 그 점을 강조하기 위한
표현이다. 즉 적절한 어휘로 당해 사안의 특수성을 드러낸 것이다.

(2) 개념 분화형 개념어

다음으로 종래 하나의 의미로 사용되던 개념을 둘 이상으로 분화하는 개
념어 사례를 본다. 뇌사 상태에 있는 환자의 연명치료 중단은, 인간 생명의 존
엄성, 남용의 위험성 등으로 반대하는 사람도 많다. 하지만 이는 현실을 무시
한 공허한 이념적 주장이라는 반론도 만만치 않다. 이러한 입장이라면, 연명치
료 중단이 문제되는 상황은 일반적 치료상황과는 다르다는 점을 잘 드러내야
한다. 아래 대법원 판시 부분이 그러하다.

■ ⟵ 대법원 2009. 5. 21. 선고 2009다17417 전원합의체 판결

의학적으로 환자가 의식의 회복가능성이 없고 생명과 관련된 중요한 생체기능의 상실을 회복할 수 없으며 환자의 신체상태에 비추어 짧은 시간 내에 사망에 이를 수 있음이 명백한 경우(이하 '회복불가능한 사망의 단계'라 한다)에 이루어지는 진료행위(이하 '연명치료'라 한다)는, 원인이 되는 질병의 호전을 목적으로 하는 것이 아니라 질병의 호전을 사실상 포기한 상태에서 오로지 현 상태를 유지하기 위하여 이루어지는 치료에 불과하므로, 그에 이르지 아니한 경우와는 다른 기준으로 진료중단 허용 가능성을 판단하여야 한다. 이미 의식의 회복가능성을 상실하여 더 이상 인격체로서의 활동을 기대할 수 없고 자연적으로는 이미 죽음의 과정이 시작되었다고 볼 수 있는 회복불가능한 사망의 단계에 이른 후에는, 의학적으로 무의미한 신체 침해 행위에 해당하는 연명치료를 환자에게 강요하는 것이 오히려 인간의 존엄과 가치를 해하게 되므로, 이와 같은 예외적인 상황에서 죽음을 맞이하려는 환자의 의사결정을 존중하여 환자의 인간으로서의 존엄과 가치 및 행복추구권을 보호하는 것이 사회상규에 부합되고 헌법정신에도 어긋나지 아니한다.

이 판결문에서 "회복불가능한 사망의 단계"라는 표현은 어떠한 기능을 하는가? 연명치료 중단이 어려운 문제인 것은 그것이 인간의 존엄성, 의사의 직업윤리 등 보편적 윤리관념에 반하는 행위로 인식되기 때문이다. 이러한 직관적 반감[33]을 극복하기 위해서는 연명치료 중단과 일반적인 치료의 차이점을 정확하게 드러내야 한다. 위 판시 부분은 "질병의 호전을 목적으로 하는 것"과 "질병의 호전을 사실상 포기한 상태"에서 "현 상태를 유지하기 위한 행위"를 극적으로 대비하고 있다. 이러한 언어가 나오기 전에도 머릿속에 그런 관념은 있었을 것이다. 하지만 그것이 인간 사고를 지배하기 위해서는 그 생각에 언어라는 외피를 입혀야 한다. 새로운 언어는 이제 사람의 사고를 지배하고 생각을 바꾸게 한다. '치료중단'이라는 일반적인, 분화 이전의 상위개념에 사로잡

---

33 앞서 언급한 것처럼 언어는 인간사고를 지배한다. 이러한 직관적 반감은 그 자체가 실체가 없는 것은 아닐 것이다. 하지만 경우에 따라서는 직관적 반감이 과장되어 인간 사고를 경직되게 만들 위험이 있다. 즉 이러한 직관적 반감 자체가 기존 개념어의 효과일 가능성이 있다.

히면 어떠한 해결책도 나올 수 없다.

(3) 외연확장적 개념어

이번에는 개념의 외연을 확장하는 언어사용의 예를 본다. 제3장 제6원칙에서 출퇴근길 사고를 업무상 재해로 볼 것인지가 문제된 대법원 2007. 9. 28. 선고 2005두12572 판결의 한 부분이다. 제3장에서 본 것처럼 다수의견은 부정하였다. 이에 대해 반대의견은 출퇴근길 사고를 업무상 재해로 포섭하기 위하여 여러 논증을 개진하였는데, 특히 법해석론과 관련하여 다음과 같이 "업무종속성"이라는 개념어를 제시하였다.

> 다수의견은, (중략) 출·퇴근 행위의 <u>업무종속성</u>을 무시한 것으로 타당하다고 할 수 없다.
> <u>출·퇴근 행위란 근로자가 노무를 제공하기 위해 주거지와 근무지 사이를 왕복하는 반복적 행위로서, 노무를 제공하기 위해 반드시 거쳐야 하는 필수적인 과정이다.</u> 통근 없으면 노무의 제공도 없고, 직장이 없으면 통근도 없는 것이다.

업무상재해인지 여부를 판단하는 기준은 "사업자의 지배, 관리하"에 있었는지 여부다. 출퇴근길은 직장 내가 아니므로, 지배, 관리 하에 있지 않다는 것이 다수의견의 요지다. 반대의견은 비록 다수의견을 넘어서지는 못하였지만 "출퇴근 행위의 업무종속성"이라는 개념어를 제시하여 훨씬 설득력 있는 논증을 개진하였다.

(4) 외연축소형 개념어

이번에는 반대로 개념의 외연을 축소하는 유형이다. 도로교통법상 음주운전 여부가 문제된 사안이다. 도로교통법상 '음주운전'에 해당하기 위해서는 우선 '운전'이 전제되어야 한다. 이 사건에서 피고인은 만취상태에서 차 안에서 쉬다가 추워서 히터를 틀려고 시동을 걸었는데, 실수로 기어를 건드려 자동차가 움직였다. 대법원은 다음과 같이 판시하면서 무죄를 선고하였다.

■ ←── 대법원 2004. 4. 23. 선고 2004도1109 판결

도로교통법 제2조 제19호는 '운전'이라 함은 도로에서 차를 그 본래의 사용 방법에 따라 사용하는 것을 말한다고 규정하고 있는바, 여기에서 말하는 운전의 개념은 그 규정의 내용에 비추어 목적적 요소를 포함하는 것이므로 고의의 운전행위만을 의미하고 자동차 안에 있는 사람의 의지나 관여 없이 자동차가 움직인 경우에는 운전에 해당하지 않는다.

대법원 판결은 **"목적적 요소"**라는 개념어를 매개로 운전행위의 외연을 축소하였다. 고의의 운전행위, 즉 운전하려는 분명한 의도가 전제된 경우만 음주운전에 해당한다고 본 것이다. 지금은 이 논점이 확립되어 있지만, 최초로 이러한 문제들이 제기되는 한계적 사례에서 법률개념의 적용범위를 제한 또는 확장하려는 작업은 언어적, 수사학적 작업일 수밖에 없다.

(5) 개념어 없이 개념의 외연을 확장, 축소, 변경하는 글쓰기

이러한 개념어의 언어적, 수사학 기능은 단어나 어구만으로 가능한 것은 아니다. 정치한 문장을 통해서도 가능하다. 독수독과이론의 한계를 지적한 "실체적 진실 규명을 통한 정당한 형벌권의 실현도 헌법과 형사소송법이 형사소송 절차를 통하여 달성하려는 중요한 목표이자 이념"이라는 문장이 그러하다. 이러한 예 역시 무수히 많다. 몇 가지만 보자.

■ ←── 대법원 2020. 4. 29. 선고 2015다224797 판결

국가배상책임에 있어 공무원의 가해행위는 법령을 위반한 것이어야 하고, 법령을 위반하였다 함은 엄격한 의미의 법령 위반뿐 아니라 인권존중, 권력남용금지, 신의성실과 같이 공무원으로서 마땅히 지켜야 할 준칙이나 규범을 지키지 않고 위반한 경우를 포함하여 널리 그 행위가 객관적인 정당성을 결여하고 있음을 뜻하는 것이므로, 수사기관이 범죄수사를 하면서 지켜야 할 법규상 또는 조리상의 한계를 위반하였다면 이는 법령을 위반한 경우에 해당한다.

이 문단은 국가배상책임의 전제가 되는 "법령 위반"의 외연을 확장하였다. 또 다른 예를 보자. 민법 제629조에 의하면 임차인이 임대인의 동의 없이 임대차를 양도한 경우 계약 해지사유다. 그런데 임차인 A가 자신의 처인 B 명의로 임차인 명의를 변경하면서 동의를 구하지 않았다. 이러한 경우에도 해지사유가 된다고 보아야 하는가? 대법원은 다음과 같은 논리로 부정하였다.

◀── 대법원 1993. 4. 27. 선고 92다45308 판결

이는 민법상의 임대차계약은 원래 당사자의 개인적 신뢰를 기초로 하는 계속적 법률관계임을 고려하여 임대인의 인적 신뢰나 경제적 이익을 보호하여 이를 해치지 않게 하고자 함에 있으며, 임차인이 임대인의 승낙 없이 제3자에게 임차물을 사용·수익시키는 것은 임대인에게 임대차관계를 계속시키기 어려운 배신적 행위가 될 수 있는 것이기 때문에 임대인에게 일방적으로 임대차관계를 종지시킬 수 있도록 하고자 함에 있다. 임차인이 임대인으로부터 별도의 승낙을 얻은 바 없이 제3자에게 임차물을 사용·수익하도록 한 경우에 있어서도 임차인의 당해 행위가 임대인에 대한 배신적 행위라고 인정할 수 없는 특별한 사정이 있는 경우에는 위 법조항에 의한 해지권은 발생하지 않는다.

개념어와 관련하여 가장 빈번하게 문제되는 상황은 그 개념어가 포섭하는 외연의 범위를 어떻게 설정할 것인지의 문제다. 이는 재판의 본질이기도 하다. 우리의 법체계는 위 사안과 같이 기존의 법리로 포섭되지 않는 사례들을 설명하기 위한 개념어 내지 그러한 사례를 위해 고안된 논리로 가득하다. 개념어와 현실의 불균형 발전이 법학의 역사 그 자체라는 말은 바로 그 점을 의미하는 것이다.

(6) 개념어가 갖는 폭력성, 그에 대한 비판

앞서 언급한 것처럼 개념어는 인간의 사고를 나태하게 만들고, 나아가 과도하게 확장되면 이데올로기적 폭력성을 갖기도 한다. 개념어가 갖는 이데올로기 폭력성이 다른 가치들을 무시, 배척하는 방향으로 나아갈 때 그에 대해

저항하는 것도 언어의 기능이다. 다음 예를 들 수 있다.

> ← 대법원 2014. 8. 21. 선고 2010다92438 전원합의체 판결
>
> 이런 의미에서 <u>자기책임의 원칙</u>은 단지 민법의 한 지도원리로서 사법(사법)상 개인의 행위와 그 해석의 지침이 되는 추상적 이념일 뿐 특정한 공익적 목적에서 마련된 구체적 법령의 해석에 특별히 우선하여 고려되어야 하는 성질의 것이라고는 할 수 없는데도, <u>다수의견은 그와 같은 추상적 이념에 경도된 나머지 이 사건에서 구체적으로 문제 되는 베팅한도액 제한규정의 취지를 해석함에 있어 옳은 결론을 도출하는 데 실패하였다고 하지 않을 수 없다.</u>

　　카지노에서 재산을 탕진한 원고가 카지노업자를 상대로 손해배상을 청구한 사안이다. 원고는 당시 자신은 더 이상 자신을 통제할 능력을 잃은 상태였고, 제반 정황에 비추어 카지노 측에서도 이 점을 충분히 인식할 수 있었다고 주장하였다. 다수의견은 원고 주장을 배척하였다. 다수의견의 핵심 근거는 "자기책임의 원칙"이었다. 스스로의 판단 하에 한 행위에 대해 자기가 책임을 져야 한다는 것이다. 반면 반대의견은 원고의 여러 특수한 사정들을 지적하면서 다수의견이 부당하다고 비판하였다. 위 문단은 다수의견이 '자기책임 원칙'이라는 개념어가 갖는 힘에 지나치게 경도되어 합당한 결론에 이르는 데에 실패했다고 비판하는 것이다.[34]

4. 결론

　　설득력 있는 글쓰기의 제4원칙은 다음과 같다.

34　다만 다수의견이 단순히 "자기책임의 원칙"이라는 언어에 매몰되어 손해배상책임을 인정하지 않았다고 볼 수 있는지는 단정하기 어렵다(즉 위 예시문을 통해 그와 같은 점에 대해 논리적 비판의 예를 보여주고자 한 것이다).

세련된 개념어를 활용하라. 세련된 개념어는 논지의 설득력을 배가한다. 다만 개념어의 함정에 갇혀서는 안 된다. 개념어 뒤에 있는 사안의 실체를 파악하고 이를 언어로 재구성하는 작업을 게을리 해서는 안 된다(다만 이는 논증의 영역이다).

V. 설득력 있는 글쓰기 제5원칙: 에토스와 파토스

1. 서설

마지막으로 아리스토텔레스가 말한 설득의 3요소[35] 중 에토스(ethos)와 파토스(pathos)라는 개념을 통해 법률가의 글쓰기와 관련한 제기될 수 있는 소소한—그렇지만 중요한—문제들을 살펴보기로 한다. 에토스(ethos)란 청자를 설득하기 위한 요소로서 화자의 인격 내지 신뢰성을 의미하고, 파토스(pathos)는 청자의 감정에 호소하는 것을 의미한다. 이 개념어는 아래와 같이 실무에서 문제되는 여러 현실적 문제들을 설명하는데 아주 유용하다.

2. 에토스와 글쓰기

글쓰기와 관련하여 에토스(ethos)의 측면에서 지적할 수 있는 쟁점들을 살펴보자. 아래에서 보는 바와 같이 실무가라면 누구나 일상에서 부딪히는 현실적인 문제들이다.

(1) 사실기술의 진실성 - "fact check"는 모든 글쓰기의 기본

첫째, 사실기술의 진실성이다. 사실에 관한 기술에서 사소한 거짓이라도

---

35 아리스토텔레스는 설득의 3요소로 로고스, 에토스, 파토스를 들었다. 한석환, "아리스토텔레스 수사학의 철학적 기초", 한국철학학회 간 철학 74, 2003. 2. 등 참조. 여기서 로고스는 논리를 의미하므로 나머지 둘, 즉 에토스와 파토스 문제만을 보기로 한다.

드러나면 글 전체의 설득력이 떨어진다. 에토스가 청자의 화자에 대한 신뢰를 의미하는데, 그 신뢰의 가장 기본적 요소는 화자의 정직성이다. 사실 진술에서 거짓이 드러나는 것은 치명적이다.[36] 고의, 과실을 불문한다. 실수였다는 변명이 통하지 않는다. 항상 "fact check"를 게을리 하지 않아야 할 이유다. 법률문장에서 허위사실을 주장하지 말라는 것은 단순히 변호사윤리와 같은 규범적 문제가 아니다. 논지의 전체적 설득력 문제다.

(2) 논증의 적정성 - 무리한 주장 금지

에토스의 두 번째 측면은 무리한 주장을 하지 않는 것이다. 무리한 주장이란 무엇인가? 논쟁적 사안에서 일방의 입장을 지지하는 논증을 전개하는 것은 자연스런 일이다. 하지만 일방의 입장을 대변하더라도 객관성과 중립성을 유지해야 한다. 당파성과 객관성은 양립불가능한 개념인 것처럼 생각될 수 있다. 하지만 결코 그렇지 않다. 당파성을 갖는다고 하더라도 그 입장에서 갖는 객관성은 존재할 수 있다. 쉽게 말하면 "그 입장에서는 그렇게 말할 수 있겠다"는 정도로 수긍할 수 있는 논리와 "아무리 그 입장이라도 그렇게까지는 아니다"라는 생각을 갖게끔 하는 논리의 차이다.

소송 실무에서 흔히 사용되는 "무리한 주장"이라는 말은 당파성에 치우친 나머지 객관성을 잃은 주장을 말한다. 무리한 주장을 하지 말아야 하는 이유도 규범적, 당위적 문제가 아니다. 허위사실 주장과 마찬가지로 무리한 주장은 논지의 전체적 설득력을 떨어뜨린다. 당파적이면서도 객관성을 잃지 않는 글쓰기는 고난도의 기술이며, 수준 높은 논증을 구성하는 작업이기도 하다.

(3) 논증의 일관성 - 모순 피하기

에토스의 세 번째 측면은 주장의 일관성이다. 여기서 한 말과 저기서 한 말이 모순될 경우 상대방에게 공격당할 수 있고, 독자의 신뢰를 잃게 된다. 이

---

36 이러한 점은 미국의 Legal Writing 교재에서도 지적하는 내용이다. Michael Smith, Advanced Legal Writing: Theories and Strategies in Persuasive Writing, Aspen Law & Business, 2002. 103~106면 참조.

러한 논리모순이 발생하는 이유는 무엇인가? 자신에게 유리한 주장만을 하다 보니, 이쪽에서는 어느 한 쪽 면을 강조하고, 다른 논점에서는 그 반대의 측면을 강조하는 식으로 논리를 전개하였기 때문이다.

소송은 대립하는 당사자가 논쟁을 벌이는 TV토론과 유사하다. 하지만 차이도 많다. 그 중 하나는 굉장히 장시간에 걸친 논쟁이라는 것이다. TV 토론에서는 그때 그때 임기응변식으로 대응하는 것이 가능할 수 있다. 하지만 장시간에 걸쳐 이루어지는 논쟁에서는 그러한 방식이 통하지 않는다. 또 다른 차이는 기록이 남는다는 점이다. TV토론에서 한 말은 그 순간에 흘러갈 수 있다. 하지만 소송에서의 주장은 영구적으로 기록이 남아서 언제든지 확인 가능하다. 그런 점에서도 모순된 주장은 치명적이다.

(4) 'decency' 유지 – 즉 품위를 잃지 않는 글쓰기

에토스의 네 번째 원칙은 'decency' 즉 품위유지다. 품위를 잃지 않는 글쓰기에는 여러 유형이 있다.

첫째, 저급한 표현을 사용하지 말아야 한다. 가령 상대방의 주장이 사실과 다르다고 주장할 경우, 「① 위 주장은 사실이 아닙니다. ② 위 주장은 허위주장에 불과합니다. ③ 위 주장은 터무니없는 거짓말입니다. ④ 위 주장은 새빨간 거짓말입니다.」등 다양한 표현이 가능한데, 후자로 갈수록 글의 품위는 떨어지게 된다. 품위가 떨어지는 표현은 그 순간에는 시원할 수 있지만 글의 설득력은 떨어진다.

둘째, 상대방을 지나치게 폄훼하는 표현, 감정적인 비난도 품위를 떨어뜨린다. 이러한 폄훼하는 표현 역시 쓰는 순간에는 마치 복수를 한 듯한 쾌감을 줄 수 있다. 하지만 글의 전체적인 설득력은 떨어진다. 품위유지 역시 진부한 윤리 문제가 아니다. 감정적 자기만족을 선택할 것인지 아니면 글의 객관적 설득력을 선택할 것인지의 문제다.[37]

셋째, 지나치게 구어적인 표현도 자제하는 것이 좋다. 가령 "어이가 없는 주장입니다"라든가, "황당하기 이를 데 없습니다"와 같은 표현들은 글의 품격

---

37 Michael Smith, 2002, 116~117면.

을 떨어뜨린다.

(5) 오자, 비문의 점검 등

마지막으로, 오자와 비문도 글의 설득력을 떨어뜨린다. 사소한 것이지만, 오자는 필자의 성의 부족을, 비문은 국어 구사 능력에 대한 의심을 불러일으킨다. 이는 논증 수준에 대한 의심으로 이어질 수 있다. 이 책의 제2장에서 살펴본 간결·명료한 글쓰기도 에토스의 측면으로 이해할 수 있다. 장광설 내지 횡설수설에 가까운 글이 독자를 설득할 리 없다.

3. 파토스와 글쓰기

논쟁적인 사안이라고 하더라도 적정한 범위 내에서 감정에 호소하는 것이 필요한 경우는 많다. 인간의 행동과 판단이 논리와 이성만으로 결정되지는 않는다. 소송에서도 특정 유형의 사건에서는 감정에 적절히 호소하는 것이 필요하다. 이혼소송 등 가사소송이나 형사소송, 민사소송 중에서도 명예훼손이나 제조물책임, 공해소송, 의료소송 등에서 피해자가 입은 피해와 고통은 추상적인 표현이 아닌 구체적 표현으로 생생하게 드러낼 필요가 있다. 그러한 구체적 묘사는 독자의 마음을 움직일 수 있다.

다만 주의할 것이 있다. 감정에 호소하는 것은 감정적인 언어를 사용하라는 의미는 아니다. 객관적 사실에 기초하여 마음을 움직일 수 있도록 하라는 의미다. 고종석, 2016(1), 147면은 "그래서 지금 이 글을 쓰는 기분도 더럽기 짝이 없다"와 같은 글은 절대 쓰지 말아야 한다고 한다. 격앙된 감정을 그대로 드러내는 것은 글의 품위를 떨어뜨리기 때문이다. 감정에 호소하되, 절제된 언어, 객관적 언어가 필요하다. 제2장에서 좋은 글은 관형사, 부사 같은 수식어보다는 명사와 서술어 위주의 문장이라고 하였다. 제3장 제5원칙에서 팩트의 구체적 기술의 필요성에 대해 보았다. 모두 일맥상통하는 얘기들이다.

4. 결론

설득력 있는 글쓰기 제5원칙은 다음과 같이 정리될 수 있다.

> 진실하고, 객관적 글쓰기, 일관되고, 품위를 잃지 않는 글쓰기, 절제된 한도 내에서 정서에 호소하는 글쓰기는 설득력이 있다.

Ⅵ. 마무리

이상에서 설득력 있는 글쓰기에 관해 5가지 주제로 살펴보았다. 하지만 이 역시 설득력 글쓰기의 최소한에 불과하다. 정말 설득력 있는 글쓰기는, 뭔가 느낌은 있는데, 말로 표현하기 어려운 상황, 사실관계와 쟁점이 너무 복잡해서 정리가 안 되는데, 간결, 명징한 언어로 풀어내는 것이다. 읽으면서 "바로 이거다"라고 무릎을 칠 수 있는 그런 글이다. 어떻게 하면 그런 글을 쓸 수 있을까? 이런 점들에 대해서는 언급조차 못했다. 이 점에 대해서는 향후 과제로 미루기로 하고, 다음 주제로 넘어가기로 한다.

더 좋은 법률문장 쓰기

─ 법률문장과 우리말다운 글쓰기

〔제5장에서 살펴볼 점〕

1. 국어학자들이 말하는 우리말다운 글쓰기 원칙들을 살펴본다.
2. 이러한 원칙들을 법률문장에 적용해 본다.

더 좋은 법률문장 쓰기_법률문장과 우리말다운 글쓰기

제5장에서는 우리말다운 글쓰기에 대해 본다. 우리말다운 글쓰기는 국어학자들, 작가들 사이에서도 많은 논쟁이 있어온 영역이다. 하지만 이 점과 관련해서도 법률문장처럼 심하게 비판받아온 분야도 드물다. 무엇이 문제이고, 어떻게 해야 할까?

제 1 절   왜 우리말다운 글쓰기가 문제될까?

I. 국어학자들의 법률문장에 대한 날선 비판

국어학자들의 법률문장에 대한 비판은 법률가로서 보기에 낯 뜨거울 정도다. 법원 판결문, 각종 법령, 심지어 대한민국 최고법인 헌법도 온갖 악문과 우리말답지 않은 표현으로 가득하다는 것이다. 그럼에도 대부분의 법률가들은 그런 문제에 무관심하다. 필자 역시 이오덕, 이수열, 장하늘 선생의 책들을 읽기 전까지 우리 법률문장에 그렇게 많은 문제가 있다는 생각을 해 본 적이 없었다. 장하늘 선생은 1987년 헌법 초안이 나왔을 때 충격을 받아 우리말로 수정한 전문을 국회에 보냈지만, 수정은 불가능하다는 답변을 받았다고 한다.[1] 헌법 전문만을 보자(밑줄은 필자가 표시함).

---

1 장하늘, 2003(1), 157면, 제2장 간결, 명료한 글쓰기에서 수정 대상 문장 중 상당수는 헌법 조문이었다.

유구한 역사와 전통에 빛나는 우리 대한국민은 3·1운동으로 건립된 대한민국임
시정부의 법통과 불의에 항거한 4·19민주이념을 계승하고, 조국의 민주개혁과 평
화적 통일의 사명에 입각하여 정의·인도와 동포애로써 민족의 단결을 공고히 하
고, 모든 사회적 폐습과 불의를 타파하며, 자율과 조화를 바탕으로 자유민주적 기
본질서를 더욱 확고히 하여 정치·경제·사회·문화의 모든 영역에 있어서 각인의
기회를 균등히 하고, 능력을 최고도로 발휘하게 하며, 자유와 권리에 따르는 책임
과 의무를 완수하게 하여, 안으로는 국민생활의 균등한 향상을 기하고 밖으로는
항구적인 세계평화와 인류공영에 이바지함으로써 우리들과 우리들의 자손의 안
전과 자유와 행복을 영원히 확보할 것을 다짐하면서 1948년 7월 12일에 제정되고
8차에 걸쳐 개정된 헌법을 이제 국회의 의결을 거쳐 국민투표에 의하여 개정한다.

1987년 10월 29일

문장이 너무 길고, 일본식 표현, 어려운 한자 표현이 너무 많다는 것이다.
장하늘, 2003(2) 56~58면은 다음과 같은 점들을 지적한다.

☑ 한자어 ⇒ 우리말

유구한 ⇒ 오랜	건립된 ⇒ 세워진	항거한 ⇒ 맞선
입각하여 ⇒ 터잡아	공고히 하고 ⇒ 굳히고	균등히 하고 ⇒ 고르게 하고
계승하다 ⇒ 이어받다	확고히 하다 ⇒ 다잡다.	

☑ 일본식 표현, 어려운 표현 고치기

평화적 통일의 사명 ⇒ 평화통일의 사명	자유민주적 기본질서 ⇒ 자유민주 기본질서
각인의 기회를 균등히 하고	⇒ 여러 사람의 기회를 같게 하고
능력을 최고도로 발휘하게 하며	⇒ 능력을 한껏 드러내게 하며
국민생활의 균등한 향상을 기하고	⇒ 모든 국민이 고루 잘 살게 하고

이수열, 2017년, 73면 및 이오덕 선생의 지적에 따라 다음 표현도 고친다.

원문	수정	
건립된	건립한	영어식 표현
개정된	개정한	〃
면에 있어서	면에서	일본식 표현
이바지함으로써	이바지하여	영어식 표현
국민투표에 의하여	국민투표로	〃

이러한 지적들에 따라 다시 쓰면 다음과 같다. 끊어 쓰기를 하고, 문제된 표현들을 바꾼다.

■ ←── 헌법 전문 수정 예시

오랜 역사와 전통으로 빛나는 대한국민은 3·1운동으로 세워진 대한민국 임시정부의 법통과 불의에 맞서싸운 4·19민주이념을 이어받는다. 조국의 민주개혁과 평화통일 사명에 터잡아 정의·인도와 동포애로써 민족의 단결을 굳건히 한다. 사회적 폐습과 불의를 없애며, 자율과 조화를 바탕으로 자유민주 질서를 더욱 굳건히 한다. 정치·경제·사회·문화의 모든 면에서 사람들의 기회를 같게 하고, 능력을 한껏 드러내게 한다. 자유와 권리에 따르는 책임과 의무를 다하게 하여, 안으로는 모든 국민이 골고루 잘 살게 하고 밖으로는 길이 세계평화와 인류공영에 이바지한다. 이로써 우리들과 자손의 안전과 자유와 행복을 길이 누릴 것을 다짐한다. 1948년 7월 12일에 제정되고 8차에 걸쳐 개정한 헌법을 이제 국회의 의결을 거쳐 국민투표로 개정한다.   1987년 10월 29일

그밖에 개별 헌법 조항의 문제점도 아래 관련 부분에서 몇 가지 짚어본다.

II. 현실주의, 순결주의 논쟁

그런데 왜 순수한 우리말을 사용해야 할까? 외국어, 외래어의 영향을 어느 정도까지 잘못된 글쓰기로 보아야 할까? 국제화, 글로벌 시대에 순우리말을 고집할 필요가 있을까? 이에 대해서는 다양한 견해가 존재한다. 이오덕, 이수열

선생같이, 영어, 중국어, 일본어 번역체는 사용하지 말아야 한다는 원칙론적 입장(이른바 "순결주의" 혹은 "언어 순수주의", 혹은 "언어 순혈주의", 이하 "순결주의"라고 표현한다)이 있다. 그 반대편에는 순우리말이 아니더라도 이미 사회에 뿌리 내린 표현은 우리 언어로 받아들여야 한다는 입장(이른바 "현실주의")이 있다.

단순하게 생각해보면 순수한 우리말을 쓰자는 주장은 반박의 여지가 없을 것처럼도 느껴진다. 하지만 전혀 그렇지 않다. 현실주의자들은, 순결주의는 외국 문명과 교류하면서 성장, 발전하는 언어현실에도 맞지 않고, 정치적으로 악용될 우려도 있다고 비판한다.[2] 북한의 예에서 보듯이 순결주의는 전체주의와 친화적인 것도 사실이다. 그렇다고 현실주의가 외국어, 외래어를 무비판적으로 수용하자는 입장인 것도 아니다. 뒤에서 보는 것처럼 현실주의 내에도 다양한 스펙트럼이 있고, 순결주의 역시 정치적, 이데올로기적 입장에서부터 기능적 효용성을 강조하는 입장까지 다양한 스펙트럼이 있다(즉 순결주의도 "기원적 순수성"을 강조하는 이데올로기적 입장에서부터 "기능적 효용성"을 강조하는 실용주의적 입장까지 다양한 편차가 있다).

다만 이 글에서 그러한 복잡한 이론적 논의를 다룰 수는 없을 것이고,[3] 실천적인 측면에서 의미가 있는 두 입장의 구체적 차이만을 살펴본다. ① 한자어, ② 외래어, ③ 문장구조론의 3가지 측면에서 본다.[4]

1. 현실주의, 순결주의의 대립 1: 한자어와 고유어(순우리말), 어느 정도까지 순우리말을 써야 할까?

이오덕 선생은 다음과 같은 한자어도 순우리말로 바꿔 쓸 것을 제안한다 (이오덕, 우리글 바로쓰기 1,[5] 한길사, 2009, 23~61면, 아래 표 비고란의 A, B, C는 필자

---

2 가령, 고종석, 감염된 언어, 개마고원, 2007 참조.
3 이러한 쟁점과 관련한 최근 학계의 논의에 대해서는, 조태린 외 8인, 언어순수주의의 발현과 전개, 한국문화사, 2019 참조.
4 한국어는 ① 고유어, ② 한자어, ③ 외래어의 3가지로 구성된다.
　http://kornorms.korean.go.kr/regltn/regltnView.do?regltn_code=0001&regltn_no=714#a178
5 이하에서는 이오덕(1)로 표기한다.

가 임의로 구별한 것으로, 그 이유에 대해서는 뒤에서 설명한다).

한자어	우리말로 수정	비고
이견 없습니다.	다른 의견 없습니다.	A
기아에 허덕이는	굶주림에 허덕이는	
그런 의미가 내포되어 있다.	그런 뜻이 들어 있습니다.	
봄 가뭄 대지가 목탄다	봄 가뭄 땅이 목탄다	
빈곤이 가중되어 가는 상황	가난이 더해가는 상황	
시간낭비를 초래함	시간낭비를 가져옴	
금메달을 획득하였다.	금메달을 얻었다.	
그럼에도 불구하고	그런데도	
오래전에 경과하였다.	오래전에 지나갔다.	B
가옥주가 집을 팔았다.	집주인이 집을 팔았다.	
상시 매표하고 있습니다.	항상 표를 팔고 있습니다.	
신념에 입각해서 결정해야	신념에 따라 결정해야	
연습비행 중 새떼와 조우해 추락함	연습비행 중 새떼와 만나 추락함	
개혁에 박차를 가하다.	개혁에 힘쓰다.	C
주지의 사실	다 아는 사실	
정상회담 수락의사 가시화	정상회담 받아들일 뜻 보여	
대중교통을 선호합니다.	대중교통을 좋아합니다.	
초미의 관심사	매우 급한 관심사	
파죽의 4연승	거침 없는 4연승	
도약할 시점이다.	뛰어오를 시점이다.	
결국 정부 승인이 관건이다.	결국 정부 승인이 열쇠이다.	
초로의 중년 신사	늙은이 축에 들기 시작한 중년신사	
뒤늦은 해후	뒤늦은 만남	

순결주의는 한자어 중 순우리말로 바꿀 수 있는 것은 최대한 우리말로 바꿔 써야 한다는 입장이다.[6] 현실주의는 언어현실을 중시하는 입장이다. 현실

---

6 주의할 것은 "순우리말로 바꿀 수 있는 것" 혹은 "어려운 한자말"을 쉬운 우리말로 바꾸자는

주의도 수많은 분파가 있다. 크게 보아 다음과 같은 분류가 가능할 것이다.

① 가장 극단적인 경우로 '영어공용화'를 주장하는 입장(이는 한국어의 순
수성과 가치를 부정하는 입장이다)[7]

② 한국어만 고집하는 입장을 '언어민족주의'라고 비판하면서 일본의 카
타카나처럼 외국어 수용에 적극적, 개방적인 태도를 취하자는 입장

③ 현실주의라는 말답게 일반 대중들이 통상적으로 사용하는 것으로 굳
어진 표현들에 한하여 우리말로 받아들이자는 입장

②~③ 입장 내부에도 다양한 편차가 있을 수 있다. 가령 ③에서도 사회
에서 보편적으로 받아들여진 표현이 어디까지인지 수많은 견해가 있을 수 있
다. 객관적 현실을 받아들이려는 입장과 규범적 요소를 고려하는 입장 사이에
다양한 스펙트럼이 있을 것이다. 그렇게 보면 현실주의와 순결주의 사이의 중
간 입장은 정확한 분류가 불가능할 정도로 다양할 수 있다.

일본은 외국어 수입에 아무런 거리낌이 없다. 햄버거(ハンバーガー), 스테
이크(ステーキ) 같은 단어는 말할 것도 없고, 영어 단어 "relax"를 너무도 자연
스럽게 "리라꾸수루(リラックする)"라고 하며 "편안히 쉬다", "긴장을 풀다"는
뜻으로 사용하는 식이다. 그런 정도가 아니더라도, 언어가 외국어의 영향을 받
는 경우는 많다. 가령 유럽 언어에서 후발주자인 영어를 보더라도, 게르만계
어휘와 라틴계 어휘가 공존한다. give, answer, understand 등이 게르만계 단
어라면 같은 의미인 donate, reply, comprehend 등은 라틴계 단어다. 게르만
계 어휘에 비해 라틴계 어휘가 다소 고급스럽게 느껴지는 등 미묘한 뉘앙스
차이가 있다.[8]

언어는 고정된 실체가 아니다. 100년 전 한국인과 현대 한국인이 대화를

것이지 **모든 한자어를 우리말로 바꾸자는 것은 아니다. 우리말 어휘의 50~60%는 한자어이므로, 우리말에서 한자어를 완전히 없애는 것은 불가능하다.** 위 예에서도 "이견 없습니다"를 "다른 의견 없습니다"라고 바꾸자고 하였을 때, "의견"도 한자어다. 단지 "이견"에 비해 "의견"이 더 쉬운 한자어라는 의미다.

7 과거에 소설가 복거일이 대표적인 영어공용화론자였다.

8 고종석, 2016(1), 161~165면 참조.

하면 소통하기 어려운 부분이 많을 것이다. 1,000년, 2,000년 전 한국인과 만나면 대화가 불가능할 것이다. 국립국어원 「한글 맞춤법 표준어규정 해설」 (2018)에 의하면 최근에도 꾸준히 구어였던 것을 표준어로 인정해주고 있다.[9] 자장면/짜장면, 삐치다/삐지다, 꾀다/꼬시다, 섬뜩하다/섬찟하다, 괴발개발/개발새발, 떨어뜨리다/떨구다 … 등이 그 예다. 표준어가 아니었던 어휘들이, 언어현실을 반영하여 표준어로 인정되고 있다(해설집 208~212면 참조). 다만 그런 언어현실을 인정하는 것과 우리말다운 글쓰기를 추구하는 것이 양립불가능한 것은 아니다. 현실에서 사용된다고 다 좋은 언어라고 볼 수도 없다. 옥석을 구별하고, 적정 범위가 어디까지인지, 비판적 태도를 견지하는 것은 여전히 중요하다.

고종석은 이러한 점을 지적하면서 한자어는 우리말의 한 부분이라고 한다.[10] 위에서 언급한 것처럼 영어에도 게르만계 어휘와 라틴계 어휘가 '유의어'로 공존하고 있다고 한다. give와 donate, understand와 comprehend는 영어를 잘 모르는 사람이 보더라도 느낌이 다르다. 우리말에도 한자어와 순우리말은 유의어다. 한자어는 우리말을 더 풍부하게 만든다. 예를 들어 '생명'과 '목숨'은 같은 의미다. 하지만 "꽃도 생명이 있다"라고는 써도 "꽃도 목숨이 있다"라고는 쓰지 않는다. '피'와 '혈액'도 마찬가지다. "피끓는 젊음"이라고는 하지만 "혈액 끓는 젊음"이라고는 하지 않는다. '사람'과 '인간', '날씨'와 '일기' 등등 비슷한 예는 무수히 많다. 이런 식으로 한자어는 한국어의 한 부분을 구성한다는 것이다. 각주 6.에서 언급한 것처럼 우리말 어휘 중 50~60%는 한자어다. 50~60%라고 두루뭉술하게 말할 수밖에 없는 것은, 한자어와 우리말이 결합해 이루어진 단어도 많기 때문이다. '여하(如何)튼', '혹시(或是)나', '예(例)컨대', '서서(徐徐)히' 등등 그러한 예는 셀 수 없을 만큼 많다.[11]

---

9 국립국어원 홈페이지(https://www.korean.go.kr/) 참조

10 이하의 내용은 고종석 앞의 글(각주 8) 참조

11 이러한 점을 정리한 글로는, 신기상, 현대국어 한자어, 북스힐, 2005. 저자는 머리말에서 다음과 같이 말한다.
"…아무리 순수를 자랑하는 언어라 해도 외래어나 차용어가 없는 언어는 없다. 국어 어휘 중에서 한자어가 절반 이상이다. 우리 역사를 알면 그것이 조금도 이상할 것이 없다. 한자, 한자어가 국어에 미치는 영향은 긍정적인 면도 있고 부정적인 면도 있다. 한글 전용론자와 한글, 한자 혼용론자의 주장 대립은 광복 이후 오늘까지 계속되고 있다. 양편의 주장에 모두

이러한 문제에 대해 다양한 견해가 있을 수 있다. 하지만 합리적인 방안은 다음과 같은 정도가 아닐까 생각된다. 한자어가 이미 광범위하게 활용되는 현실을 무시할 수는 없다. 따라서 고종석의 지적처럼 다른 뉘앙스를 갖는 단어들은 공존을 인정할 수 있다. 반면 그 의미상 별 차이가 없는 경우라면 굳이 어려운 한자어를 쓰기보다는 순우리말을 쓰는 것이 좋겠다(私見).12 어려운 한자어보다는 쉽고 명료한 우리말을 쓰는 것은 제2장에서 살펴본 간결·명료한 글쓰기 방법이기도 하다.

그런 관점에서 보면, 위 표의 A 그룹의 예들은 어느 표현이나 별 차이가 없으므로 가급적 우리말을 쓰는 것이 좋겠다. 다만 한자어를 써도 크게 비난할 일은 아니라고 생각한다. B 그룹도 굳이 어려운 한자어를 쓰기보다는 우리말을 쓰는 것이 더 좋을 것 같다. 반면 C 그룹은 뉘앙스 차이를 보이는 표현들이므로 한자어를 써도 무방할 것이다. "새로운 도약"이라는 표현을 "새로운 뛰어오름"이라고 표현하는 것은 원래의 뉘앙스와 같다고 보기는 어렵다.

법제처는 법령의 한자어, 일본어 표현을 우리말다운 표현으로 바꾸는 작업을 하고 있다. 법제처의 「알기 쉬운 법령 정비기준」에서 제시하고 있는 예들은 다음과 같다(현재 개정이 이루어진 경우도 있고, 추진 중인 경우도 있다).

현행	수정	비고
사위	거짓, 속임수	건축사법 제11조는 2011년 경 개정법에서 '거짓'으로 바꾸었으나, 국민투표법 등 다수 법령은 여전히 "사위"라는 용어 사용하고 있음
허위	거짓	표시·광고의 공정화에 관한 법률 제3조, 2011년 경 개정됨
상당한	적절한, 타당한	상법 등 다수 법령에서 사용되고 있음
구거(구거)	도랑	민법 제229조
잔임기간	남은 기간	사립학교법 부칙 제1조
필증	증명서, 확인증	도시개발법 시행규칙 별지 21서식 등
필하다	마치다	지방공무원법 제36조 등

긍정적인 면이 있기 때문이다"

12 즉, 이는 어디까지나 필자의 개인적 의견이다. 판단은 독자의 몫에 맡기기로 한다.

현행	수정	비고
부의하다	회의에 부치다. 회의에 올리다.	부담금관리기본법 제9조 등
기재하다	써넣다, 적어넣다.	형사소송규칙 제68조 등
저감하다	줄이다	소음, 진동관리법 제44조 등

그런데 다음 경우는 어려운 한자어인데도 쉬운 우리말로 바꾸지 않고, 한자어를 그대로 쓸 수밖에 없다고 한다(법제처, 2020, 23~24면).

멸실하다	"없어지다"라고 바꾸면 "멸실 후 잔해가 남을 수 있는 상황"을 충분히 담지 못한다. 예) 건축물 멸실시 소유자는 멸실 후 30일 내에 신고해야 한다.
현저한	"뚜렷한", "매우 큰"으로 바꿀 경우 그 의미가 조금 달라진다. 예) 현저히 불공정한 계약
양도, 양수하다	"넘겨주다", "넘겨받다"라고 바꿀 경우 법적 의미를 충분히 담지 못한다.

위 예들이 적절한 것인지에 대해서도 다른 의견이 있을 수 있다. 하지만 앞서 본 고종석의 견해처럼 순우리말과 한자어가 다른 뉘앙스를 갖는 경우는 많다. 그런 경우라면 한자어를 사용하는 것을 비난할 수 없다. 반면 뉘앙스 차이가 없는 경우에는 우리말로 써야 한다. 하지만 개별 사안에서 어느 범위까지 한자어를 쓰고, 어느 경우 순우리말을 써야 할지는 여전히 어려운 문제다.

2. 현실주의, 순결주의의 대립 2: 외래어를 어느 정도까지 허용할까?

두 번째는 외래어 문제다. 외래어(外來語)란 "외국에서 들어와 마치 한국어처럼 쓰이는 단어"를 의미한다. 버스, 컴퓨터, 피아노 등이 대표적이다. 대부분 영어고, 일부 일본어 등 다른 외국어 어휘가 있다. 이 경우 문제는 언어현실에서 굳어진 표현으로 인정할 영역과 그렇지 않은 영역의 경계를 긋는 일이다. 이오덕 선생이 들고 있는 예를 보면 다음과 같다(이오덕(1), 215~224, 이것도 필자가 임의로 A~C 그룹으로 나누어 보았다).

외국어/외래어	우리말	비고
초보자에게 주는 어드바이스	초보자에게 주는 충고	A
조직화된 농민파워	조직화된 농민의 힘	
퍼펙트한 패배	완전한 패배	
어린이 책 일러스트레이션	어린이 책 삽화	
옵져버로 참석	참관인으로 참석	
새로운 스타트	새로운 출발	
명동점 오픈	명동점 개장	
악성 루머	악성 소문	B
오늘의 스케줄	오늘의 일정	
메뉴	식단	
탤런트 최민수	연기자 최민수	
매스미디어	대중매체	
멜로물	통속극	
신입생 오리엔테이션	신입생 예비교육	
패션쇼에 참석하다	유행 옷 전시회에 참석하다	C
스트레스로 인한 질병	고통, 불안으로 인한 질병	
딜레마에 빠져	궁지에 빠져	
우리 회사의 슬로건과 이미지	우리 회사의 내건 말과 인상	
중소기업의 노하우	중소기업의 기술정보	
정치인과 인터뷰	정치인과 만나보기	

A 그룹은 우리말을 영어로 쓴 것에 지나지 않는다. 즉 외래어로 볼 수 없다. 우리말로 바꾸어야 한다. B 그룹은 A 그룹에 비해 많은 사람들이 사용하고 있다는 점에서 차이가 있다. 하지만 여전히 우리말로 바꾸는 것이 좋다. 반면 C 그룹은, 어느 개인이 바꾸는 것은 쉽지 않아 보인다. 사회 전체의 합의가 필요하다. C 그룹으로 분류한 표현들도 엄밀하게 보면 각기 다르다. 가령 '스트레스'와 '고통', '불안'은 같은 의미가 아니다. 스트레스에 해당하는 우리 어휘를 만들지 않는 한 그 용어를 사용하지 않기는 어렵다. 반면 '패션쇼'는 '유

행 옷 전시회'라고 쓰기로 합의하면 가능하다.13

　　다음으로 일본어를 본다. 일본어 어휘는 해방 이후 사용이 계속 줄고 있다. 꾸준히 늘어나는 영어와 반대다. 그런 점에서 일본어 단어의 문제는 생각보다 심각하지 않다. 더욱이 주로 구어체 표현들이고, 문어에서는 잘 사용하지 않는다.

☑ 일본어 표현

일본어	번역
기스	상처
입빠이	한 그릇 가득
간지	느낌
유도리	융통성
다데기	다진 양념
뗑깡	생떼
나시	민소매

3. 현실주의, 순결주의의 대립 3: 번역문체 등

　　마지막으로 문형, 어법, 표현 등의 문제가 있다. 위에서 본 한자어, 외래어에 비해 우리말이 **우리도 모르게 깨진 영역**은 바로 문형이나 어법, 표현이다. 이 부분은 특별한 사정이 없는 한 순우리말 문형, 어법, 표현으로 바꾸는 것이 좋겠다. 제2절에서 구체적으로 살펴보겠지만, (i) 수동태, 피동 표현,14 (ii) 서술어를 명사로 표현하는 명사형 표현, (iii) 일본어 조사의 번역체 표현 등이 대표적이다. 국어학자들에 의하면, 우리말은 원래 수동태, 피동문보다는 능동문 위주고, 명사와 서술어를 자연스럽게 이어가는 서술방식이 주류다. 그런데

---

13 다만 그러한 합의가 가능할지는 의문이다. 사회적 합의에는 두 가지 방법이 있을 수 있다. 북한처럼 국가가 강제하는 방법과 시민들의 자발적 참여에 의한 것이 그것이다. 자유주의 국가에서 전자는 가능하지 않을 것이고, 후자도 요원한 일이기는 하다.

14 수동태는 영문법의 용어이고, 우리말 문법에서는 피동표현 혹은 피동문이라고 한다.

영어 수동태나 일본어 피동문 표현이 남용되고, 영어식 명사형 표현 역시 지나치게 많아졌다는 것이다. 간단한 예를 들면 다음과 같다.

> 검사는 피고인으로부터 제출된 서류들에 대한 제대로 된 검토 없이 공소장을 작성한 것으로 보입니다.

예시문에서 "피고인으로부터 제출된"은 영어 수동태를 직역한 표현이고, "제대로 된 검토 없이"는 명사형 표현이다. 영어 "documents submitted by the accused"와 "without thorough examination"을 번역한 문체다. "서류에 대한 검토"도 "examination regarding …"과 같은 영어 번역체, 명사형 표현이다. 다음과 같이 고쳐야 한다.

◀── 고친 글

> 검사는 피고인이 제출한 서류들을 제대로 검토하지도 않고 공소장을 작성한 것으로 보입니다.

얼마나 쉬운가? 이렇게 쓰는 것은 결코 어려운 일이 아니다. 그런데도 수많은 법조항, 판결문은 위와 같은 번역체로 가득하다. 또 다른 예를 보자.

> 긴급 구호 자금 관련 신청서류들을 검토함에 있어서 가장 빈번하게 간과되는 부분은 서류의 진정성 여부를 당연시함으로써 허위서류들이 무방비상태로 제출됨에 있다고 하겠습니다.

예시문은 거의 우리말이라고 할 수 없다. (i) "검토함에"는 명사형의 영어 번역체 표현이고, (ii) "있어서"는 "오이떼(おいて)"의 번역어로 일본어 표

현이다. (ⅲ) "간과되는"는 영어식 수동태 표현이고, (ⅳ) "당연시"는 중국식 한자 표현, (ⅴ) "당연시함으로써"는 "by taking for granted"와 같은 영어식 표현, (ⅵ) "제출됨에 있다"도 영어 및 일본어 번역체다(자세한 내용은 제2절에서 본다). 다음과 같이 수정해야 한다.

■ ──── 고친 글 1

긴급 구호 자금 관련 신청서류들을 검토하면서 가장 빈번하게 간과하는 점은 서류의 진정성 여부입니다. 공무원들이 이 점을 당연하게 생각하여 허위서류들이 무방비상태로 제출되고 있습니다.

훨씬 깔끔하지 않은가? 이와 같이 표현하는 것이 결코 어려운 일이 아니다. "서류의 진정성 여부"도 "서류가 진정하게 작성되었는지 여부"로 수정할 수 있겠다. 다른 표현들도 쉬운 우리말로 바꾸어 다음과 같이 고쳐 보자.

■ ──── 고친 글 2

긴급 구호 자금 관련 신청서류들을 살펴보면서 자주 놓치는 점은 서류가 진정하게 작성되었는지 여부입니다. 공무원들이 이 점을 당연하게 생각하여 거짓된 서류들이 너무 많이 제출되고 있습니다.

문형, 표현, 어법에서 영어, 일본어 번역체는 그 의미전달에 큰 문제가 없으므로 별 문제 아니라고 생각할 수도 있다. 하지만 자꾸 보다 보면 순우리말 어순이 자연스럽고, 무엇보다 그 의미가 명료하다. 그렇게 쓰는 것이 어려운 일도 아니므로, 굳이 그렇게 쓰지 않을 이유도 없다. 그저 잘 알지 못해서 번역체로 쓰는 것 같다. 조금만 주의하면 누구든 쉽게 우리말다운 글쓰기를 할 수 있다.

4. 정리

현실주의, 순결주의 논쟁은 쉽게 결론을 낼 수 있는 문제는 아니다. 정확한 통계를 찾을 수는 없지만 대다수의 문필가들은 극단적인 순결주의나 현실주의보다는 중간선에서 합리적인 타협점을 찾으려는 입장이 아닌가 생각된다.15 이 점은 법률문장도 마찬가지일 것이다. 이미 굳어진 표현들까지 전부 우리말로 바꿔야 한다는 주장은 현실적이지 않지만, 적어도 가능한 범위 내에서는 우리말다운 글쓰기를 지향해야 한다는 점에 대해서는 큰 이견이 없을 것이라고 생각한다. 순결주의에 관한 이론적 논의지형에서 "기원적 순수성"을 강조하는 입장보다는 "기능적 효용성" 측면을 강조하는 입장의 경우 현실주의와도 어느 정도 타협이 가능하지 않을까 생각된다.

제 2 절   법률문장과 우리말다운 글쓰기 3가지 원칙

이상의 논의를 전제로 이 절에서는 어떠한 표현들이 문제되는지 좀 더 구체적으로 살펴보자.

---

15 문학평론가 황현산은 어느 에세이에서 이수열 선생에 관해 다음과 같이 말한다(황현산, 밤이 선생이다, 난다, 2013, 248면).
　　"… 말에 관한 한 나는 현실주의자이지만 선생의 순결주의 같은 든든한 의지처가 있어야 현실주의도 용을 쓴다. 선생의 깊은 지식과 열정은 우리말의 소금이다. 이 소금이 너무 짠 것은 사실이다. 그러나 고쳐 생각한다, 소금이 짜지 않으면 그것을 어찌 소금이라 하겠는가."
　　고종석 선생의 입장도 크게 다르지 않다고 생각된다. 2007년 저서에서 순결주의를 강하게 비판하기도 하였지만, 최근 저서(고종석의 문장 1, 2)에 나타난 그의 문장론은 많은 부분 이오덕, 이수열 선생의 주장을 수용하고 있다. 즉 고종석 역시 적절한 균형점을 찾으려는 입장으로 이해된다.

Ⅰ. 우리말다운 글쓰기 제1원칙: 일본어 번역체 없애기

1. 서설

우리말다운 글쓰기 제1원칙은 일본어 번역체 없애기다. 우리말 자체도 그렇지만 특히 법률문장은 일본어 흔적이 뿌리깊다. 순결주의가 아닌 현실주의 입장을 취하더라도, 없애버리는 것이 낫다고 생각되는 대표적인 일본어 번역체 표현들을 살펴본다.

2. 명사

다음 예는 대표적으로 일본어를 그대로 쓴 경우다(법제처, 2020, 26~30면; 박갑수, 국어순화와 법률문장의 순화, 2016, 331면 등).

현행(일본 어휘)	수정(우리말)
가도(假道)	임시도로
계리하다	회계처리하다
공(供)하다	제공하다, 쓰이다, 사용되다
명기하다	명확하게 적다
미불	미지급
자(者)	사람
시말서	경위서
불입(拂入)	납입
불하(拂下)	매각
시건(施鍵)	잠금
주말(朱抹)하다	붉은 선으로 지우다
지득(知得)하다	알게 되다
행선지	목적지
수취(受取)하다	받다

현행(일본 어휘)	수정(우리말)
취하하다	철회하다
명도하다	넘겨주다
인수(引受)	넘겨받다
지분	몫

가도(假道) 뿐만 아니라 가부담, 가지급과 같이 가(假)라는 단어가 들어간 어휘들은 모두 '임시'라는 표현으로 바꾸는 것이 좋다(임시 부담, 임시 지급). 다만 가압류, 가처분과 같이 완전히 굳어진 표현을 바꾸는 데에는 입법자의 결단이 필요하다. '취하하다', '명도하다', '인수', '지분' 등은 법률용어로 굳어진 측면이 있다. 이 역시 입법자의 결단이 필요하다. 그러나 나머지 표현들은 굳이 일본식 표현을 사용할 이유가 없다. 특히 법률문장에서 자주 사용되는 '~자(者)'는 권위적인 느낌을 준다는 점에서도 사용하지 않는 것이 좋겠다.

3. 어미, 조사 등

(1) 것이다, ~바

법률가들이 가장 많이 사용하는 일본어 번역체는 '것이다'와 '~바'다. '바'에 대해서는 제2장에서 보았으므로(제2장 제2절 제4원칙 부분 참조), 여기서는 '것이다'에 대해 살펴본다. 우리말 어법에서 '것이다'는 "이 책은 내 것이다" (물건을 의미), "그가 곧 올 것이다"(추측), "그는 열심히 일했다. 돈이 필요했던 것이다"(앞 문장의 이유)와 같은 용법이 있다. 그런데 법률 문장에서는 그런 용법이 아니라 일본어 "ことです"의 번역체로 쓰이는 경우가 많다.

■ ◀── 대법원 2019. 10. 31. 선고 2016두50907 판결 중

장애인복지법 제2조 제1항 제2항은 … 시행령의 내용에 관한 예측가능성을 부여하는 한편 행정입법에 관한 재량의 한계를 부여한 규정이라고 보아야 할 것이다.

장애인복지법 제2조 제1항 제2항은 … 시행령의 내용에 관한 예측가능성을 부여
하는 한편 행정입법에 관한 재량의 한계를 부여한 규정이라고 <u>보아야 한다</u>.

이 표현은 법률문장에서 언어습관처럼 굳어 있지만, 좋은 표현이 아니다.
그냥 단정적 표현으로 바꾸는 것이 쉽고, 간결하다.

(2) ~에 있어서

'~에 있어서'는 일본어 'において'의 번역어로 대표적인 일본어 표현이
다. 국어학자들이 가장 싫어하는 표현 중 하나다.[16] 이 표현은 명료하지 않은
표현이기도 하다.

◼ ◀── 대법원 2005. 10. 28. 선고 2003다69638 판결

회사가 기업활동을 함에 있어서 형법상의 범죄를 수단으로 하여서는 안 되므로 뇌
물 공여를 금지하는 형법규정은 회사가 기업활동을 함에 있어서 준수하여야 할 것
으로서 이사가 회사의 업무를 집행하면서 회사의 자금으로서 뇌물을 공여하였다
면 이는 상법 제399조에서 규정하고 있는 법령에 위반된 행위에 해당된다고 할
것이고 이로 인하여 회사가 입은 뇌물액 상당의 손해를 배상할 책임이 있다.

◼ ◀── 고친 글

회사가 기업활동을 <u>하면서</u> 형법상의 범죄를 수단으로 하여서는 안 되므로 뇌물
공여를 금지하는 형법규정은 회사가 기업활동을 <u>하면서</u> 준수하여야 할 것으로서

---

16 고종석, 문장(1), 125면은 "저는 이런 표현을 들으면 숨이 콱 막힐 지경입니다. (중략) 외래어
나 외국어식 표현에 어지간히 너그러운 저도 이 말은 보기도 싫고 듣기도 싫습니다"라고 한다.

이사가 회사의 업무를 집행하면서 회사의 자금으로서 뇌물을 공여하였다면 이는 상법 제399조에서 규정하고 있는 법령에 위반된 행위에 해당된다고 할 것이고 이로 인하여 회사가 입은 뇌물액 상당의 손해를 배상할 책임이 있다.

위 문단은 끊어 쓰기, 어색한 표현, 반복되는 표현 등을 제거하여 다음과 같이 정리할 수 있다.

◾ ⟵ 고치기 과정

회사가 기업활동을 <u>하면서</u> 형법상의 범죄를 수단으로 하여서는 안 되므로 뇌물 공여를 금지하는 형법규정은 회사가 기업활동을 하면서 준수하여야 할 것으로서 (⇒ 전부 생략 가능) 이사가 회사의 업무를 집행하면서 회사의 자금으로서 뇌물을 공여하였다면(⇒ 뇌물의 주었다면) 이는 상법 제399조에서<u>가</u> 규정하고 있는<u>한</u> 법령에 위반된 행위(⇒ 법령을 위반한) 해당된다고 할 것이고 이로 인하여 회사가 입은 뇌물액 상당의 손해를 배상할 책임이 있다.

"형법상 범죄를 수단으로"에서 '형법상'도 삭제하는 것이 좋다. 범죄행위는 형법 외에 각종 특별법에도 규정이 있기 때문이다. 형법의 의미를 넓게 보더라도 '범죄'라는 단어 자체에서 이미 형벌법규 위반행위라는 의미가 포함된다.

◾ ⟵ 최종 수정

회사는 범죄 행위를 수단으로 기업활동을 하여서는 <u>안 된다</u>. 이사가 회사 업무를 집행하면서 회사 자금으로 뇌물을 주었다면 이는 상법 제399조를 <u>위반한 행위</u>다. 따라서, 이사는 이로 인하여 회사가 입은 뇌물액 상당의 손해를 배상할 <u>책임이 있다</u>.

예를 하나 더 보자.

▌ ◄──── 울산지방법원 2019. 6. 11. 선고 2019고정271 판결 중

약사법 제44조 제1항에서 정한 '해당 약국에 근무하는 약사'의 의미와 그 범위를 해석함에 있어서 국민보건위생상의 관점에서 약국 개설자에 의한 관리·감독을 기반으로 한 의약품 판매행위의 안전성과 적정성이라는 측면을 중요하게 고려할 필요가 있는 것이다.

'있어서'와 '것이다'가 함께 나타난다. "위생상의 관점"도 "위생의 관점"으로 수정하고(뒤에서 보는 중국어 표현이다), '측면'이라는 표현도 군더더기다. 다음과 같이 수정해보자.

▌ ◄──── 울산지방법원 2019. 6. 11. 선고 2019고정271 판결 중

약사법 제44조 제1항이 정한 '해당 약국에 근무하는 약사'의 의미와 범위의 해석에서, 국민보건위생의 관점에서 약국 개설자에 의한 관리·감독을 기반으로 한 의약품 판매행위의 안전성과 적정성을 중요하게 고려할 필요가 있다.

(3) ~의, 적(的)

필요 이상으로 사용되는 '의'나 '적(的)'도 일본어 잔재다. 일본어는 띄어쓰기를 하지 않아 '의'에 해당하는 'の'가 빈번히 사용된다.[17] 이오덕(2), 37면은 '적(的)'은 일본의 명치 초기 영어의 'romantic', 'robotic' 같이 '~tic'이라는 표현을 번역하면서 사용된 것이라고 한다. 우리나라에서는 1908년 최남선이 최초로 사용하였고, 그 이전에는 사용된 적이 없다고 한다.

---

17 '고향의 봄'의 첫 소절 "나의 살던 고향은"도 '의'가 잘못 사용된 경우다. 어릴 적부터 들어 머리에 박혀 버렸지만 "내가 살던 고향은"이 우리말이다.

예시	수정
사회적 문제	사회 문제
민족적 의식	민족 의식
개인적 취향	개인 취향
민사적 문제	민사 문제
필수적 요소	필수 요소

그러나 '적(的)'을 생략할 수 없는 경우도 많다. 국어학자들은 '적' 앞의 어휘가 한 단어인 경우(가령 '사적 대화', '법적 안정성'과 같은 경우)를 들고 있지만 실제는 그보다 더 많다. 최근 '사회적 거리두기', '공적 마스크'와 같은 표현에서 알 수 있듯이, 이 표현은 우리말의 조어법으로 일부 굳어진 측면이 있지 않나 생각된다.

기계적 이분법	기계 이분법 (×)	가급적 조용히	가급 조용히 (×)
독자 친화적 글쓰기	독자 친화 글쓰기 (×)	소극적 자유	소극 자유 (×)
입체적 사고	입체 사고 (×)	민주적 정당성	민주 정당성 (×)

이러한 점은 '의'도 마찬가지다. '의'를 삭제해도 되는 경우도 많지만 그렇지 않은 경우도 많다.[18]

생략할 수 있는 경우		생략할 수 없는 경우	
경제의 성장	경제 성장	그녀의 웃음소리	그녀 웃음소리 (×)
갈등의 해소	갈등 해소	한국의 미	한국 미 (×)
동양의 철학	동양 철학	철의 여인	철 여인 (×)
국가의 경제	국가 경제	법률가의 글쓰기	법률가 글쓰기 (×)

---

18   양자의 구별 기준에 관한 논의로는, 이병갑, 2018, 249~250면 참조.

(4) ~진다

'~진다'라는 표현도 일본어 피동표현의 영향을 받은 대표적 예다. 이오덕 (1), 99~100면은 다음 표현들이 전부 잘못된 것이라고 한다. 이오덕 선생이 분류한 내용을 두 가지 유형으로 나누어 보았다.

일본식 표현	우리말	분류
보여진다	보인다	A
해석되어진다	해석된다	
모아지고	모이고	
불리우는	불리는	
개정되어야 한다	개정해야 한다	B
밝혀져야 한다	밝혀야 한다	
불리는	부르는	
연결되는	이어지는	

A 그룹의 예들은 우리말 문법에도 맞지 않다. '보이다'가 이미 피동표현 인데, '보여진다'라고 이중으로 피동표현을 하였기 때문이다. 반면 B 그룹은 문법상 오류는 없지만 우리말다운 표현을 위해 수정해야 하는 표현들이다.

■ ◀—— 대법원 2013. 9. 12. 선고 2012도2744 판결

… 이러한 판단 방법에 의할 때 피교사자가 교사자의 교사행위 당시에는 일응 범행을 승낙하지 아니한 것으로 보여진다 하더라도 이후 그 교사행위에 의하여 범행을 결의한 것으로 인정되는 이상 교사범의 성립에는 영향이 없다. (⇒ "보인다")

■ ◀—— 대법원 2000. 6. 23. 선고 2000다12020 판결

국공채이율, 은행의 장기대출금리, 일반시중금리, 정상적인 부동산거래이윤율, 국유 재산법과 지방재정법이 정하는 대부료율 등을 참작하여 결정되어지는 것이며, (⇒ 결정되는 것이며, 결정해야 하는 것이며)

지난 세기 판결 가운데는 **"관념되어지는"**과 같은 고난이도의 용어를 사용한 판결도 있고,[19] **"선택되어지는"**과 같은 표현을 쓴 하급심 판결도 발견된다.[20] 모두 잘못된 표현이다.

(5) ~에의, ~로의, ~에서의, ~으로서의

이오덕(1), 131면은 '~에의'는 일본어 'への'를 직역한 것으로 '병신말'이라고까지 말하며 강하게 비판한다. '~로의', '~에서의', '~으로서의' 등도 마찬가지다.

☑ ~에의

일본식 표현	우리말
사법개혁에의 열망	사법개혁에 대한 열망
연기에의 집념	연기에 대한 집념
정보사회에의 부적응	정보사회에 대한 부적응

☑ ~로의

일본식 표현	우리말
과거로의 여행	과거로 떠나는 여행
민주투사로의 변신	민주투사로 변신
냉전체제로의 회귀	냉전체제로 돌아감
평화협정으로의 대체	평화협정으로 바꾸기

그냥 쓸 때는 잘 모르지만, 잘 생각해보면 일본어를 직역한 것이라는 점을 쉽게 알 수 있다. 대법원 판결의 예를 본다.

---

19 대법원 1991. 10. 25. 선고 91후783 판결.
20 특허법원 2006. 9. 22. 선고 2006허1629 판결.

■ ──── 대법원 2009. 12. 24. 선고 2007다64556 판결

그러나 원심이 인정한 바에 의하더라도, 이 사건 제2약정은 … 그 대가로 원고로 하여금 ○○부락<u>에의</u> 진입을 위한 도로의 확장 등 부락에서 필요한 물적 설비를 하도록 하는 약정이라는 것이고 … (⇒ <u>부락으로 진입하기 위한 도로의 확장</u>)

아래 판결을 보자. 예외 없이 오래전 판결문일수록 고칠 부분이 더 많다 (대법원 판결문의 문체가 그만큼 나아지고 있다는 의미이기도 하다).

> ■ ──── 대법원 1985. 10. 8. 선고 84다카2206 판결

더욱이 기록에 의하면 위 소외 5 회사<u>에의</u> 금융대출이 그리 급한 사정이 있다고도 <u>보아지지</u> 아니한데도 담보물에 대한 가격감정서가 도달<u>되기도</u> 전에 용자금을 대출<u>하였는바</u> 이런 처사는 은행 실무<u>로서는</u> 극히 이례에 <u>속한</u>다고 할 것이다.

'보여지지'도 아니고 '보아지지'는 무슨 말인가? 그밖에 일본어 표현, 불명료한 표현이 가득하다. '용자금'은 '융자금'의 단순 오기로 보인다. 다음과 같이 고쳐야 한다.

> ■ ──── 고친 글

더욱이 기록에 의하면 위 소외 5 회사<u>에 대한</u> 금융대출이 그리 급한 사정이 있다고도 <u>보이지</u> 아니한데도 담보물에 대한 가격감정서가 도달<u>하기도</u> 전에 융자금을 대출<u>하였는데</u>, 이는 은행 실무<u>에서</u> 극히 이례<u>적이다</u>.

이번에는 '~로의', '~에서의'에 대해 살펴보자

■ ──── 대법원 2014. 3. 13. 선고 2013다34143 판결

이렇게 보면 이제 계약 해제로 인한 원상회복관계는 '계약이 체결되지 아니하였던 것과 같은 상태'로의 복귀를 내용으로 한다고 더 이상 말하여질 수 없다.

위 판결문은 '말하여질'도 고쳐야 한다. "상태로의 복귀"는 명사형 표현이기도 하다. 다음과 같이 수정하자.

■ ──── 대법원 2014. 3. 13. 선고 2013다34143 판결

이렇게 보면 이제 계약 해제로 인한 원상회복관계는 '계약이 체결되지 아니하였던 것과 같은 상태'로 복귀하는 것을 내용으로 한다고 더 이상 말할 수 없다.

'~에서의'도 일본어 'からの'의 직역체라고 한다(이오덕(1), 141면). 원칙적으로 '에서' 혹은 '의'로 쓰면 되고, 종종 지나친 명사형 표현과 결합되므로 서술형 표현으로 바꾸면 된다(아래 3, 4번 예시).

일본식 표현	우리말
서울에서의 마지막 모임	서울에서 마지막 모임
한국에서의 민주주의	한국의 민주주의
이번 선거에서의 패배로 정계은퇴를 …	이번 선거에서 패배하여 정계은퇴를 …
훈련 과정에서의 10명 사망 사건에 대해 …	훈련 과정에서 10명이 사망한 사건과 관련하여 …

이러한 표현들 역시 현행법, 판결문에서 자주 사용된다.

◀── 대법원 2014. 12. 11. 선고 2013므4591 판결

민법 제846조에서의 '부부의 일방'은 제844조의 경우에 해당하는 '부부의 일방', 즉 제844조 제1항에서의 '부'와 '자를 혼인 중에 포태한 처'를 가리키고, 그렇다면 이 경우의 처는 '자의 생모'를 의미하며, 제847조 제1항에서의 '처'도 제846조에 규정된 '부부의 일방으로서의 처'를 의미한다고 해석되므로, 결국 친생부인의 소를 제기할 수 있는 처는 자의 생모를 의미한다. (⇒ 민법 제846조의, 혹은 민법 제846조가 규정한)

하급심 판결이라면 모를까, 우리나라의 최고 법원인 대법원의 판결은 국어학자들의 검토를 받아야 하는 것이 아닌가 생각한다.

(6) ~의해서

법조인이 자주 사용하는 표현 중 하나인데, 일본말 'よって'의 직역체라는 것이다. '의하여'와 달리 '따라'는 순우리말인데, '따라'를 써야 하는 경우와 '의해서'를 아예 생략하는 것이 더 나은 경우가 있다(이오덕(1), 180~181면).

☑ '따라' 등으로 바꾸어야 하는 경우

폭력에 의해 진압되고	⇒ 폭력으로 진압되고
한 소식통에 의하면	⇒ 한 소식통에 따르면

☑ 생략해도 의미 전달에 문제가 없는 경우

이처럼 교과서는 집권세력에 의해서 철저히 독점되었고, 그 제작과정은 비밀주의와 상업주의에 의해 지배당하고 있다.
⇒ 이처럼 교과서는 집권세력에 철저히 독점되었고, 그 제작과정은 비밀주의와 상업주의에 지배당하고 있다.

판결문에서 이러한 표현도 쉽게 찾을 수 있다.

◀━━━ 대법원 2012. 6. 14. 선고 2010도14409 판결

따라서 지방공무원의 신분을 가지지 아니하는 사람도 구 지방공무원법 제58조 제1항을 위반하여 같은 법 제82조에 따라 처벌되는 지방공무원의 범행에 가공한다면 형법 제33조 본문에 의해서 공범으로 처벌받을 수 있다. (⇒ 본문에 따라)

◀━━━ 대법원 1983. 11. 22. 선고 83다카1105 판결

… 질권, 저당권등 담보물권에 의해서 담보되는 채권에 대해서도 원칙적으로 그 적용이 있다. (⇒ 담보물권으로 담보되는)

아래 경우는 영어 수동태 표현이기도 해서 능동문으로 수정하는 것이 좋다.

◀━━━ 대법원 2019. 12. 27. 선고 2018다37857 판결

… 관리단이 아닌 입점상인들에 의해서 설립되는 대규모점포관리자에게 대규모점포의 유지·관리에 관한 일반적인 권한을 부여하면서도, '구분소유와 관련된 사항'에 관하여는 구분소유자단체인 관리단에 의해서 설정된 규약 또는 관리단 집회의 결의 등 …

◀━━━ 고친 글

… 관리단이 아닌 입점상인들이 설립한 대규모점포관리자에게 대규모점포의 유지·관리에 관한 일반적인 권한을 부여하면서도, '구분소유와 관련된 사항'에 관하여는 구분소유자단체인 관리단이 설정한 규약 또는 관리단 집회의 결의 등 …

4. 일본어 동사 표현

(1) 요하다

이는 일본어의 '要する'의 번역체다. 삭제할 수 있으면 삭제하거나 삭제하기 어려운 경우에는 '필요하다'로 수정한다. 법제처도 다음 예를 든다(법제처, 2020, 41면).

긴급을 요하는 경우	⇒ 긴급한 경우에는

대법원 판결문을 보자.

◀ —— 대법원 1998. 11. 24. 선고 98다33765 판결

채무인수의 효력이 생기기 위하여 채권자의 승낙을 요하는 것은 면책적 채무인수의 경우에 한하고, 채무인수가 면책적인가 중첩적인가 하는 것은 채무인수계약에 나타난 당사자 의사의 해석에 관한 문제이다.

◀ —— 대법원 1998. 11. 24. 선고 98다33765 판결

채무인수의 효력이 생기기 위하여 채권자의 승낙을 필요로 하는 것은 면책적 채무인수의 경우에 한하고, 채무인수가 면책적인가 중첩적인가 하는 것은 채무인수계약에 나타난 당사자 의사 해석의 문제다.

(2) 갈음하다

'갈음하다'는 표현도 전형적인 일본어 표현이다(이수열, 2017, 122면). 판결문은 물론이고 현행 법령을 검색해도 이 표현을 사용하는 법령은 대략 40건 정도가 검색된다. '대신한다'로 고친다.

일본식 표현	우리말
하자보수에 <u>갈음하는</u> 손해배상	하자보수를 <u>대신하는</u> 손해배상
신분증 제시에 <u>갈음하여</u>	신분증 제시를 <u>대신하여</u>
확인에 <u>갈음한다</u>.	확인을 <u>대신한다</u>.

(3) 우리말에 없는 「명사 + 하다」 표현

그밖에 다음과 같은 표현도 원래 우리말에는 없었는데, 일본식 조어법 「한자어 + する」의 형태로 동사를 만드는 방법을 흉내낸 잘못된 표현이라고 한다(이오덕(1), 77~84면).

일본식 표현	우리말 표현
도덕성에 <u>기초한</u> 권력 행사	도덕성에 <u>기초를 둔</u> 권력 행사
실정법에 <u>근거한</u> 조치	실정법에 <u>근거를 둔</u> 조치
한반도와 중국 사이에 <u>위치한</u>	한반도와 중국 사이에 <u>있는</u>
다당제에 <u>바탕한</u> 정치질서	다당제에 <u>바탕을 둔</u> 정치질서
사제단의 자생력을 <u>웅변한다</u>	사제단의 자생력을 <u>잘 말해준다</u>

위 예들 가운데도 '기초한', '근거한' 등은 우리 언어현실에서 굳어진 느낌이 있다. 반면 '바탕한', '웅변한다'와 같은 표현은 그렇지 않다. 이런 표현을 더이상 확대해서 사용하지 않는 것이 좋겠다.

「명사 + 하다」가 오용되는 대표적인 경우가 바로 법률문장이다. '연대하여', '공동하여'라는 말은 각각 연대채무, 부진정 연대채무를 의미하는 법률용어다. 특히 '공동하여'는 최근 '각'으로 쓰던 것을 바꾼 것이다. '공동하여'라는 표현은 청구취지에만 쓰이는 것이 아니고, 민법 제616조,[21] 형법 제30조[22]를

---

21 민법 제616조(공동차주의 연대의무) 수인이 공동하여 물건을 차용한 때에는 연대하여 그 의무를 부담한다.

22 형법 제30조(공동정범) 2인 이상이 공동하여 죄를 범한 때에는 각자를 그 죄의 정범으로 처벌한다.

비롯하여 현행법에 많이 쓰인다. 이러한 표현은 「한자어 + 하다」의 오용이기도 하지만 일본어 '共同して'의 번역어다.[23] '공동으로'로 표현하는 것이 어떨까 한다.

(4) 다름 아니다.

"다름 아니다"라는 표현도 'ほかならない'라는 일본어의 직역이라고 한다(이수열, 2017, 121면). 다만 이 표현은 우리 언어 현실에 굳어진 표현으로 볼여지도 있지 않을까 생각된다.

Ⅱ. 우리말다운 글쓰기 제2원칙: 영어 번역체 없애기

우리말다운 글쓰기의 두 번째 원칙은 영어 번역체 없애기다. 이 역시 법률문장에 국한하는 문제는 아니지만, 어려운 말 쓰기를 좋아하는 법률가들은 영어 번역체 역시 필요 이상으로 많이 사용한다.

1. '그' 및 '들'은 상당부분 필요 없다.

우리말에는 정관사가 없다. 복수 표현도 그다지 정확하지 않다. 영어 정관사의 영향으로 '그'라는 표현이 지나치게 많아졌다.[24] 절반 이상은 생략해도 무방하다. 예를 보자. 역시 지난 세기 판결이다.

> ◀──── 대법원 1991. 6. 28. 선고 91다10046 판결
>
> 원심이 당원과 같은 견해에 터잡아, 피고 소속 충청남도지사가 그 관리청으로서 1964.1.20. 이 사건 하천을 준용하천으로 하여 그 명칭과 구간만을 지정, 고시하였

---

23 박갑수, 2016, 278면 참조.
24 고종석, 문장(1), 142면 참조.

을 뿐 그 하천구역을 결정, 고시한바 없었으므로, 이 사건 토지가 구 하천법 시행 당시에는 아직 하천구역이 아니었다고 판단한 부분은 옳다.

판결문에 3회 등장하는 '그'는 모두 삭제해도 무방하다.

▌ ⟵ 고친 글

원심이 당원과 같은 견해에 터잡아, 피고 소속 충청남도지사가 <u>관리청으로서</u> 1964.1.20. 이 사건 하천을 준용하천으로 하여 <u>명칭과 구간만을</u> 지정, 고시하였을 뿐 <u>하천구역을</u> 결정, 고시한 바 없었으므로, 이 사건 토지가 구 하천법 시행 당시에는 아직 하천구역이 아니었다고 판단한 부분은 옳다.

우리말은 서양언어와 달리 단수와 복수를 엄격하게 구별하지 않는다. 언어가 명료하지 않다는 의미라기보다 단수 표현은 이미 복수를 포함하는 것으로 이해된다는 의미다. 고종석(1), 128면은 "이 방에 책상들이 많네요"라는 표현보다 "이 방에 책상이 많네요"라는 표현이 우리말답다고 한다.

다만 법률 글쓰기에 예외가 있다면, 원고/원고들, 피고/피고들과 같이 분쟁의 당사자의 기재 등은 단수와 복수를 명확하게 구별해야 한다.

2. ~로부터, ~에 의하여

'부터'는 차례, 곳, 때가 비롯하는 점 등을 표현하는 부사격 조사인데,[25] 영어 from의 직역체로 남용되면서 우리말을 어지럽히고 있다고 한다(이수열, 2017, 127~129면). 다음 예들이 그러하다.

---

[25] "출석번호 1번부터 10번까지", "여기부터 경기도 행정구역이다.", "9시부터 12시까지"가 우리말로 쓰이는 '부터'의 올바른 용예다(이수열, 2017, 125면).

예시문	고친 글
알로부터 애벌레가 나온다.	알에서 애벌레가 나온다.
이웃으로부터 눈총을 받았다.	이웃의 눈총을 받았다.
아시아 지역으로부터 왔습니다.	아시아 지역에서 왔습니다.
9시에 집으로부터 떠났다.	9시에 집을 떠났다.
영양을 잘 섭취하면 질병으로부터 자유로워진다.	영양을 잘 섭취하면 질병에 걸리지 않습니다.

헌법 제34조 제6항도 위와 같다(이수열, 2017, 129면).

▌◀───── 헌법 제34조 제6항

국가는 재해를 예방하고 그 위험으로부터 국민을 보호하기 위하여 노력하여야 한다.

▌◀───── 헌법 제34조 제6항 수정

국가는 재해를 예방하고 국민이 위험에 빠지지 않도록 보호하여야 한다.

'의하여'도 "증거에 의해 사실을 인정한다"와 같이 "~에 근거를 둔다"는 의미인데, 그 자체도 한문투의 낡은 표현이라고 한다(이수열, 2017, 123면). 그런데 영어의 "by"를 직역한 표현으로 우리말을 망가뜨리는 대표적 표현이 되었다고 한다. 앞에서 일본어 표현이라고 하였는데 영어 번역체이기도 하다. 고종석, 문장(1), 219~220면은 다음 예를 든다.

▌◀───── 예시 1: 조선일보 칼럼 중

주체철학과 그 철학에 의해 이끌리는 조국이 싫어서 …

■ ←—— 고친 글

주체철학과 그 철학에 이끌리는 조국이 싫어서 …

"늑대에 의해 잡아 먹혔다"는 우리말이 아니고, "늑대에게 잡혀 먹었다"로 족하다는 것이다. 이수열, 2017, 124면은 다음 예를 든다.

■ ←—— 헌법 제6조 제2항

외국인은 국제법과 조약이 정하는 바에 의하여 그 지위가 보장된다.
⇒ 외국인은 국제법과 조약이 정하는 바에 따라 그 지위가 보장된다.

■ ←—— 예시 2: 헌법 제27조 제1항

모든 국민은 헌법과 법률이 정한 법관에 의하여 법률에 의한 재판을 받을 권리를 가진다.

■ ←—— 고친 글

모든 국민에게 헌법과 법률이 정한 법관이 법률대로 하는 재판을 받을 권리가 있다.

3. 명사형 표현

서술체로 표현할 수 있는 문장을 명사로 만들어 표현하는 것 역시 번역체다. 고종석, 문장(1), 134, 135면은 다음 예를 들고 있다.

예시	안전하게 등교할 수 있는 것에 대한 희망
수정	안전하게 등교할 수 있게 됐으면 하는 희망

별 대단한 수정이 아닌 것 같지만 많은 의미가 있다. 명사형 표현을 우리 말다운 표현으로 바꾸었을 뿐만 아니라 제2장 제2절 제4원칙에서 살펴본 "~에 대한"이라는 모호한 표현을 명료한 표현으로 바꾼 것이다.

다음과 같은 표현도 영어 번역체다(이수열, 2017, 182~3면).

▸ 협의를 **통하여**
　⇒ 협의하여

▸ 이번 선거에서의 **압승을 통하여** 우리 당의 재도약을 시도하자
　⇒ 이번 선거에서 압승하여 우리 당의 재도약을 시도하다.

▸ 교통 혼잡으로 인한 차량 서행 및 **정체 등으로 인하여** 약속을 못 지켰다.
　⇒ 교통 혼잡으로 차량들이 서행하는 등 정체가 심해서 약속을 못 지켰다.

▸ 자본주의는 끊임없는 욕망을 **생산함으로써** 스스로를 유지한다.
　⇒ 자본주의는 끊임없는 욕망을 생산하여 스스로를 유지한다.

법률문장은 명사형 표현으로 넘쳐난다. 국어학자들이 법률문장을 악문으로 비판하는 가장 중요한 이유 중 하나다.

■─── 대법원 2008. 10. 9. 선고 2007도1220 판결

… 위 허위사실 적시 명예훼손으로 기소된 사안에서 적시한 사실이 허위임에 대한 입증이 없다면 법원은 공소장변경절차 없이도 직권으로 위 사실적시에 의한 명예훼손죄를 인정할 수 있다 할 것이다.

"If there is no proving with regard to being false", "… without procedure of modifying …" 등과 같은 영문을 직역한 것 같다. 마지막의 "할 것이다"는 일본어 표현이다. 다음과 같이 고친다.

> ◀── 고친 글
>
> … 위 허위사실 적시 명예훼손으로 기소된 사안에서 적시한 사실이 허위라고 입증되지 않았다면 법원은 공소장을 변경하지 않고도 직권으로 사실적시에 의한 명예훼손죄를 인정할 수 있다.

또 다른 예를 보자. 가히 번역체 문장의 최고봉이다.

> ◀── 대법원 2011. 9. 2. 선고 2009다52649 전원합의체 판결 중
>
> 구 언론중재 및 피해구제 등에 관한 법률 제14조에서 정하는 '사실적 주장에 관한 언론보도가 진실하지 아니함으로 인하여 피해를 입은 자'라고 함은 그 보도내용에서 지명되거나 그 보도내용과 개별적인 연관성이 있음이 명백히 인정되는 자로서 보도내용이 진실하지 아니함으로 인하여 자기의 인격적 법익이 침해되었음을 이유로 그 보도내용에 대한 정정보도를 제기할 이익이 있는 자를 가리킨다.

아래와 같이 고친다.

> ◀── 고친 글 1
>
> 구 언론중재 및 피해구제 등에 관한 법률 제14조에서 정하는 '사실적 주장에 관한 언론보도가 진실하지 아니하여 피해를 입은 자'란 보도내용에서 지명되거나 보도내용과 명백한 개별적 연관성이 있는 자로서 보도내용이 진실하지 아니하여 자기의 인격적 법익이 침해되었다는 이유로 그 보도내용에 대한 정정보도를 제기할 이익이 있는 자를 가리킨다.

그런데 아직 더 고칠 내용이 많다.

① "보도내용에서 지명되거나 보도내용과 명백한 개별적 연관성이 있는 자"라는 말은 너무 추상적이고 이해하기 어렵다.
② "진실하지 아니하여"도 "사실이 아니어서"가 더 쉽고 정확한 표현이다.
③ "정정보도를 제기할 이익"에서 '제기'는 잘못된 어휘 선택이다. "정정 보도를 요구할 이익"으로 고친다(제2장 제4원칙 참조).
④ "법률 제14조에서 정하는"의 '정하는'도 '규정하는'으로 수정하거나 그냥 '말하는'이라고 기재해도 될 것 같다.
⑤ 앞서 본 것처럼 '자'라는 표현도 일본식 표현이고, 권위적인 느낌이다. '사람'으로 고친다.

■ ──── 고친 글 2

구 언론중재 및 피해구제 등에 관한 법률 제14조에서 말하는 '사실적 주장에 관한 언론보도가 사실이 아니어서 피해를 입은 사람'이란 보도내용에서 언급되거나 관련이 있는 사람으로 보도내용이 사실이 아니어서 자기의 인격적 법익이 침해되어 그 보도내용에 대한 정정보도를 요구할 이익이 있는 사람을 가리킨다.

4. 수동태의 직역체

우리말다운 글쓰기는 수동태, 피동문보다는 능동문 위주 표현이다. 물론 우리말에도 피동표현이 필요한 경우도 많다.[26] 하지만 영어 수동태 번역체의 영향으로 피동 표현을 필요 이상으로 사용하고 있다는 것이다. 다음 경우는

---

26 가령 이병갑, 2018, 224~225면은 다음과 같은 점을 지적한다. "내년부터 서울시의 모든 공원에 금연 구역을 설치한다"보다는 "내년부터 서울시의 모든 공원에 금연 구역이 설치된다"고 표현하는 것이 더 자연스럽다고 한다. 차이는 무엇일까? 전자는 서울시가 주어인 반면 후자는 금연구역이 주어다. 위 문장에서 관심은 금연구역이므로 후자가 더 자연스럽다고 한다. 이처럼 문맥에 따라서 피동표현을 적절히 사용할 필요는 있다.

굳이 피동문으로 표현할 이유가 없다(이수열, 2017, 69~82면).

☑ 동사 자체가 능동문으로 사용될 수 있는 경우

영어식 표현	우리말 표현
오염물질이 <u>확산됐다</u>.	오염물질이 <u>확산했다</u>.
20층 건물이 <u>전소됐습니다</u>.	20층 건물이 <u>전소했습니다</u>.
<u>낙후된</u> 정치체제	<u>낙후한</u> 정치체제
<u>성숙된</u> 시민의식	<u>성숙한</u> 시민의식
남해에 <u>좌초된</u> 유조선	남해에 <u>좌초한</u> 유조선

다음 예들 역시 비슷하다. 문장의 내용상 피동문이 문법적 오류는 아니지만 능동문으로 바꾸는 것이 우리말답다.

영어식 표현	우리말 표현
세제 개편안은 대폭 <u>수정되어야 한다</u>.	세제 개편안은 대폭 <u>수정해야 한다</u>.
새 법안은 6시 이후 <u>발표됩니다</u>.	새 법안은 6시 이후 <u>발표합니다</u>.
검찰에 <u>소환돼</u> 조사를 받고 있다.	검찰이 <u>소환하여 조사하고 있다</u>.
40대 여인이 119에 의해 <u>구조되었다</u>.	40대 여인을 119가 <u>구조하였다</u>.

법제처의 다음과 같은 법령 정비안도 같은 맥락이다(법제처, 2020, 119면).

<u>소비자들에 의해 일상적으로 사용되는</u> 상품

⇒ <u>소비자들이 일상적으로 사용하는</u> 상품

<u>장관은 학교법인으로부터 제출된 신청서를</u> 검토한 이후 …

⇒ 장관은 <u>학교법인이 제출한 신청서를</u> 검토한 이후 …

판결문에서도 이러한 표현들은 쉽게 찾을 수 있다.

■ ◀──── 대법원 2010. 2. 11. 선고 2009다79316 판결 중

일반적으로 술에 취한 사람은 자신을 통제할 능력이 감퇴된다고 보아야 할 것이므로, 그와 같은 상태의 사람에게 재차 영리의 목적으로 술을 판매하는 영업자로서는 추가적인 음주로 말미암아 그가 안전상 사고를 당하지 않도록 구체적인 상황하에서 요구되는 필요한 조치를 취하여야 할 안전배려의무는 인정될 수 있고, 이러한 안전배려의무는 고온의 찜질실 등 이용객의 구체적 상태 여하에 따라 안전에 위해를 초래할 수도 있는 시설을 제공하는 찜질방 영업자에게도 마찬가지로 요구된다.

'감퇴된다', '요구된다'는 '~한다'로 바꾸는 것이 좋다. 그밖에 일본어 표현들도 수정하고, 문장도 좀 더 끊어 쓴다. 술 취한 사람은 "통제능력이 감퇴한다고 보아야 한다"는 표현도 보다 단정적으로 "통제능력이 감퇴한다"고 적는 것이 간결하다.

일반적으로 술에 취한 사람은 자신을 통제할 능력이 감퇴한다. 따라서, 그와 같은 상태의 사람에게 다시 영리 목적으로 술을 판매하는 영업자는 추가 음주로 말미암아 그가 안전상 사고를 당하지 않도록 구체적 상황하에서 요구되는 필요한 조치를 취하여야 할 안전배려의무는 인정될 수 있고,를 부담한다. 이러한 안전배려의무는 고온의 찜질실 등 이용객의 구체적 상태에 따라 안전에 위해를 초래할 수도 있는 시설을 제공하는 찜질방 영업자에게도 마찬가지로 요구된다.(전체가 영어 번역체임) ⇒ 찜질방 영업자도 이러한 안전배려의무를 부담한다.

나아가 감퇴한다(⇒ 줄어든다), 재차(⇒ 다시, 또)도 바꾸는 것이 좋겠고, "구체적 상태 여하"에서 '여하'는 군더더기다. '일반적으로'와 같은 표현도 필요 없고, "구체적 상태"도 '상태'로 바꾸어도 문제 없다. 다음과 같이 정리해 보자.

술에 취한 사람은 자신을 통제할 능력이 줄어든다. 그러한 사람에게 또다시 영리를 위해 술을 판매하는 영업자는 추가 음주로 안전사고가 발생하지 않도록 필요한 조치를 취할 안전배려의무를 부담한다. 고온의 찜질실 등 이용객의 상태에 따라 안전에 위험이 발생할 수 있는 시설을 제공하는 찜질방 영업자도 이러한 의무를 부담한다.

5. 갖는다

이수열, 2017, 44~45면은 '갖는다'는 표현도 영어 have에서 온 우리말답지 않은 표현이라고 한다. 우리말에도 '갖는다'는 표현이 있지만, 영어 have로 인해 필요 이상으로 남용되고 있다는 것이다.

| 여야대표 모임을 갖고 현안 문제를 … | ⇒ 여야대표가 모여서 현안 문제를 … |

고종석 역시 비슷한 예를 들고 있다.[27]

| 나는 얕은 영어 지식을 갖고 있다. | ⇒ 나의 영어 지식은 얕다. |

| 나는 큰 키를 갖고 있다. | ⇒ 나는 키가 크다. |

이수열, 2017, 44~45면은 다음 헌법 조항들도 우리말답지 않다고 한다.

☑ 헌법 제6조 제1항

일반적으로 승인된 국제법규는 국내법과 같은 효력을 가진다.

⇒ 일반적으로 승인된 국제법규는 국내법과 같은 효력이 있다.

---

27 http://ch.yes24.com/Article/View/23611

☑ **헌법 제34조**

모든 국민은 인간다운 생활을 할 권리를 가진다.

⇒ 모든 국민에게 사람답게 살 권리가 있다.

다음은 유명한 통상임금 전원합의체 판결문의 일부다. 한 문단에 "갖는다"는 표현이 다섯 번 등장한다.

▌ ◀── 대법원 2013. 12. 18. 선고 2012다89399 전원합의체 판결 중

어떤 임금이 정기적·일률적·고정적으로 지급되는 것이냐 아니냐의 여부는 기본급에 준하는 형식적 속성도 갖고 있는지 여부를 판단하는 2차적 기준일 뿐이다. 상여금이나 1개월을 넘는 기간마다 지급되는 수당은 기본급에 준하는 실질을 갖는다고 볼수 없고 오히려 전혀 다른 실질을 갖고 있으며, 정기적·일률적·고정적으로 지급되는 것이냐에 관계없이 통상근로(소정근로)에 대한 대가로서 실질을 갖는 것이아니라 총 근로에 대한 대가로서의 실질을 갖는다.

문법에 어긋나는 것은 아니지만, 불가피한 경우가 아니라면 적절히 다른 표현으로 바꾸는 것이 좋다(위 문단은 같은 표현이 지나치게 반복되는 것도 문제다).

▌ ◀── 고친 글

어떤 임금이 정기적·일률적·고정적으로 지급되는 것이냐 아니냐의 여부는 형식적으로 기본급에 준하는 것인지 여부를 판단하는 2차적 기준일 뿐이다. 상여금이나 1개월을 넘는 기간마다 지급되는 수당은 그 실질이 기본급에 준하는 것으로 볼수 없고 오히려 전혀 다른 것이며, 정기적·일률적·고정적으로 지급되는 것이냐에 관계없이 통상근로(소정근로)에 대한 대가가 아니라 총 근로에 대한 대가다.

6. 이중과거 표현

"어제 나도 거기에 **갔었는데**"와 같은 표현은 애초에 우리말에는 없었는데, 영어 대과거(had + 과거분사)를 무분별하게 모방하면서 생긴 표현이라고 한다(이오덕(3), 173~176면). 절대 쓰지 말아야 할 표현이라고 강조한다. "어제 나도 거기에 <u>갔는데</u>"라고 하면 족하다는 것이다. 다음 예들을 보자.

오류	수정
단풍 구경을 <u>갔었지</u>.	단풍 구경을 <u>갔지</u>.
향기가 조금 <u>났었거든요</u>.	향기가 조금 <u>났거든요</u>.
어릴 적부터 목소리가 <u>컸었는데요</u>.	어릴 적부터 목소리가 <u>컸는데요</u>.

◼ ⟵ 대법원 2003. 10. 23. 선고 2001다48057 판결

이 사건 수해 이전에 이 사건 수해지역에 수해가 발생했<u>었다는</u> 기록은 없다.

"발생했다는 기록은 없다"고 표현해도 아무런 오해의 소지가 없다.

7. 기타 영어 번역체

이수열, 2017, 132면은 "<u>아무리 강조해도 지나치지 않다</u>"와 같은 표현은 영어의 직역으로 "제 생각을 남의 표현 형식에 맞추느라 개성을 버린 대표적 예"라고 비판한다. 박종인, 2016, 45면은 "불을 보듯 <u>뻔하다</u>"와 같이 이미 진부해진 표현은 절대 사용하지 말라고 충고하는데, 같은 맥락이다.

─── 대법원 2018. 11. 1. 선고 2016도10912 전원합의체 판결

> 헌법상 국가의 안전보장과 국토방위의 신성한 의무, 그리고 국민에게 부여된 국방
> 의 의무는 <u>아무리 강조해도 지나치지 않다.</u>

밑줄 표시 부분은 "우리 헌법의 최고 가치 중 하나다", "우리 사회의 근
간을 이룬다" 등과 같은 쓰는 것이 좋겠다.

Ⅲ. 우리말다운 글쓰기 제3원칙: 중국어 번역체 없애기

1. 서설

마지막으로 중국어 번역체 표현을 본다. 제1절에서 순결주의와 현실주의
논쟁을 보면서 한자어 문제는 보았으므로, 한자어 외에 오용되는 중국어 표현
에 대해 검토한다.

2. 접두사, 접미사의 형태

이오덕(1), 61면 이하는 우리말을 파괴하는 중국어 표현의 대표적인 예
로, 화(化), 하(下), 재(再), 제(諸), 대(對) 등을 들고 있다. 그런데 이 부분도 몇
가지 유형으로 나눌 수 있지 않을까 생각된다. (1)은 당연히 우리말로 고쳐야
하는 경우, (2)는 수정이 권고되는 경우, (3)은 서술형과 명사형을 달리보아야
하는 경우, (4)는 우리말과 뉘앙스가 다른 경우다(私見).

(1) 중국어 표현으로 우리말답게 수정할 필요가 있는 경우

다음 표현들은 우리말답지 않은 표현이므로, 우리말로 수정해야 한다.

① ~화(化)

대표적인 중국어 표현이다.[28] 다음과 같이 수정하는 것이 우리말다운 표현이다.

중국어 표현	고친 글
대통령 선거는 무효화되었다.	대통령 선거는 무효가 되었다.
그 이야기는 결국 활자화되었다.	그 이야기는 결국 활자로 되었다. 그 이야기는 책으로 나왔다.
고착화시키는 행위이다.	고착하게/굳어지게 하는 행위이다.
기정사실화시키면서	기정사실로 하면서
폐허화된 땅	폐허가 된 땅

특히 '폐허화된', '무효화된' 같은 표현은 '화'라는 표현이 이미 '되다'는 의미인데, 여기에 또다시 '된다'라는 표현을 덧붙인 점도 문제다.

반면 "학생들이 좌경화되었다"라는 표현은 어떨까? 이오덕(1), 65면은 '좌경되어' 혹은 '좌경하여'로 바꾸자고 제안한다. 그런데 현실적으로 "학생들이 좌경하여 시위하는 모습은 …"과 같이 표현하면 오기라고 생각하지 않을까 생각된다.

법률문서에서 "무효화시켰다", "유효화되었다"는 표현은 빈번하게 사용된다. "무효로 되었다" 혹은 "유효하게 되었다"로 수정해야 한다. 특히 아래에서 보는 것처럼 '시키다' 역시 중국어 영향으로 잘못 사용되기 쉬운 표현이라는 것이므로, 이 부분도 함께 고친다.

---

28   이수열, 2017, 82~88면도 같은 취지이다.

중국어 표현	우리말 표현
이자제한법 취지에 비추어 무효였던 부분을 초과하는 부분이 <u>유효화 될 수 없다.</u> (대법원 1991. 7. 26. 선고 90다15488 판결)	이자제한법 취지에 비추어 무효였던 부분을 초과하는 부분이 <u>유효가 될 수 없다</u> (대법원 1991. 7. 26. 선고 90다15488 판결)
매매계약을 합의해제한 후 그 합의해제를 <u>무효화시키고,</u> 해제된 매매계약을 부활시키는 약정은 계약자유의 원칙상 적어도 당사자 사이에서는 가능하다. (대법원 2006. 4. 13. 선고 2003다45700 판결)	매매계약을 합의해제한 후 그 합의해제를 <u>무효로 하고,</u> 해제된 매매계약을 부활시키는 약정은 계약자유의 원칙상 적어도 당사자 사이에서는 가능하다 (대법원 2006. 4. 13. 선고 2003다45700 판결)

② 하(下)

다음 표현들은 '하'를 없애거나 그렇지 않으면 '아래'로 바꾼다.

예시	고친 글
이런 상황<u>하에서</u>	이런 상황<u>에서</u>
관제교육<u>하에서</u> 노예로 길들여진	관제 교육<u>에서</u> 노예로 길들여진
필요하다는 인식<u>하에</u>	필요하다는 인식<u>에서</u>
강압적인 분위기<u>하에서</u>	강압적인 분위기<u>에서</u>

이러한 표현 역시 법률문장에서 빈번하게 사용된다. 다음과 같이 고친다.

예시	고친 글
공탁은 공탁자가 자기의 책임과 <u>판단 하에</u> 하는 것으로서	자기의 책임과 판단<u>으로</u> 하는 것
포괄일죄란 단일한 <u>범의 하에</u>	포괄일죄란 단일한 <u>범의로</u>
하나의 소송사건에서 <u>동일한 선서 하에</u> 이루어진 법원의 감정명령에 따라	<u>함께 선서하고</u> 이루어진
<u>관리, 감독 하에</u> 이루어진	관리 감독 <u>아래</u> 이루어진

판결문에서도 유사한 쓰임은 쉽게 발견된다.

예시	고친 글
… 일반인의 기준에서 보아 어떠한 <u>조건하에서도</u> 결과 발생의 개연성이 존재하지 않는지를 기준으로 판단하여야 한다. (대법원 2019. 3. 28. 선고 2018도16002 판결)	… 일반인의 기준에서 보아 <u>어떠한 조건에서도</u> 결과 발생의 개연성이 존재하지 않는지를 기준으로 판단하여야 한다. (대법원 2019. 3. 28. 선고 2018도16002 판결)
영리적 목적 하에 일반 대중을 관람층으로 예정하여 제작되는 상업영화의 경우 … (서울고법 2018. 10. 16.자 2017라21408 결정)	<u>영리 목적으로</u> 일반 대중을 관람층으로 예정하여 제작되는 상업영화의 경우 … (서울고법 2018. 10. 16.자 2017라21408 결정)

그밖에 다음과 같은 표현들도 우리말다운 글로 바꿔보자.

예시	고친 글
<u>피고의 점유 하에</u> 있던 물건	<u>피고가 점유하던</u> 물건
<u>묵시적 합의 하에</u> 이루어진 행위	<u>묵시적으로 합의하여</u> 한 행위
<u>원고의 승인 하에</u> 이루어진 계약	<u>원고가 승인하여 이루어진</u> 계약
<u>의사의 진단 하에</u> 입원치료를 받던 중	<u>의사의 진단을 받아</u> 입원치료를 받던 중

(2) 우리 언어관습상 상당히 고착되었지만 여전히 수정이 권고되는 경우

이오덕 선행이 지적하는 다음 표현들은 우리 언어관습상 상당히 고착된 표현이거나, 우리말과 공존하는 유의어가 아닌가 생각된다. 판단은 독자의 몫으로 미룬다.

예시	수정 권고
<u>소모임</u>	<u>작은 모임</u>
<u>소규모</u>	<u>작은 규모</u>
<u>신품종</u>	<u>새 품종</u>
<u>신년</u>	<u>새해</u>
<u>신춘</u>	<u>새봄</u>
<u>현 시점</u>	<u>이 때</u>

예시	수정 권고
현 시국	현재 시국
무소유	가진 것 없음
미신고된	신고되지 않은
대북정책	북한에 대한 정책

이오덕 선생의 의견도 위와 같은 표현이 잘못되었다기보다는 같은 값이면 쉽고 정겨운 우리말로 표현하자는 권고가 아닌가 생각된다.

(3) 서술식 표현과 명사형 표현이 다른 경우

재(再), 제(諸)의 경우는 다음과 같은 경우를 들고 있다.

예시	수정 권고
한국 현대사의 재조명	한국 현대사를 다시 조명함
재계약 포기	다시 계약 포기
재발견	다시 발견
재도약의 준비	다시 도약의 준비
탈도시	도시를 벗어나는
진보 제세력	진보의 여러 세력

이 경우는 서술형과 명사형을 달리 보아야 하는 것 아닌가 생각된다. 동사로 표현할 경우에는 우리말 표현으로 사용하는 것이 좋겠다("우리의 역사를 다시 조명할 필요가 있다"). 하지만 압축 표현이 필요한 책 제목, 기사 제목에서는 여전히 효용이 있는 것이 아닌가 생각된다(한국 현대사의 재조명, 민사법의 제문제 등).

(4) 한자어와 우리말 표현의 뉘앙스가 다른 경우

이오덕 선생은 다음과 같은 경우도 지적하고 있지만, 우리말로 바꿀 경우 뉘앙스가 달라지는 경우라고 생각된다.

예시	수정 권고
고서적	헌 책
고서점	헌 책방
초능력	능력을 초월한

3. 「한자어 + 시키다」의 유형

이오덕 선생은 「한자어 + 시키다」형식의 표현법도 중국 한자말의 영향으로 잘못 사용되는 표현이라고 한다(이오덕(1), 93~96면). 많은 경우 '시키다'는 '하다'로 수정해야 한다는 것이다.

예시	고친 글
그의 사상을 구체화시키고 있다.	구체화하고 있다.
마을을 황폐화시킨다.	황폐하게 한다.
기이한 사태를 발생시킨다.	기이한 사태를 일으킨다.
민주주의를 실현시키기 위한 조치	실현하기 위한
공장 직원들을 혹사시키고 있습니다.	혹사하고
흡연을 금지시킬 수밖에 없다.	금지할 수밖에 없다.

우리말의 '시키다'는 표현은 ① "다른 사람으로 하여금 어떠한 일을 하도록 한다." 혹은 ② '주문하다'는 의미로, 다음과 같은 용례가 어법에 맞다.

인부에게 일을 시킨다.

중국집에 자장면을 시켰다.

그런데, 그냥 '하다'로 표현해도 될 것을 강하게 표현하다보니 위와 같이 잘못된 표현들이 남발하게 된 것 같다. 판결문에도 이러한 표현은 종종 발견된다.

예시	고친 글
해제합의는 원계약을 <u>소멸(해제)시키는</u> 것으로 (대법원 1992. 8. 18. 선고 92다6266 판결)	<u>소멸(해제)하는 것</u>
그 범위를 보증에 <u>국한시키는</u> 해석은 타당하지 않다 (대법원 1987. 4. 28. 선고 82다카789 판결)	<u>국한하는 해석</u>
구 헌법하에서 취해진 긴급조치의 효력을 유지 내지 <u>합헌화</u> <u>시키는</u> 근거로서 마련된 것은 아니므로 (대법원 1985. 1. 29. 선고 74도3501 판결)	<u>합헌적으로 만드는,</u> <u>헌법에 부합하게 만드는</u>

4. 한자어 사용으로 인한 겹말

한자어를 사용하는 과정에서 발행한 겹말현상도 넓게 보면 중국어의 영향이라고 한다(이오덕(1), 84~90면). 다음과 같은 예들을 들 수 있다.

예시	고친 글
그 <u>기간</u> 동안	<u>그 동안</u>
<u>심도</u> 깊은	<u>깊이 있는</u>
오후 1시 <u>이후부터</u>	오후 <u>1시부터</u>, 오후 <u>1시 이후</u>
금메달을 <u>수여받고</u>	금메달을 <u>받고</u>
<u>모음집</u>	<u>모음</u>

이러한 표현들은 간결·명료한 글쓰기 원칙에도 반하는 것이다.

Ⅳ. 마무리

이상에서 살펴본 내용은, 지면 관계로 핵심내용만 간략히 정리한 것이다. 즉 우리말다운 글쓰기의 일부에 불과하다. 이오덕 선생의 「우리글 바로쓰기」 시리즈는 작가나 기자처럼 글쓰기를 업으로 하는 사람에게는 필독서다. 5권이나 되어 방대해 보이지만 핵심 내용은 1권에 대부분 있다. 따라서 1권만 읽어도 좋다. 혹은 이수열 선생의 「우리말 바로쓰기」를 읽는 것도 좋겠다. 현실주의와 순결주의의 스펙트럼 가운데 어느 입장을 취할 것인지는 각자 선택의 몫이지만, 적어도 이러한 논의가 있다는 사실, 무엇이 문제되는지 정도는 알고 글을 쓰는 것이 필요할 것이라고 생각한다.

글을 마치며

글을 마치며

　지난 3년간 학교에서 글쓰기 강의를 하면서 자료를 모으고, 강의안을 하나하나 만들었지만, 이처럼 방대한 분량이 될 것이라고는 생각하지 못했다. 글쓰기에 관해 생각해볼 점이 그만큼 많다는 뜻이다. 하지만 여전히 글쓰기의 본령에 대해서는 아무것도 말하지 못한 느낌이다. 논리적 글쓰기의 꽃은 창의적 논리구성이고, 설득력 있는 글쓰기의 정점은 사태를 단숨에 정리하는 통찰력 있는 글쓰기다. 정작 이러한 창의적 글쓰기, 통찰력 있는 글쓰기에 대해서는 아무 말도 하지 못하였다. 필자의 향후 과제로 남겨 두기로 하고, 이하에서는 글쓰기에 도움이 될 몇 가지 일화들을 소개하면서, 마무리하고자 한다. 반복하여 강조하였던 것처럼 좋은 글쓰기의 지름길은 좋은 글을 많이 읽는 것이다. 그렇다면 단순히 많이 읽기만 하면 될까?

　조선시대 최고의 학문군주였던 정조대왕이 어마어마한 독서광이었다는 점은 잘 알려진 사실이다. 그는 학자들이 국왕을 교육하는 경연(經筵)을, 신하들의 학문 능력을 시험하고 본인이 강의하는 시간으로 바꾸어버렸다. 그런 그가 신하들에게 강조한 것은 "책을 많이 읽는 것보다는, 치밀하게 읽는 것"이었다.[1] 그저 많이 아는 것이 중요한 것이 아니고, 체화된 지식이 중요하다는 의미일 것이다. 로스쿨 학생들은 종종 어떻게 하면 글 잘 쓰는 법률가가 될 수 있는지 묻는다. 이에 대해 필자는 늘 논쟁적인 대법원 전원합의체 판결문을 숙독할 것을 권장한다. 그런데 판결문 20개를 읽기보다는 10개를 2번 읽는 것이 낫고, 10개를 2번 읽는 것보다는 6~7개를 3번 읽는 것이 낫다고 말한다. 3번 읽되 논거 다이어그램을 만들면서 분석적으로 읽으라는 것이다. 수년 전

1　김준현, 리더라면 정조처럼, 더봄, 2020, 19~20면.

베스트셀러였던 「책은 도끼다」의 저자 박웅현은 책 서문에서 다음과 같이 말한다. "필자는 다독가가 아니다. 1년에 30~40권 정도 읽는다. 대신 책을 읽으면서 마음에 와 닿는 부분은 밑줄을 긋고, 다 읽고 나면 컴퓨터로 정리하는 작업을 한다."[2] 그의 독서는 카피라이터인 그의 직업과 관련된다. 창의적 문구를 만들어야 하는 그에게 독서는 창의력의 원천이다. 그런데 여기서도 빛을 발하는 것은 치밀한 독서다. 그는 "한 문장 한 문장을 꾹꾹 눌러 읽습니다"고 말한다. 다독보다는 "씹어먹어서 내 것으로 만드는 독서"가 좋은 글의 원천이 된다는 것이다. 내 몸에 소화시킨 좋은 글은 필요한 순간에 나의 글로 나온다. 창조의 99%는 모방이다.

또다른 일화는 당송팔대가의 1인이자 중국 역사에서 최고의 문장가로 알려진 소동파(蘇東坡)에 관한 것이다.[3] 하루는 지인이 그에게 '적벽부'를 며칠 만에 지었냐고 물었다. 소동파는 "며칠은 무슨 며칠, 단번에 지었네"라고 답했다. 소동파가 잠시 자리를 비운 순간 그는 소동파의 자리 밑을 보았다. 수 없이 많은 구겨진 초고들이 있었다. 일필휘지는커녕, 소동파 같은 전설적인 문장가도 퇴고에 퇴고를 거듭하였다는 얘기다. 좋은 글에는 정성이 필요하다. 글은 고치면 고칠수록 좋아진다. 생각나는 대로 쓴 초고가 좋은 글일 가능성은 많지 않다. 논리적 순서에 따라 수정해야 하고, 표현도 가다듬고 또 가다듬어야 한다. 그렇게 고치는 훈련을 반복하다보면 고치는 속도가 빨라진다. 어느 순간에는 초고 단계에서도 좋은 글이 나올 수 있을 것이다.

---

2 박웅현, 책은 도끼다, 북하우스, 2011, 14면.
3 이태준, 문장강화, 창비, 2005, 224면에서 인용함.

참고문헌

(1) 제2장 간결·명료한 글쓰기

고종석, 고종석의 문장 1, 2, 알마, 2014.

김정선, 내 문장이 그렇게 이상한가요?, 유유, 2016.

김상태, 글쓰기 오류 분석, 학고방, 2008.

김은경, 내 문장은 어디서부터 고쳐야 할까?, 호우, 2019.

박기원, 사례 중심으로 익히는 바른 우리말, 투데이북스, 2018.

박종인, 기자의 글쓰기, 북라이프, 2016.

박찬영, 글쓰기의 달인이 되려면 잘못된 문장부터 고쳐라, 리베르, 2015.

법무법인 화우, 법률문장 어떻게 쓸 것인가?, 박영사, 2017.

이강룡, 글쓰기 기본기, 창비, 2016.

이병갑, 고급문장수업, 학민사, 2018.

이태준, 문장강화, 창비, 2005.

야마구치 다쿠로, 조윤희 역, 결국 글은 쓰는 것이 아니라 다듬는 것입니
　　　　다, 사이, 2017.

유시민, 유시민의 글쓰기 특강, 생각의 길, 2015.

윤태영, 윤태영의 좋은 문장론, 위즈덤하우스, 2019.

장하늘, 문장표현의 공식, 문장연구사, 2003.

_____, 글쓰기 표현사전, 다산초당, 2009.

Bryan Garner, Legal Writing in Plain English, A Text with Exercises, 2nd Edition, Universty of Chicago Press, 2001.

다만 고종석, 이강룡, 윤태영, 박종인, 유시민의 글은 글쓰기 일반론에 관한 것으로 아래의 (2)~(4)항과도 깊은 관련이 있다. 또한 박찬영, 이병갑, 장하늘의 글은 우리말 어법에 관해 깊이 있는 가르침을 담고 있다.

(2) 제3장 논리적 글쓰기

이 점을 본격적으로 다룬 책들은 많지 않다. 논리학의 기본개념들은 다음과 같은 책들을 참고하였다.

김성룡, 법적 논증의 기초, 경북대학교 출판부, 2006.

김용규, 설득의 논리학, 웅진 지식하우스, 2007.

이남원, 이윤복, 언어와 논리, 정림사, 2018.

이병덕, 논리적 추론과 증명, 이제이북스, 2008.

채석용, 논증하는 글쓰기의 기술, 소울메이트, 2011.

최 훈, 변호사논증법, 웅진지식하우스, 2010.

_____, 논리는 나의 힘, 우리학교, 2015.

로베르트 알렉시(Roberto Alexy), 변종필, 최희수, 박달현 역, 법적 논증
          이론, 고려대학교출판부, 2007.

어빙 코피(Irving M. Copi et al), 박민준, 윤진각 역, 논리학 입문, 경문사,
          2015.

울프리드 노이만(Ulfrid Neumann), 윤재왕 역, 법과 논증이론, 세창출판사,
          2009.

T. Edward Damer, Attacking Faulty Reasoning: A Practical Guide to
          Fallacy−Free Argument, 4th Ed. Wadsworth, 2001.

논리적 글쓰기와 관련하여 위 (1)과 달리 구체적 사례들로 설명하는 저술은 찾기 어려웠다. 그래서 제3장에서 제시되는 예시들은 필자가 직, 간접적 경험을 통해 얻은 것들로 정리하였다.

(3) 제4장 설득력 있는 글쓰기

이 부분에 관해서는 다음과 같은 글들을 참고하였다.

김성룡, 법수사학, 준커뮤니케이션스, 2012.

김욱동, 수사학이란 무엇인가?, 민음사, 2002.

김은성, 인류 최고의 설득술 PREP, 쌤앤파커스, 2017.

김종영, 당신은 어떤 말을 하고 있나요, 진성북스, 2015.

박성창, 수사학, 문학과지성사, 2017.

요하임 크나페, 김종영 역, 현대수사학, 진성북스, 2019.

이종오 역, 아리스토텔레스의 수사학, 휴북스, 2015.

임재춘, 쓰기의 공식 PREP, 반니, 2019.

프리트요프 하프트, 김성룡 역, 법수사학, 고려대학교출판부, 2010.

M. Frost, Introduction to Classical Legal Rhetoric, Ashgare, 2005.

G. Lakoff, M. Johnson, Metaphors We Live By, The University of Chicago Press, 1992.

M. Smith, Advanced Legal Writing: Theories and Strategies in Persuasive Writing, Aspen Law & Business, 2002.

(4) 제5장 우리말다운 글쓰기

이 부분에 관해서는 다음과 같은 글들을 참고하였다.

고영근, 구본관, 우리말 문법론, 집문당, 2019.

고종석, 감염된 언어, 개마고원, 2007.

박갑수, 국어순화와 법률문장의 순화, 역락, 2016.

신기상, 현대국어 한자어, 북힐스, 2005.

이수열, 우리말 바로 쓰기, 현암사, 2017.

이오덕, 우리글 바로쓰기 1~5, 한길사, 2009.

정달영, 어법 중심 한국어 1~3, 박문사, 2014.

장하늘, 법률문장 이렇게 쓰라, 문장연구사, 2003.

_____, 글고치기전략, 다산초당, 2006.

조태린 외 8인, 언어순수주의의 발현과 전개, 한국문화사, 2019.

황현산, 밤이 선생이다, 난다, 2013.

(5) 기타 참고자료, 외국 문헌 및 학술 논문

① 인터넷 자료

국립국어원, 한글 맞춤법 [문화체육관광부 고시 제2017-12호(2017. 3. 28.)]
_____, 한글 맞춤법 표준어 규정 해설, 2018.
　　　(국립국어원 홈페이지 참조: http://kornorms.korean.go.kr)
법제처, 알기 쉬운 법령 정비기준, 제9판(2020)
　　　(법제처 홈페이지 참조: https://www.moleg.go.kr)

② 학술논문

공두현, "법적 추론에서 가추와 개연성", 저스티스 통권 173권, 2019. 8.
권영준, "대법원 판결서 개선의 당위성과 방향성", 사법 통권 44호, 2018.
김범진, "재판실무에서 법적 논증의 기본구조", 저스티스 통권 173권, 2019. 8.
양소연, "법적 논증에서 서사의 기능", 저스티스 통권 177권, 2020. 4.
윤지현, "법학전문대학원에서의 법률문장론 수업에 관하여 — 실제 수업을
　　　통하여 얻은 경험과 느낌을 중심으로", 저스티스 통권 116호, 2011. 4.
이계일, "수사학적 법이론의 관점에서 본 법적 논증의 구조", 법철학연구
　　　제13권, 2010.
하병학, "논리학과 수사학의 갈등과 공존 — 페렐만의 논증행위이론을 중
　　　심으로", 한국수사학회, 2011. 11.
하태영, "대법원 판결문에서 법문장 문제점과 개선방안", 동아법학(75),
　　　2017. 5.
한석환, "아리스토텔레스 수사학의 철학적 기초", 한국철학학회 간 철학
　　　74, 2003. 2.

* 참고문헌 표시

위에서 참고한 서적들은 본문에서, 첫 인용시에는 "저자, 제목, 출판연도"를
표기하고 그 이후에는 "저자, 출판연도"와 같은 방식으로 기재하였다(가령
윤태영, 윤태영의 좋은 문장론, 위즈덤하우스, 2019.의 경우 "윤태영, 2019"로 표기).

다만 아래의 두 저자의 서적들은 출판연도가 같아 다음과 같이 표기하였다.

장하늘, 문장표현의 공식, 문장연구사, 2003.   ⇒ 장하늘, 2003(1)
장하늘, 법률문장 이렇게 쓰라, 문장연구사, 2003.   ⇒ 장하늘, 2003(2)
고종석, 고종석의 문장 1, 알마, 2014.   ⇒ 고종석, 2014(1)
고종석, 고종석의 문장 2, 알마, 2014.   ⇒ 고종석, 2014(2)

이오덕의 우리글 바로쓰기 1~5는 이오덕(1), (2) …로 표기하였다.

저자소개

김 범 진

서울대학교 외교학과 및 동 대학원 졸업(1995, 정치학석사)
미국 Washington University in St. Louis LL.M.(2012, 법학석사)
서울대학교 법과대학원 졸업(2018, 법학박사, 민법전공)
44회 사법시험 합격(2002)
법무법인 광장 변호사(2005~현재, 송무그룹 파트너)
미국 뉴욕주 변호사 자격증 취득(2012)
한양대학교 법학전문대학원 겸임교수(2019~2021)
고려대학교 법학전문대학원 겸임교수(2022~2023)
서울대학교 법학전문대학원 겸임교수(2024~현재)

법률가의 글쓰기

초판1쇄발행   2021년 8월 10일
초판7쇄발행   2024년 11월 15일

지은이   김범진
펴낸이   안종만·안상준

편 집   이승현
기획/마케팅   김한유
표지디자인   이수빈
제 작   고철민·김원표

펴낸곳   (주) **박영사**
              서울특별시 금천구 가산디지털2로 53, 210호(가산동, 한라시그마밸리)
              등록 1959. 3. 11. 제300-1959-1호(倫)
전 화   02)733-6771
f a x   02)736-4818
e-mail   pys@pybook.co.kr
homepage   www.pybook.co.kr
ISBN   979-11-303-3896-5   03360

정 가   18,500원